무엇이 북한을 부패하게 했는가

부패 유형 변화와 제도적 원인

무엇이 북한을 부패하게 했는가 : 부패 유형 변화와 제도적 원인

초판 1쇄 발행   2015년 2월 27일

지은이 │ 이근영
펴낸이 │ 윤관백
펴낸곳 │ 도서출판 선인

등 록 │ 제5-77호(1998.11.4)
주 소 │ 서울시 마포구 마포대로 4다길 4(마포동 324-1) 곳마루 B/D 1층
전 화 │ 02) 718-6252 / 6257
팩 스 │ 02) 718-6253
E-mail │ sunin72@chol.com

정가   26,000원
ISBN   978-89-5933-797-2   93300

무엇이 북한을 부패하게 했는가

부패 유형 변화와 제도적 원인

이근영

 도서출판 선인

　나의 박사 학위논문인 이 책은 나의 석사 시절에서부터 시작되었다. 당시 지도교수님께서 방학숙제로 내주신 '국제투명성기구'를 조사하면서 '국가의 청렴도(CPI)와 발전(credit)'에 대해 고민하게 되었다. 2000년대 초반까지만 해도 국가의 부패는 독특한 국가적 환경으로 여겨졌으며, 부패가 국가성장에 도움이 된다는 논리를 성립하는 데 기여하였다. 그러나 기업 활동 범위가 국제시장으로 넓어지고, 해외직접투자에 대한 관심과 투자 유치로 인한 성장의 기회가 커지면서 국제적 신뢰를 쌓아야 하는 환경에 마주하게 되었다. 이러한 시각에서 '부패' 연구는 국가가 발전하는 데 극복해야 하는 조건이 되었으며, 국제적 신뢰성 회복은 '투명성'을 전제하게 되었다.

　당시 박사논문 주제로 '북한의 부패'를 선택한 것에 대한 주변의 우려하는 목소리가 높아질 즈음, 북한이 처음으로 부패인식지수(CPI)에 등장함으로써 나는 나의 주장을 뒷받침할 수 있는 공신력 있는 증거를 얻게 되어 연구에 매진할 수 있었다.

　1990년대 구소련을 중심으로 동유럽 사회주의국가들의 체제 이행 과정은 국제정치사적으로 '냉전의 종식'을 알렸고, 국가의 발전 범위와 속도의 경계는 사라지게 되었다. 이러한 국제 환경 변화는 폐쇄적인 국가로 대표되는 북한의 변화를 이끄는 동인이 되었다.

김일성(1994년 7월 8일)과 김정일(2011년 12월 18일)의 사망은 북한 정치를 비롯한 경제 및 사회 시스템의 약화를 초래하였으며, 국가 중심에 의한 계획경제라는 공식경제는 비공식경제로 대체되어 사(私)경제의 표준화로 확대되어 북한 주민들의 의식을 바꾸는 데 일조하였다. 이러한 현상에 대한 기존 연구들을 살펴보면, '북한의 특수성'으로 간주하는 연구와 '북한의 폐쇄성의 약화'에 초점이 맞추어져 있는 경향이 있다. 그러나 이 책은 북한을 국가 발전 단계 중 초기 단계인 '저개발 국가'로 인식하고 다른 저개발 국가들과의 비교를 염두하고 진행한 연구의 결과이다.

국가에게 있어 성장은 경제적 부(富)의 축적이라는 명제하에 공권력(power)을 가진 리더에 의해 국가 중심의 성장 전략을 추진하는 것이 가장 효율적이다. 1970년대 우리나라가 그랬고, 세계대전 이후, 지금의 선진국들이 그러하였다. 그러나 북한을 '일반 국가'로 치환하기에는 무리가 있는 요소들이 있는데, 세습에 의한 독재정치가 그것이고, 당－정－군의 공식적인 제도보다는 김일성－김정일의 명령(노작)이 사망 이후에도 정치적 명분을 가지고 있다는 점에서 '북한의 특수성'은 간과해서는 안 될 것이다.

이러한 점을 감안하여 본 연구는 '북한의 부패'에 대해 좀 더 일반화된 이론적 근거를 통해 분석하는 데 주력하였으며, 특히 북한의 비사회주의 현상인 '부패'가 '정치－경제의 제도적 환경'에 기인한다는 가설을 세우고 M. Johnston의 부패 유형을 기초한 분석틀을 중심으로 북한의 부패를 분석하였다. 북한의 부패는 제도적 환경에 의해 변화의 동력을 얻고 국가 재정 부족으로 인한 국가의 역할을 북한 주민 스스로 해결할 수 있는 기회를 제공함으로써 북한 사회와 주민들의 의식 변화를 선도한다는 결론을 도출하였다.

학위논문을 책으로 남긴다는 것에 대해 많은 고민을 하였지만, 주변의 지지와 응원을 핑계 삼아 용기를 내기로 하였다. 나를 세상에 나오게 했던 노력의 결과를 한 권의 책으로 낼 수 있게 많은 시간 동안 기다려주신 도서출판 선인의 윤관백 사장님께 깊은 감사의 말씀을 드린다. 또한, 도서출판 선인과 인연을 맺도록 다리를 놓아주신 전현준 교수님이 있으셨기에 이 책이 세상에 나올 수 있었다. 깊이 감사드린다.

배우고 생각하는 고된 자신과의 싸움에서 포기하지 않게 응원해준 나의 가족들, 그리고 나의 지인들에게 사랑을 담아 이 책으로 마음을 전하고자 한다.

이 근 영

표 차례

제1장

서 론

제1장 서론

제1절 연구 배경 및 목적

1. 연구 배경

본 연구는 북한에서 발생하고 있는 반사회주의적 행동[1]을 비롯한 이탈[2]적 부패 현상에 대한 정치·경제적 제도의 연관성을 분석하고 이를 토대로 북한의 부패 유형 변화에 대한 정치적 의미를 전망하는 데 그 목적이 있다.

국제투명성기구(Transparency International : TI)에서 발표하는 2011 부패

---

[1] 여기서 말하는 '반사회주의적 행동'이란,『정치법률연구』제2호(2003)에서 언급한 바와 같이, 사회주의를 의식적으로 반대하는 행위로서 사회적 상황과 규정에 따라 해석을 달리하여 적용하는 '비사회주의'의 개념과 차이가 있다. 본 연구에서 주목하고 있는 '반사회주의적 행동'으로는 탈북행위가 해당된다.

[2] 이탈(離脫) : 어떤 범위나 대열 따위에서 떨어져 나오거나 떨어져 나감을 의미한다. 사전적인 의미에서 이탈과 일탈은 정해진 범위에서 떨어져 나온다는 의미에서 같은 범주에 속하지만, 이탈이 일시적인 의미를 함축하고 있는 일탈보다 영속적인 의미를 가지고 있다. 〈http://search.naver.com/search.naver?sm=tab_hty.top&where=nexearch&ie=utf8&query=%EC%9D%BC%ED%83%88_2010_11_23〉.

인식지수(Corruption Perception Index : CPI)[3]와 세계은행에서 발표하는 2010 국제거버넌스지수(Worldwide Governance Indicators : WGI)[4]에 의하면, 북한은 183개의 조사 대상국 중 182위로 소말리아와 공동으로 가장 부패한 국가이다.[5] 이 수치는 국가의 정치적 안정과 폭력의 부재(Political Stability and Absence of Violence), 정부의 효율성(Government Effectiveness), 법제도의 효율성(Rule of Law) 등의 항목에 기초한 결과이다. 북한은 정부의 효율성(Government Effectiveness)과 국민의 의사개진(Voice and Accountability) 항목에는 거의 점수를 얻지 못했으나 정치적 안정성을 도모하는 법제도의 효율성(Rule of Law)과 규제 정도는 상대적으로 높은 점수를 얻었다. 그러나 2002년을 기점으로 부패의 통제 항목(Control of Corruption)에서는 경제 및 정치구조를 나타내는 변수가 상당히 불안정한 결과를 보였다. 따라서

---

[3] 국제투명성기구(Transparency International)가 발표하는 2011년 국가별 부패인식지수(Corruption Perceptions Index : CPI)에 따르면, 우리나라는 10점 만점에 5.4점으로 지난 2009년과 2010년에 0.1점씩 하락한 데 이어 정체된 점수를 받았다. 또한 처음으로 조사 대상국에 속한 북한은 10점 만점에 1점을 얻어 182위를 기록했다. 〈http://ti.or.kr/xe/archive/254228_2010_05_12〉.

[4] Worldwide Governance Indicators는 세계은행에서 실시하는 Good Governance에 대한 6가지 핵심 분야를 다룬 장기 연구 프로그램이다. 상이한 32개의 기관에서 수집한 35가지 데이터를 바탕으로 평가한다. 연구 주제 및 분석의 척도는 ① Voice and Accountability(의사 표현과 책임) : 표현, 언론, 조직결성의 자유 및 참정권, ② Political Stability and Lack of Violence(정치적 안정성과 폭력의 부재) : 불법적 혹은 폭력적인 방법으로(정치적인 폭력, 테러 포함) 정권을 불안정하게 하거나 전복시킬 가능성, ③ Government Effectiveness(정부의 효용성) : 공공 서비스의 질, 정치적 압력으로부터 독립, 정책 구상·실행에 있어서의 질, 정책에 대한 정부의 신용도, ④ Regulatory Quality(규제의 질) : 민간 부문 개발 증진을 위한 정부의 정책 및 제도의 구상 실행 능력, ⑤ Rule of Law(법치주의) : 범죄와 폭력의 가능성, 계약 집행, 소유권, 사법(재판)의 질과 사회 규범 준수 등, ⑥ Control of Corruption(부패의 통제) : 사익을 위한 공권력 행사, 부정부패, 사리취득 등. 일반적으로 정치적 지도자, 정책입안자, 시민단체, 민간 부문에서는 Good Governance와 Corruption Control를 국가 성장과 분배에 있어 중요한 역할을 하는 것으로 간주한다. 좋은 지배구조는 해당 국가의 소득수준과는 무관하게 다양한 국가에서 나타나고 있다. 〈http://papers.ssrn.com/sol3/papers.cfm?abstract_id=1682130_2011_11_20〉.

[5] 2012CPI에 따르면, 북한은 조사 대상국 176개국 중에서 소말리아와 아프카니스탄과 함께 '8'점을 얻어 공동 174위를 기록하였다. 〈http://ti.or.kr/xe/archive/279610_2012_12_25〉.

본 연구는 북한에서 등장하는 법제도의 사회통제 역할과 부패와의 관계에 초점을 두고자 한다.

2011년 3월 통일부[6] 자료에 따르면, 한국 내 탈북자의 입국이 2002년 처음으로 1,000여 명을 넘으면서 2009년에는 2,914명으로 최고조에 이르고 2011년에는 2,703명으로 꾸준히 이어지고 있다. 김정은이 등장한 이후 통제와 단속이 심해지는 분위기에서도 탈북 현상이 근절되지 않는 것은 북한의 통제 기제가 제대로 작동하지 않고 있다는 것을 의미하는 것이다. 또한 이러한 이탈적 부패 현상이 통제 범위에서 벗어나고 있음을 간접적으로 시사하는 것이다. 이는 다른 국가에서 보이는 정부와 국민의 자유로운 의사개진으로 생성되는 제도의 역할과는 다른 점이다. 북한 내 통제시스템이 반사회주의 행동에 대한 통제로 이어지지 않고 있음을 알 수 있다. 이는 북한의 제도적 통제 기제가 북한 내 반사회주의 행동을 통제하지 못함을 의미한다. 2011CPI에서 유일하게 높은 점수를 얻은 법제도의 효율성 항목은 북한의 현상을 설명하는 데 설득력이 부족하다. 이러한 맥락에서 본 연구는 탈북을 포함한 북한 내에서 발생하고 있는 반사회주의 현상을 '이탈적 부패[7]'로 인식하고 1990년 이래로 등장한 제도의 통제 효과성에 의문을 제기하고자 한다.

1990년대 러시아를 비롯한 동구 사회주의권 국가들의 붕괴로 냉전은 종식되었고, 이 과정에서 동구 사회주의권 국가들의 부패는 붕괴의 여러 요인 중 하나로 간주되었다. 특히 소련의 붕괴는 사회주의 제도에 대해 근본적인 모순이 드러나는 계기가 되었다. 사회주의 체제는 자연적인 발전 과

---

[6] 탈북자 입국 현황 및 이탈주민정책; 〈http://ti.or.kr/xe/archive/279610_2011_10_27〉.

[7] 여기서 말하는 '이탈적 부패 현상'은 일탈 행위가 주어진 제도에서 유래한다는 일탈 행위 이론가인 Messner & Rosenfeld의 제도적 아노미 이론(Institutional Anomie Theory)에서 차용한 것으로 주어진 환경에서 허용되지 않는 행동에 대해 관리 혹은 통제할 수 없는 현상으로 매스너와 로젠펠드는 이를 통제하는 요인으로 비경제적 제도의 중요성을 주장하였다.

정에서 나타나는 위기의 봉착과 해결을 반복하는 자본주의 체제와는 다르게 성장둔화의 위기로 이어졌다. 그러므로 역사상 사회주의 모델들은 그 하나하나가 주어진 사회·역사적 제약 속에서 사회주의의 지속적인 발전을 증명해야만 했다. 또한 각 모델의 성패에 대한 평가는 각국의 발전 단계에 따라 규정된 제약 속에서 각각의 특정 목표에 맞추어 이루어져야만 했다.

사회주의국가들의 붕괴 원인 중 하나는 경제구조의 경직성에서 발현된 공급 부족, 이로 인한 인플레이션 압력을 들 수 있다. 소비재 이외의 모든 생산수단이 국가 소유이며 국정 가격을 유지하는 상황에서 경제는 권력과 경제력에 의해 움직인다. 또한 권력은 부여받지만 경제력은 노력에 따라 변할 수 있으므로 보다 다양한 방법으로 부를 축적하고자 하는 계획경제 행위자의 경제력 확보에 대한 열의는 시장경제 구성원보다 강하다. 이러한 경제적 특성은 부패의 발생 요인 중 취약한 제도적 환경과 낮은 보수에 대한 경제적 지대추구라는 동인과 연결된다. 사회주의 체제에 철저한 명령과 통제구조는 부패를 방지하기에 좋은 환경이기도 하지만 반대로 확산되기 좋은 조건이기도 하다. 그 이유는 외부와의 교류가 적을수록 부패는 관행이라는 조직의 비공식적 제도로 대체되기 용이하기 때문이다. 이러한 취약한 구조적 모순에 의해 많은 사회주의국가들이 붕괴하거나 체제를 전환하였다.

이에 대한 연장선으로 1994년 김일성 사망 이후 오늘날까지 꾸준히 제기되고 있는 북한 붕괴[8]의 근거로 몰락한 사회주의국가에서 나타난 부패가 북한 붕괴의 원인이 될 것이라는 주장도 있다. 하지만 북한 붕괴론은 정치

---

[8] 북한 연구자들 중 몇 명은 북한의 붕괴론에 대해 북한의 괄목할 만한 내구력과 관련하여 '북한이 앞으로 장기간 존속할 것'으로 보는 관점은 현재의 당·국가 체제를 유지함으로써 정치적 안정을 도모하고 경제적으로 개혁·개방을 꾸준하게 추진될 것이라고 믿는 반면, 다른 전문가들은 북한 체제가 특별히 내구성이 뛰어나다는 데 동의하지 않고 있다. 북한 체제가 과연 안정을 찾고 있는지, 정말로 내구성이 강한지 여부는 계속해서 많은 북한 연구자들의 관심사가 되고 있다[정성장, 「한국의 국가전략 2020 : 대북, 통일」, 『세종정책총서 2005-9』, 성남 : 세종연구소, 2005, 8쪽; 최진욱·김국신·박형중·전현준·조정아·차문석·현성일, 「북한체제의 안정성 평가 : 시나리오 워크숍」, 『KINU 연구총서 08-01』, 통일연구원, 2008, 206쪽].

엘리트·군부에서 김정일(혹은 김정은) 정권에 도전할 만한 세력이 없다는 점, 감시와 통제로 인해 조직화된 사회세력이 성장하지 못한 점, 북한의 현재 상황을 유지하고자 하는 주변국의 지정학적 관계 등으로 인해 큰 힘을 얻지 못했다.

1994년 김일성이 사망한 이후부터 오늘날까지 북한의 경제난을 해결하기 위해 도입한 국가정책과 제도는 전력 부족과 식량배급제의 붕괴와 같은 현실적 문제를 해결하지 못했으며 결국 국가재정 적자를 초래하는 상황에 이르게 되었다. 누적된 경제난은 북한에서 발생하는 문제의 중심이 되었고 북한 당국은 주민들의 사적인 경제활동을 인정하게 되었다. 이로 인해 통제 가능 범위를 넘는 반사회주의 현상들이 증가하게 되었고, 2000년 이후에 등장했던 7·1경제개선조치나 화폐개혁은 통제 가능 범위를 벗어난 현상을 해결하지 못한 채 정책에 대한 북한 사회의 내성만 키우는 결과를 초래하였다.

부패는 예전부터 인류가 지속적으로 관심을 가져온 문제 중 하나였으며, 원인을 규명하고 방지하기 위한 여러 방안들이 고대의 정치철학에서부터 현대의 부패 관련 제도 및 정책에 대한 연구에 이르기까지 다양하게 제시되어 왔다. 특히 사회가 복잡해지고 노동 분화의 범주가 더욱 다양해질수록 이탈적 부패 현상에 대한 유인 자체는 점점 늘어나게 되는데 계층과 직위에 따른 정보비대칭성(Information asymmetry) 문제가 과거에 비해 더욱 심해져 도덕적 해이(moral hazard)가 커질 수 있다는 점[9]도 부패 발생의 한 원인이 되고 있다. 정보의 비대칭성이 커질수록 보유한 정보의 유용성을 높이기 위해 행해지는 이탈 현상은 또 다른 이탈 현상의 동인이 된다. 따라서 부패 유인 자체를 원천적으로 부정하고 없애려는 것은 현실적으로 매우 어려운 일이며, 대신 이를 적절히 통제해 줄 수 있는 제도적 요건을 검토하

---

9) 권순만·김난도,「행정의 조직경제학적 접근 : 대리인이론의 행정학적 함의를 중심으로」,『한국행정학보』제29권 1호, 1995, 77~95쪽.

는 것이 부패 연구에 초점을 맞추어야 할 부분이다. 이러한 점에서 북한 사회에 대한 부패 연구는 쉬운 일이 아니다. 특히 부패라는 것 자체가 음성적이며 지하경제를 이루는 한 요인으로 인식되어 정의 내리기도 구분하기도 어려운 주제이기 때문이다. 더욱이 폐쇄성이 짙은 조직일수록 일반적으로 내려오는 관행이나 절차상의 관료화로 그 구분 또한 모호하다. 그러나 북한의 이탈적 부패 현상은 부패의 일반적인 개념과는 다른 특징을 가지고 있다. 노동당을 중심으로 하는 정치행정상의 거대한 의사결정 체계와 각 성을 중심으로 무리하게 나뉜 조직의 형태[10]는 그들만의 방식인 '특수성'으로 받아들여지고 있으며 부패라는 이탈 현상은 존재하지 않는 것처럼 보인다. 그러나 1980년대 말부터 시작된 사회주의국가들의 잇따른 붕괴와 식량난, 그리고 김정일의 건강 악화로 빚어진 김정은으로의 불안정한 권력 이양 과정에서 인민 경제를 비롯한 전반적인 국가시스템의 기능을 의심케 하는 징후들을 찾을 수 있다. 이는 다른 국가에서 발생하는 일반적인 부패로 분류할 수 없으며 북한 내 조직의 유효성 내지는 개인의 이익을 극대화하는 행태라고 묵시적으로 받아들여진다는 점에서 흥미로운 연구 대상이 되고 있다.

러시아를 비롯한 붕괴한 사회주의국가에서도 볼 수 있듯이 행정 처리 과정에서 발생하는 관행이나 관례는 관료정치에 의한 부패로 가는 수순이며, 할당된 역할이나 목표달성을 위해 협력하는 대신 회피하려는 경향은 타성에 빠진 조직에서 나타나는 전형적인 모습이다. 이러한 조직구성원은 조직의 목표와 자신의 목표를 일치시키거나 자신의 이익을 위해 조직의 목표를 변형 내지는 왜곡하여 결국 상황 대처 능력을 상실한 조직을 만드는 데 기여한다. 이러한 조직구조의 모순은 많은 사회주의국가들로부터 체제 붕괴 내지는 전환의 과제를 안겨 주었다. 이렇듯, 북한 체제가 다른 사회주의국

---

10) 민진, 「북한 중앙행정조직의 변천의 분석」, 『한국사회와 행정 연구』제11권 제1호, 2000, 268쪽.

가와 같이 붕괴 혹은 체제 전환을 하지 않는 원인과 가능성에 대한 연구가 시급함에도 불구하고 북한의 부패에 관한 기존 연구는 정치 분야 중에서 관료 부패를 중심으로 이루어져 왔다. 그러나 이러한 연구는 엘리트 독점 (elite cartel)에 속하는 고위 정치엘리트 조직에 국한되는 것으로 북한 사회에 반사회주의 현상을 부추기는 이탈적 부패 현상을 함께 설명하기에는 관점의 차이가 존재한다.

2. 연구 목적

본 연구는 다음과 같은 몇 가지 연구 목적을 달성하고자 한다.

첫째, 사회주의국가들의 붕괴 원인으로 지목되고 있는 부패 현상은 국가의 투명성을 포함한 체제의 견고성을 나타내는 척도이다. 1990년을 기준으로 소련 및 동유럽 사회주의국가들의 붕괴나 체제 전환은 같은 사회주의국가인 북한에게는 커다란 충격이었다. 이러한 국제 정치세계사에 커다란 변화에도 불구하고 북한은 아직 붕괴하지 않고 있다. 어떠한 점이 다른 사회주의국가와 같이 붕괴하지 않은 것인지에 대한 답을 찾기 위해 북한에서 실제로 발생하고 있는 부패 현상을 정리한다.

둘째, 부패를 발생시키는 많은 동인 중에서 정치제도와 경제제도와의 연관성을 분석하고자 한다. 북한은 김일성과 김정일 그리고 김정은으로의 세습에 의한 일당독재 체제를 유지하고 있는 폐쇄적인 국가로서, 무엇보다 정치와 경제적 환경에 의한 제도의 등장이 부패 유형 변화에 일정한 영향을 주고 있다. 다른 사회주의 체제와 마찬가지로 제도적 취약성을 근거로 발생하게 되는 고위관료들의 부패에서부터 소소한 행정업무를 처리하거나 개인의 이익 혹은 관행에 의한 부패를 구분하여 북한 부패가 체제에 순기능으로 작용하는지 역기능으로 작용하는지 살펴본다.

셋째, 북한의 부패 유형을 제도와의 연관성을 통해 살펴보고 제도에 의한 북한 부패 유형 변화를 분석한다. 이 분석은 현재 북한의 제도 환경에 대한 부패 현상을 해석할 수 있으며, 향후 등장하는 제도에 대한 북한의 현상을 예측하는 데 이론적 토대를 제공하고자 한다. 또한 이를 통해 북한이 붕괴하지 않고 현 상태를 유지하는 이유를 간접적으로 살펴본다.

넷째, 본 연구는 사회안전망과 국가시스템과 같은 제도의 등장이 부패의 원인인 경제적 지대추구 행위에 영향을 주어 사회를 통제한다는 가정에서 출발한다. 이러한 사회구조의 통제역할이 북한에도 적용이 가능한지 살펴본다. 또한 북한에서 나타나는 제도의 영역과 행위의 영역 간의 괴리에서 발생하는 북한의 반사회주의 현상인 부패를 통해 북한 사회의 구조적 모순점을 고찰하고자 한다. 이를 연구하기 위해 본 연구는 북한의 부패에 대한 정성적 분석과 정량적 기법을 모두 사용해서 새로운 제도가 등장한 이래로 변화된 부패 유형을 분석하고 제도의 영향력을 고찰한다. 또한 계량적 분석을 통해 제도와 부패와의 관계, 나아가 북한의 제도 변화와 계량화된 부패 유형을 이용해 부패 유형 변화에 패턴을 추출하고자 한다.

다섯째, 이로 얻어진 연구의 결과를 토대로 현재 북한의 정치·경제를 포함한 사회를 부패라는 기준으로 평가하고 '북한의 특수성'을 포함한 오늘날 북한의 제도와 부패가 가지는 체제 유지에 대한 함의점을 도출하고자 한다.

제2절 연구 범위 및 방법

1. 연구 범위

본 연구는 북한의 부패 현상에 대해 수집된 조사 자료를 활용하여 북한에서 발생하고 있는 부패 유형 변화와 제도 등장과의 연관성을 검증하는 분석이다. 본 연구의 목적을 달성하기 위해 연구의 내용 및 분석에 활용한 자료와 연구 대상에 대한 범위를 다음과 같이 한정시켜 논의하고자 한다.

첫째, 본 연구의 내용적 범위는 언론에 보도된 북한 부패와 관련된 기사와 심층 면접을 통한 탈북자 증언을 기반하고 있다. 우선 1차 자료에 해당하는 수집된 언론 기사는 한국의 일간지를 포함한 여타 관련 매체의 보도와 일본의 산케이, 미국의 자유아시아방송, 홍콩의 Far Eastern Economic Review와 더불어 DailyNK와 같은 북한 관련 인터넷 매체를 중심으로 자료를 수집하였다.

본 연구는 종합적인 북한의 부패조사가 아닌 국내외 언론에 공개된 북한 부패에 관한 기사를 통해 부패 유형을 나누도록 설계하였다. 단순히 북한에서 발생한 '숙청'이나 '직위 강등의 원인으로 등장한 '부패'언급에서부터 실제로 부패를 행함으로써 부당이익이나 사익을 추구한 행위에 대한 탈북자의 증언을 통해 확인하는 방식으로 구조화하여 언론에 보도된 기사와 경험담을 통해 수집된 자료에 현실성과 신뢰성을 추구하였다.

둘째, 언론에 보도된 부패 관련 기사에 신뢰도를 높이기 위해 탈북자 심층 면접을 실시하였다. 인터뷰 대상은 당원과 비당원, 거주 지역의 다양화, 연령과 탈북 시기별로 고루 조정하여 23명을 선발하여 실시하였다. 인터뷰 대상 추출은 2단계에 걸쳐 이루어지는데, 1단계는 집단 심층 면접(FGI)이나 전화 인터뷰를 통해 심층 인터뷰 대상자를 선발하였다. 북한에서 토대가 가지는 정치적 의미와 경험에 기초한 생생한 증언은 북한의 부패 현상을 미시적으로 볼 수 있는 기회가 되었으며 질적 분석을 기초로 이루어질 양적 분석 결과에 신뢰성을 확보할 수 있었다. 50명의 1차 표본면접대상자 중에서 선발된 23명의 인터뷰 대상자들의 출신 지역은 평양을 비롯한 혜산, 온성, 신의주, 청진 그리고 회령 등지로 조사에 공간적 범위에 해당된다. 이 지역은 탈북을 위한 주요한 경로를 가지고 있는 지역이기도 하다. 그들은 16세~53세의 연령 분포를 가지고 있는 탈북자들로 탈북을 결심한 결정적인 이유와 탈북 경로에 대한 다양한 케이스를 가지고 있었다. 그들이 북한 내에서 경험한 부패는 보도된 관련 기사에 대한 보도 시차를 검증할 수 있었으며, 북한 사회의 정치·경제적 변화와 관련된 기사는 간헐적으로 보도된 증언 자료를 핵심 단어별로 시계열순으로 정리하는 데 도움이 되었다. 이 시기에 북한법을 포함한 각종 정치 및 경제제도는 주민들의 행위에 일정한 영향을 주어 이탈적 부패 현상에 근거를 제공한다. 그러므로 본 연구를 위해 이론적 배경과 현실적 제약인 제도 등장에 따라 부패 유형변화 연구로 본 연구의 내용적 범위를 상정한다.

셋째, 본 연구의 시간적 범위는 앞에서 언급한 바와 같이, 동구 사회주의국가들이 몰락했던 1990년 1월 1일부터 김정은이 집권한 이후 2012년 4월 30일까지 약 22년으로 설정한다. 이 기간에 수집된 총 886개의 부패 현상 중에서 가장 많이 영향을 미쳤던 북한의 6개의 제도(① 김일성 현지지도, ② 김정일 현지지도, ③ 식량배급제 붕괴, ④ 김일성 헌법, ⑤ 7·1경제관리개선조치, ⑥ 화폐개혁)과 결부시켜 가설을 설정하였다. 여기서 설정한 6개의 제도는 북한의 부패에 대해 공개된 관련 기사를 수집하는 과정에서 가장 많이 등장하는 북한의 제도 혹은 조치에 거론된 주요 단어에서 추출한 것이다. 이렇게 정리된 자료는 각각 독립변수(북한의 제도)와 종속변수(북한의 부패 유형)로 나누어 표준화한다. 이 부분은 실제로 정량적 분석을 위한 데이터를 그룹별로 나누는 과정이기도 하다.

2. 연구 방법

본 연구는 북한의 부패에 대한 제도적 연관성을 검증하여 연구 대상에 이념적 접근을 지양하고 보다 다면적인 접근을 위해 북한의 부패와 제도에 대한 정성적 분석뿐만 아니라, 통계학적 접근인 정량적 분석도 함께 활용하기로 한다. 정성적 분석과 정량적 분석을 함께 사용하는 이유는 첫째, 어느 한 분석 기법만을 사용해서 생길 수 있는 연구 결과에 대한 편향(bias)을 최소화하고 둘째, 범주형 변수로 이루어진 북한의 제도와 부패에 관한 분석에 신뢰성을 확보하기 위함이다. 정성적 분석 방법과 정량적 분석 방법은 다음과 같다.

첫째, 진행되는 두 가지 분석 중 정성적 분석에서는 탈북자가 경험한 실제 부패 사례를 수집하였다. 50명의 1차 대상자 중에서 본 연구 주제에 가장 부합한 증언이 가능한 23명의 심층 면접자들은 연령별, 거주 지역별, 탈북 시기별로 나누어 본 연구의 시간적 범위로 나누어 각각 3~4차례 심층 면접을 실시하였다. 이들의 증언은 모두 면접 과정에서 교차 확인이 가능하였다. 부패의 유형별 제도의 영향력을 간접적으로 분류할 수 있었으며 정성적 분석을 통해 제도의 영역과 행위의 영역 사이에 어떠한 함의를 가지는지 분석하였다.

둘째, 본 연구의 정량적 분석 방법을 위해 측정된 부패의 관측치를 독립변수인 6개의 제도(① 김일성 현지지도, ② 김정일 현지지도, ③ 식량배급제 붕괴, ④ 김일성 헌법, ⑤ 7·1경제관리개선조치, ⑥ 화폐개혁)으로 설정하고, 종속변수인 추출된 총 886개의 부패 관련 기사는 M. Johnston의 4가지 부패 유형(A. 시장 부패, B. 고객-후원자 관계 부패, C. 연고주의 부패, D. 위기 부패)으로 정리하였다. 분류 지정된 변수들 간의 연관성을 검증한다. 이를 위해 북한과 같은 저개발국과 개발도상국의 부패를 연구한 M. Johnston의 4가지 부패 유형 모델을 차용한다. 비교정치 관점에서 부패의 정치적 결과로 부패 유형을 제시한 그는 북한과 같이 폐쇄적인 사회주의국가들의 붕괴 원인이 부패에 의한 구조적 모순에 있다고 주장하였다.

셋째, 본 연구에서 진행될 정량적 분석은 크게 2단계로 나누어 실시한다. 1단계는 피벗 테이블(Pivot table)을 이용한 시계열상에 나타난 북한의 부패 유형의 추이 분석이다. 이 분석은 북한의 부패 유형을 나타내는 그래프에 제도의 등장을 그대로 대입하여 제도와의 관계를 시각적으로 표현하였다.

이러한 과정은 본격적인 통계분석에 앞서 지금까지 알고 있는 북한의 부패를 확인하는 기회를 제공한다. 이 단계는 북한의 부패 현상에 어떠한 조작화 과정을 거치지 않고 연구 기간(22년)에 나타난 부패 변화를 순수하게 정리한 뒤 본 연구의 독립변수인 제도의 등장을 접목시켜 부패 유형 변화와 제도와의 관계를 시각적으로 검증한다. 이러한 과정은 부패를 통한 북한 사회 변화에 단면을 살펴보는 계기가 된다. 제도 분석을 적용하지 않은 상태에서 부패 유형의 추이 변화는 본격적인 통계 작업을 하기 위한 선행 작업인 셈이다. 전체적인 부패 유형 추이에 제도의 등장을 접목시켜 부패 유형 변화에 제도의 역할을 추론할 수 있다.

2단계는 독립변수(정치·경제제도)와 종속변수(부패 유형) 간의 연관성을 검증하게 될 카이스퀘어 검정(Chi-square test)이다. 이 기법은 통계 분야에서 범주형 변수를 측정하는 도구 중 하나로 수량적 분석 기법에 매몰되어 변수에 자의적으로 수치를 부여하여 발생할 수 있는 변수의 오염을 방지할 수 있을 뿐만 아니라, 연구 결과의 가치를 훼손할 수 있는 위험을 줄이는 데 기여한다. 이 기법을 통해 북한의 정치제도와 경제제도 중 부패 유형 변화를 설명하는 변수를 추출할 수 있었다. 또한, 이를 검증하기 위하여 수집된 인터뷰 자료와 보도된 부패 관련 기사를 코딩하여 기술적 통계 기법인 SPSS 15.0 프로그램을 이용하여 피벗 테이블(Pivot table)을 이용한 부패 추세분석과 카이스퀘어 검정(Chi-square test)을 실시하기로 한다.

제3절 북한 부패에 대한 국내 기존 연구

이미 정치학, 경제학, 행정학, 사회학, 심리학, 법학 등 여러 사회과학 분야에서 부패에 영향을 주는 많은 제도적 요소와 조건, 처방 등을 제시하였지만, 대부분에 관련 연구들은 관료 조직에서 나타나는 부정과 부패 내지는 특수 조직의 경우를 비교하거나 반부패 정책에 초점이 맞춰져 있다.

특히 북한 부패에 대한 연구[11]는 정치 분야에서 관료주의에 대한 연구 중심으로 시작되었으며 2000년에 들어서 그 범위 대상이 정책적 제언을 위한 연구가 주를 이루었다. 또한 남북경제협력사업과 같은 북한에 경제적 교류 사업이 이루어지면서 남북의 부패 유형 비교 연구[12]도 등장한다. 그 이후에 북한의 정치적 특수성을 감안한 연구들이 그 뒤를 잇고 있다. 이러한 연구에 더 나아가 북한의 특수성과 경제 논리를 가미한 연구들이 비경제적 제도의 수준을 중심으로 연구가 진행되어 제도 간의 균형유지가 부패를 줄일 수 있다는 논의의 연구는 앞으로 연구되어야 할 분야이기도 하다.

관료 부패를 포함한 정치 부패에 대한 고전적인 책이 J. C. Scott의 *Comparative Political Corruption*(Prentice-Hall, 1972)과 A. J. Heidenheimer의 *Political Corruption : Reading in Comparative Analysis*(N. Y. : Holt, Rinehart and Winston, 1970)이다. 물론 두 책 다 비교론적 접근을 수용하고 있다는 점에서 공통점을 발견할 수 있지만, 방법론이나 연구 경향을 파악하는 데 있어서는 Heidenheimer의 저서가 보다 적절하다. 왜냐하면 이 책은 저자 자신의 견해를 포함하여 기존의 관료 부패에 관련된 문헌을 나름대로 정리, 분류, 편집한 책으로 이러한 시각의 파악이 어느 정도는 가능하다고 생각하기 때문이다. 그는 1989년 2판에서 전편과는 달리 전반적인 체계가 변하였음은 물론, 특히 부패를 보는 시각과 연구 방법에서 큰 변화가 있음을 보여주었다.[13] 그는 여기에서 새로운 연구 방법과 시각을 반영한 논문들을 수록하여 나열식의 비교론적 시각에서의 책 구성을 탈피하고 가급적 학문적 일반화를 시도하였다. 이 내용은 1960년대까지의 기능주의적 혹은

---

11) 국내의 북한 부패 연구 동향을 표로 정리하여 부록에 수록하였음.

12) 김영종, 「남북한 부패 비교 연구」, 『한국부패학회』 Vol.5 No.1, 2001, 1~26쪽.

13) Heidenheimer, Arnold J, *Political Corruption : Reading in Comparative Analysis*, N. Y. : Holt, Rinehart and Winston, 1989.

비교론적 시각에 의한 연구의 한계를 인식함과 아울러 관료 부패에 대한 새로운 시각의 접근을 가능함을 제시하였다고 할 수 있다. 특히, B. E. Cronbenk, J. M. Krama, S. Ackerman, M. Johnston 등의 논문들에서 이러한 경향을 찾을 수 있으며 향후 그들의 연구에 다양한 방법론이 시작하게 된 출발점이 되었다고 할 수 있다.

1960년대까지 주류를 이루었던 연구 방법이 기능주의적 접근 방법(Functional Approach)이었다면, 1970년대 이후에 등장한 주도적인 접근 방법은 후기 기능주의(Post-functional Approach)로 분류할 수 있다.[14]

기능주의적인 접근 방법에서는 부패를 국가가 성장하여 어느 정도 발전 단계에 들어섰을 때에는 소멸되는 자기 파괴적인(self-destructive) 것, 즉 근대화 과정에 있는 국가가 직면하게 되는 어쩔 수 없는 병리 현상, 혹은 후진국에서 등장하게 되는 것으로 설명하고 있다. 이렇게 부패의 원인[15] 내지는 조건을 설명할 경우, 부패는 발전의 종속변수로 간주되어 일종의 부산물(byproduct)로서, 정치·경제 발전에 기능적 영향을 미치며, 사익을 위해 일시적이며 비도덕적인 공무원에 의해 자행되는 개인적 행동 등으로 이해되었다.[16] 이러한 경우 대개의 부패 억제책으로 제시되는 것들은 법률적이거나 윤리적인 규범과 관련된 것들이다. 그러나 이러한 시각은 1970년대

---

14) Werner, Simch B., New Directions in the Study of Administrative Corruption, *PAR* 43(2), 1983, pp.120~121.

15) 부패는 모든 정치체제에서 나타날 수 있는 공통된 현상이지만, 그 요인은 매우 다양하고, 복합적인 요소로 구성된다. 각각의 요소는 시간적, 공간적, 환경적 조건에 따라 그 중요도에 차이가 있기 때문에 항목별로 유형화하거나, 도식화하기가 매우 어렵지만, 기존 연구들은 부패의 발생 요인에 대해 제한된 변수로 한정하여 연구를 진행시켜왔다. 개발도상국의 정치적 상황이 부패를 유발한다는 Huntington(1968)의 연구나 사회적 무질서와 불복종적 사회분위기가 부패를 유발한다는 Caiden(1981)의 연구, 행정국가적 현상이 부패를 유발한다는 Scott(1972)의 연구, 국가의 경제 상황이 부패의 유발 원인이 된다는 Gould(1983)의 연구 등은 모두 제한된 변수를 통해 부패의 원인을 규명하려고 하였다.

16) Nye, J. S., "Corruption and Political Development : A Cost-Benefit Analysis", *APSR*, 1967, p.61.

후반 이후부터는 상당히 쇠퇴하고, 대신 부패란 자기 파괴적인 것이 아닌 자기 영속적인(self-perpetual) 것으로 국가가 성장, 발전한다고 해서 파괴되는 것이 아니라 오히려 다양한 원인을 먹고사는 하나의 괴물로 파악하는 후기기능주의가 등장하였다. 그러면서 오히려 부패의 확산효과(spill-over effect)를 보다 중요시하게 되었다.[17] 이러한 시각의 기본적 전제로 부패에 있어서 고객－후원자 관계(patron-client network)는 정치발전이나 제도화의 어떤 단계에서도 발견될 수 있으며,[18] 사회·경제적 혹은 정치적 불평등에 의해서 부패가 촉진되고,[19] 정부의 통제기능도 부패를 촉발시키는 역할을 수행할 수 있다.[20]

그러나 최근의 연구 경향은 기능주의 혹은 후기기능주의라는 단일의 경향을 부정하는 양상이 강하다. 즉, 관료들에 의한 정치 부패를 자기 파괴적이거나 혹은 자기 영속적인 것으로 규정하기보다는 오히려 부패 자체에 대한 이해와 관료 부패가 가지고 있는 다면적인 속성을 이해하는 것이 보다 중요하게 여겨지고 있는 추세이다. 즉, 부패에 대한 연구의 다양화, 다변화가 최근에 부패에 대한 시각이라고 할 수 있다. 이러한 흐름에 발맞추어 우리나라에서도 부패에 대한 연구의 경향이 다변화되고 있다. 1970년대에 주류를 이루었던 연구는 행정학적인 측면이 강했다. 그 필두로 관료 부패에 관한 연구[21]에서부터 행태에 관한 연구[22]에 이르기까지 세부적인 정부 부처별, 원인별로 이어지고 1990년대 사회주의 몰락이라는 세계사적 변화를 경험한 이후로는 사회주의국가의 부패에 대한 연구[23]로 이어지고 있는

17) Werner, Simch B. Ilbd., p.152.
18) Mauro, L., M. Auerbach, Political Corruption and Social Structure in Japan, Asian Survey, 1977, p.17.
19) Dobel, J. P., The Corruption of a State, *APSR* 72(3), 1978, p.79.
20) Varma, S. P., Corruption and Political Development in India, *PSR* 13(1-4), 1977.
21) 김해동, 「관료부패에 관한 연구」, 『행정논총』 Vol.10 No.1, 1972.
22) 김호정, 「행정풍토와 관료의 부패행태」, 『한국정치학회보』 Vol.33 No.2, 1999, 89쪽.
23) 김영진, 「러시아의 부패현황과 사회문화적 원인」, 『월간 아태지역동향』 10월호, 2003, 38쪽.

추세이다. 여기에 북한의 부패에 관한 연구들도 1995년 이래로 꾸준히 이루어지고 있다. 이 시기 김성철(1995)[24]은 북한을 포함한 기존 또는 현존 사회주의 체제는 국가 정책을 형성·집행하고, 사회 전체를 효율적으로 통제하기 위해 관료기구를 극도로 팽창시켰음을 주장한다. 사회주의국가에서 관료기구가 차지하는 위상만큼 관료 부패 현상은 자본주의 체제보다 더 큰 사회적 악영향을 미치게 될 개연성이 있다고 주장하였다. 이는 사회주의 관료 부패가 체제 존속에 중대한 영향을 미친다는 연구이다. 여기서 그들은 북한에는 권력형 부패와 생계형 부패가 존재하고 있으며, 주민생활과 밀접한 관련성을 가지고 있는 하급직 당세포를 중심으로 부패가 확산되고 있음을 주장하였다. 또한 부패 통제를 위한 최소한의 제도적 장치가 마련되어 있으나 지속적인 경제침체 이후 법적 실효성을 상실해 실제적 통제가 제대로 이루어지지 못한 것으로 분석 결과를 도출하였다. 이러한 연구들의 사조는 사회주의국가에서 존재하지 않을 것 같은 계급 간 갈등의 원인을 제공한다고 할 수 있을 것이다. 이에 대한 연구 중에서 특히 서재진[25]은 전체주의적이며 획일적인 체제에서 북한 사회의 계급갈등을 가지고 체제 변화 가능성을 연구하였다. 그는 역사적으로 자본주의는 계급갈등을 체제내로 제도화하고 결국은 계급 간의 타협을 이루어내는 데 성공하여 자본가 계급과 노동자 계급 간에 계급 타협을 이루고 자본주의와 민주주의가 공존하는 상태가 지속되었지만, 사회주의국가인 소련이나 동구의 체제가 붕괴한 원인 중 하나가 사회의 모순과 계급갈등이라고 지적하였다. 또한 계급이 없는 사회로 선언되고 있는 사회주의가 오히려 자본주의보다 계급적 갈등이 첨예하다는 점을 지적하며 파아킨의 주장을 들어 사회주의에서는 보수의 배당이 시장이라는 보이지 않는 손이 아닌 당과 국가라는 손에

---

24) 김성철, 「북한의 관료부패유형 및 사회적 영향」, 『북한』 Vol.5, 1995, 48~57쪽.
25) 서재진, 「북한사회의 계급갈등과 체제변화 전망」, 『통일문제와 국제정세』 Vol.8, 1997, 51~83쪽.

의해 움직이므로 보수 체계의 투명성이 높은 편이라고 지적했다.

이러한 구조에서 계급갈등은 사회주의사회에서 발생하는 반사회주의 현상인 동시에 다양한 형태의 관료주의에 의한 이탈 현상이 발생할 수 있는 토양을 가지고 있는 것이다. 사회주의는 권력이라는 단일의 가치에 의해 사회가 층화되었기 때문에 계급 간 갈등이 심화된다는 것이다. 여기서 사회주의가 바라는 균형을 이루기 위해 강력한 권력에 의한 통제 수단과 외부와의 단절을 통해서만 가능할 것이다. 사회주의 체제는 지배계급의 존재를 은닉해왔고 이를 인정하지 않아 문제 해결에 실패했던 것이다. 이러한 현상이 그대로 북한에 체화되어 계급 간 균형을 위해 자연스럽게 뇌물이 자리 잡게 되는 것이다.

1990년대 들어서면서 북한의 식량배급제가 붕괴되고 이로 인한 북한 주민에게 의식주 문제가 고스란히 주민의 몫으로 돌아가면서 시장사회주의라는 사회 변화가 발생한다. 1990년 말부터 등장한 시장화 현상은 결국 2002년 7월 1일 경제관리개선조치로 이어져 시장지향적 개혁으로서 획기적 변화라고 평가되기도 한다.[26] 그는 북한 주민이 경제난에 대응하여 당국의 통제에도 불구하고 개척한 시장 부패 때문이라는 것이다. 국가가 정책적으로 주도한 변화가 아니라, 북한의 주민들이 국가통제와 간부들의 억압을 뇌물을 공여하는 방식으로 성장했다는 것을 증명한 것이다.

1990년대 북한의 관료주의에 의한 사회현상을 연구하는 연구 경향은 2000년에 들어 북한 사회의 시장화 현상을 비중 있게 다루게 된다. 특히, 탈북자 인터뷰를 통해 북한 실상을 검증하여 우리가 인지적으로 짐작하고 있는 북한의 실상을 확인하는 연구들이 주를 이루게 된다. 특히 북한 관료 부패의 실태와 원인에 관한 연구로는 채원호·손오중·김옥일[27]이 대표적이다. 그들은 관료제의 병리 현상만으로 관료 부패의 원인을 설명하기에는

---

[26] 서재진, 『한국사회학회 사회학대회 논문집』, 2004, 337쪽.
[27] 채원호·손호중·김옥일, 『한국거버넌스학회보』 Vol.13 No.1, 2006, 297~321쪽.

한계가 있어 북한의 사회주의 체제, 특히 북한 관료 부패의 핵심적 원인을 규명하기 위해서는 관료제의 병리 현상뿐만 아니라 사회주의 관료 부패의 개념과 북한에서 관료 부패가 발생하는 정치, 경제, 문화적 요인에 의한 논의의 필요성을 등장시켜 북한의 관료 부패 실태와 원인을 경험적 방법인 이탈주민의 인지도를 중심으로 연구를 진행하였다. 설문 내용 중 부패 통제 실태에 대한 내용은 흥미로운 결과를 보여주었다. 북한의 관료 부패 통제 노력을 검토한 결과 부패의 적발 가능성이 낮다는 것과 처벌 수준도 낮다는 것이다. 또한 법의 실효성을 묻는 문항에선 실효성이 없다는 대답이 많아 부패척결을 위한 북한 당국의 노력은 부정적이나 상대적으로 긍정적이라는 내용도 상당 부분 차지하여 부패척결을 위한 어느 정도의 노력이 이루어지고 있음을 확인하였다. 여기서 저자들은 북한의 경우 지속된 경제난으로 중앙정부의 지도, 감독 체계에 많은 문제점으로 생계난에 직면한 지역의 주민들이 독자적으로 혹은 연합형식으로 중앙정부의 통제를 벗어난다고 주장하고 있다. 이러한 북한의 관료 부패에 대한 전반적인 연구들은 체제론적 접근으로 귀결된다. 환경과 체제의 관계에서 구조적인 면으로 북한의 관료 부패는 개인적인 부패보다는 체제적 부패(systematic corruption) 혹은 병리 현상으로 더욱 문제가 되며, 이러한 현상을 흔히 "제도화된 부패(institutionalized corruption)"[28]라고 불리게 되는데, M. Johnston은 이를 "위기 부패(Crisis Corruption)"라고도 명명하였다.[29] 이러한 체제적

---

[28] 북한에 대해 제도화된 부정부패라고 언급한 또 다른 학자가 있다. 안드레아 란코프교수는 1980년대 사업차 북한을 방문해 온 외국인과의 일화를 소개하며 김일성 사망을 기준으로 부패의 유형이 변화했으며 간부가 뇌물을 받는 것은 "보편적 행위"나 "힘있는 사람은 누구나 자연스럽게 하는 일"이 되었다고 언급했다 그는 또한 이러한 북한 사회에 보편적으로 퍼져있는 부패에 대해 '두개의 얼굴'을 지녀 북한 주민에게는 역설적으로 현실적인 문제를 '구제'하는 역할을 한다고 했다. 그러나 그는 이러한 현상이 다른 나라와 마찬가지로 투자를 남용하고 외국의 원조물품을 훔치고 자신에게 뇌물을 바친 사람들에게 계속 특권을 주어 결국은 경제성장과 사회적 안정성으로 인해 체제적 위험(毒)에 처할 것이라고 언급했다. 「제도화된 北 부정부패… 그 기막힌 '두 개의 얼굴」 DailyNK, 2008, 01, 09.

부패에서 일탈된 행동은 제도화된 것이기 때문에 어떠한 개인도 인격적으로 잘못된 것이라고 독단하기가 어려운 것이 사실이며, 소위 역기능적이라고 볼 수 있는 것도 상당히 정당화된다. 이러한 명제에 대한 연구로 김성철은 김일성 사후 조직이익을 위한 경제적 부패 유형을 비롯하여 조직을 위한 비경제적 부패, 개인이익을 위한 경제적 부패 및 비경제적 부패로 구분하였다.[30] 그는 이러한 현상이 단순히 생존을 위한 수단에서 '부의 축적'의 개념으로 넘어갔다고 분석하고 결국은 국가권위의 잠식을 가져온다고 했다. 결국 관료 부패를 통해서 관료와 주민 사이의 수직적 관계가 이완되어 국가의 통제력이 약화되고 대부분의 불법적인 사적 행위로 사회주의 본질인 집단주의를 저해하여 결국은 공적 영역을 사적 영역이 잠식하고 있다고 했다.

2000년을 기점으로 북한의 관료 부패는 연구자나 접근성에 있어 보다 다면적인 특징을 가진다. 이는 이전과는 다르게 북한에 대한 자료의 접근성이 용이해지고 보다 다양한 루트로 자료가 수집 가능하면서 보이는 현상이다. 이러한 환경 변화에 따라 북한 관료제로 인한 부패에 대한 연구는 보다 현실성을 갖추게 되었고 북한 부패를 관료제의 병리 현상으로 보는 연구들이 등장하게 된다. 북한의 현실과 관료제 병리 현상의 상관관계를 연구한 이상근[31]은 '꼬리에 꼬리를 물고 일어나는' 탈북자 행렬을 관료제의

---

[29] Johnston, M., Political Corruption and Public in America (Balmont : Brooks/ Coel, 1982), p.93.

[30] 김성철, 「북한의 관료부패유형 및 사회적 영향」, 『북한』No.281. 48~57쪽.

	경제적	비경제적
조직	① 지재 조달 목적의 뇌물 공여 ② 복지를 위한 기업소 간 물물교환 ③ 기업소 간 수주 경쟁 ④ 허위 보고 ⑤ 목표 달성을 위한 호혜	① 조직 옹호를 위한 후원자의 영입 ② 비공시 집단의 형성
개인	① 공공 자원의 횡령 ② 주민 생활과 관련된 수뢰 ③ 주민 생활과 관련한 수뢰	① 후원의 대가로서의 성관계 ② 생산 목표와 관련한 책임 회피

[31] 이상근, 「북한 관료제의 병리현상 특성－관료제의 병리현상과 개별적이 부패는 행정능력 마비와 북한정권 존망마저 위태」, 『북한』No.440, 2008, 132~139쪽.

문제점과 모순에 기인한다는 논리를 들고 있다. 그는 북한의 관료제는 '정치와 행정의 융합 현상'으로 당계층제와 행정계층제는 '이중 겸직 제도'(Device of Dual Office-holding) 내지는 구성원 중첩 등을 포함하여 밀접하게 연관되어 있기 때문에 행정관료의 기능마저 거의 대부분 정치화되었다고 말한다. 이러한 구조에서 북한의 조선노동당과 내각, 국방위원회, 최고인민회의와 같은 주요 기관 등이 하나의 관료제로 인한 병리 현상으로 권위주의, 동조과잉, 형식주의, 무사안일주의, 분파주의, 목표지향과 성과지향주의로 정리하였다. 또한 그는 여기서 발생하는 권위주의는 지배와 복종의 관계를 기초에 두고 약자에 대해서는 권력적 지배의 성향을 갖고, 강자에 대해서는 무비판적으로 복종하는 성향을 나타내어 당 방침이나 김일성, 김정일 노작에서 경계했던 '관료주의'가 행정관료에게 '충성을 다하는 것'이라는 심리가 암암리에 작용하여 규범 속에서 자기를 방어하는 방어기제(Defence Mechanism)로 발생한다고 지적했다. 이러한 현상은 사회 전체에 보편적으로 적용이 가능한 특징이 있으며 각급 관료 조직의 행정 능력의 마비를 초래하여 결국은 '종파주의', '분파주의'로 흘러 행정관료 간의 갈등으로 인한 '알력'과 '불신', '갈등'으로 잠재되어 '권력엘리트들'끼리의 일체성을 도모하는 데 치중할 수밖에 없어 결국은 권력기관의 응집력과 북한 주민 간의 괴리가 벌어짐을 지적하였다.

같은 맥락에서 박상익[32]은 '고난의 행군' 시대에는 생존을 위한 관료일탈로 연줄과 뇌물의 메커니즘 속에서 관료 부패가 일반화되기 시작했으며, 북한 사회 전반은 혁명전통과 주체사상, 선군사상 등 사상에 의한 체제 정당성 제고는 불가피하게 '실리 사회주의'의 등장으로 혁명 이념성의 퇴조를 경험하고 있다고 진단했다. 이와 반대로, 그는 북한의 주체 역기능적 관료문화가 종파 · 지방 · 가족 · 연고주의가 능력이나 실력보다 중시한다는 것

---

[32] 박상익, 「선군시대의 관료문화」, 『북한연구학회보』 제13권 제1호, 2009, 1~35쪽.

을 주목하며 '실리 사회주의'와의 비교를 분석하였다.

박형중[33]은 북한의 부패 현상을 관료제에 중심이 아닌 권력과 부의 분배 구조 측면에서 연구하였다. 그는 'Kleptocracy'라는 개념을 이용하여 북한의 권력과 재부의 위계적 구조와 동태성을 연구하였다. 1990년 이래 경제난으로 인한 북한 사회의 변화는 다양한 측면에서 동시다발적으로 변화를 주도하는 계기가 되었다고 기술하고 있다. 그는 경제난으로 인한 경제관리 구조와 체제 규율 구조의 붕괴 속에서 고위급부터 말단에 이르기까지 부정부패의 급속한 증가와 함께 국가 자산에 대한 전면적 쟁취 현상이 발생했다는 것이다. 또한 권력자들의 횡령과 개인 축재가 발생했는데 그 원인으로 배급량의 절대 부족과 권력자들의 횡령으로 얻은 배급된 쌀을 장마당에서 거래했다는 것이다.

공급량 부족으로 인한 경제구조의 취약함을 담보로 사회주의국가 논리에 따라 무상으로 지급되는 배급을 시장에 팔아 개인의 부를 축적하는 현상이 벌어진 것이다. 권력자들에 의한 횡령[34]은 이와 같이 북한의 부패를 가중시킬 뿐만 아니라 보편화하는 데 결정적인 역할을 한 것으로 보인다. 권력자들에 의한 시장 공급은 시장을 보다 확대하는 동인을 제공했으며, 국가 공급을 줄여 시장가격에 의한 수요를 증가시켰다. 또한 그는 권력기관에 의해 보장된 독점권에 기초한 시장 활동으로 안정적 이윤을 보장받았다고 기술한다. 특권 경제에는 김정일 이외에도 당, 정, 군의 각종 권력기관이 참여하였다. 주로 김정일의 사금고와 관련된 궁정경제, 수령경제 소속으로 분류할 수 있는 수많은 회사를 포괄했다. 궁중경제의 핵심은 당경제로서 대외무역, 외화벌이가 그 중심으로 1990년대 당, 정, 군의 각종 권력기관에 필요한 공공 재정이 충분히 공급되지 않게 되자, 거의 모든 권력기

---

33) 박형중, 「북한에서 권력과 재부의 분배구조와 동태성」, 『통일문제연구』 Vol.21, No.1. 2009, 109~136쪽.
34) 류경원, 「조선경제관료 극비 인터뷰 : 우리나라의 경제형편(중)」, 『림진강』 제2호, 2008, 72쪽.

관이 자력갱생형 회사를 운영하는 데 있어 설립과 운영의 인허가에 특정기관이 관여하게 되었다는 것이다. 이러한 자력갱생형 회사들 간의 경쟁에 의한 잉여는 기관 자력갱생용 예산, 회사 운영 관련자의 부정 축재, 일부 상부 상납 등으로 사용하게 된다는 것이다. 이러한 결과로 그는 북한 경제의 6개 구획35) 간에 세력 판도의 변화가 발생했다고 한다. 북한의 경제구획화는 1990년대 각종 특권기관이 설립한 회사가 참여함으로써 그 세력을 확대했으며 그 결과 내각경제의 세력은 현저히 약화되었다는 것이다. 이 연구는 본 연구에 이론적 메커니즘을 세우는 데 결정적인 역할을 하였다. 부패가 발생하는 구조적 배경, 즉 정치체제가 달라질 때마다 그 패턴이 달라진다는 이론적 연구를 기초하기 때문이다. 정치체제는 정부 제도의 취약성 정도와 정치세력 측면에서 접근한 것으로 자세한 내용은 제2장에서 서술하도록 하겠다.

2005년을 기점으로 북한 부패 연구는 보다 실태 연구를 중심으로 이루어진다. 양정훈36)은 비교정치 측면에서 접근하여 북한을 특수성이 아닌 일반적인 접근 방법을 선택했다. 그는 활발한 경제활동이 이어질수록 관료의 부패가 만연되고, 국가 발전에 커다란 위험 요소로 혼란을 야기한다고 주장했다. 또한 그는 사회주의국가 자체가 강력히 부인하고 있는 관료제가 여전히 존재하고 있으며, 그 병폐 현상인 관료제의 부패 척결과 연관시켜 정책 마련에 부심하고 있는 현재의 실상을 사회주의 종주국이었던 러시아, 현재 급성장하고 있는 중국과 북한을 대상으로 비교·고찰하였다. 여기서 중국의 부패는 외국기업인들에 의한 것이 아니라 국내 정책 변화의 결과에서 찾았다. 다시 말해 국내 정치체제와 밀접한 관련이 있다는 것이다. 중국

---

35) 여기서 6개 구획이란 특권적 회사 경제(궁정경제 + 특권기관 회사경제), 내각제(계획경제), 제2경제, 동원/지원경제, 농촌경제, 장마당 경제로 이 구조는 하나의 통합된 경제법칙에 의해 구분된 것이 아니라 상호 독립적인 경제구획으로 분할되어 있다고 한다.
36) 양정훈, 「사회주의 변화(개혁)에 따른 관료주의와 부패 실태 고찰」,『한국인사행정학회보』제9권 제3호, 2010, 151~174쪽.

의 개방정책이 대외무역이나 투자에 관련된 부패를 증가시킨 것은 사실이나 이는 유치 과정에서 기인한 것으로, 그보다 투자정책의 이행 과정에서 생성된 사회적 현상의 심화라는 점을 들고 있다. 그의 주장은 제도를 중심으로 국가가 정책을 이행하는 과정에서 행정관료의 이해와 해석에 의해 기존의 관행과 접목되는 현상이 더욱 심화되는 결과를 낳았다는 것이다. 중국 관료들의 부패 구성요건은 지도자들의 공권력 남용이 가장 큰 부분을 차지하고 있으며 이로 인한 국가 소유의 재산이나 타인의 재산을 불법적인 방법과 강제적인 방법에 의해 점유하는 행위가 발생한다는 것이다. 다시 말해, 계획경제에서 시장경제체제의 정착 과정에서 오는 변형된 관료주의에 기인한다는 것이다. 이에 반해 북한의 부패 현상은 계획경제의 실패와 경제위기의 심화로 관료 부패의 일상화를 초래하였다고 한다. 경제활동을 매개로 한 다양한 연계와 협조망이 발전하였는데 가내 작업반과 그 생산품을 시장에서 거래하고 사적 재산을 늘리는 과정에서 형성된 다양한 협조와 연계망은 북한 하층 간부들의 온정주의와 비리구조가 맞물려 북한 주민들의 생존능력을 강화시키는 계기가 되어 관료주의 부패라고 한다. 이는 구조와 기능에서 예측하지 못하였던 변동이 일어남으로써 조직의 목표달성을 저해시키는 것을 의미한다.

일반적으로 대규모 조직은 "필연적으로 수반되는 직업화, 전문화, 엄격한 규제, 몰인간성 계층제 등의 복잡성으로 인해서 관료주의가 부패" 하게 된다. 중앙집권적 원리에 입각한 조직은 관료주의 경향이 더욱 심하게 나타난다고 할 수 있다. 그는 북한의 관료주의 부패 원인을 종합하면, 권위주의, 동조과잉, 형식주의, 무사안일주의, 분파주의, 목표지향과 성과지향주의로 정리하였다. 동조과잉 현상은 비합리적 훈련에 따라 나타나는 무능력에 의해 발생하기 때문에 R. Michels가 말하는 과주제의 철칙(iron law of oligarchy)과도 상통한다고 한다. 특히 당 방침이나 김일성 교시, 김정일 지시와 같은 것이 그 예로 관료들이 이를 준수하는 것만이 충성을 다하는 실리로 작용하여 규범 속에서 자기를 방어하려는 방어기제(defence mechanism)가 발생하게 된다고 한다. 즉, 북한의 관료주의 내에서는 김일성 교시, 김정일 교시, 노동당 정책 등에 대한 지나친 준수를 강조하기 때문에 관료들의 동조과잉 현상을 초래하고 있다는 것이다.

결론적으로 북한의 부패 현상은 당 조직의 강력한 통제력에 의한 충성강요가 오히려 동조과잉 현상으로 이어져 부패의 원인이 되고 있다는 것이다. 그는 정책결정의 주도권을 장악한 주체가 부패의 원인 제공자인 동시에 반부패의 주체란 근거로 북한·중국·러시아 3국은 대단히 복잡하고 과다한 정치적 과정과 결단이 선행되지 않고서는 질적인 변화를 기대하기 어렵다고 주장하였다.

이와 같이 북한 부패에 대한 연구에는 몇 가지 특징으로 정리할 수 있다.

첫째, 북한을 학문적 일반화 관점에서 보는 것이 아니라, 북한의 특수성을 중심으로 본다는 것이다. 같은 사회주의국가이면서도 북한만이 가지는 고유한 특징을 들어 '우리식 사회주의'와 같은 특징을 중심으로 이루어는 연구가 대부분이다.

둘째, 탈냉전기를 지나 2000년대로 넘어오면서 북한 부패에 대한 연구가 보다 실증적이며 현실성을 갖추었다는 것이다. 기존의 원전을 수집하고 해석·비교하는 접근 방법에서 다른 국가와의 비교정치 차원에서의 접근 방법은 북한을 한층 객관적인 학문적 시각으로 바라보는 기회를 제공하였다.

셋째, 북한 관료 부패를 다각적인 관점에서 접근이 시도되었다는 것이다. 이러한 시도는 학계에 통용되는 일반 이론이나 관점별 담론을 중심으로 공개되는 수치를 이용하여 연구의 질을 높였으며 북한 문제를 국제적인 논의대상으로 발전시키는 데 기여하였다.

이러한 국내의 북한 부패에 대한 연구의 흐름에 따라 본 연구는 북한의 특수성을 감안하여 북한의 부패 현상에 새로운 접근을 시도하고자 한다. 저개발 국가 중 하나인 북한의 정치체제에서 발현된 정치·경제제도하에서 부패 패턴이 변화한다는 기존 연구를 중심으로 북한의 부패 현상을 분석하고자 한다.

제4절 논문의 구성

본 연구는 정성적 분석(Qualitative Analysis)과 정량적 분석(Quantitative Analysis)을 통해 북한의 제도 등장에 따른 부패 유형 변화를 분석한다.

제1장에서는 연구의 배경 및 연구 목적을 비롯한 연구 범위와 방법을 기술하고, 북한 부패에 대한 기존의 국내 연구를 소개한다.

제2장에서는 본 연구의 이론적 배경과 관련된 논의로 '부패－제도'에 관한 이론적 배경을 설명하고 부패의 제도적 영향에 대해 정리한다. 또한 본 연구에서 부패 유형으로 나눈 M. Johnston 교수의 부패의 4가지 정치적 결과를 서술한다. 본 장은 일반적인 부패의 개념과 범위를 살펴보고, 부패가 발생하게 되는 원인 중 제도적 원인을 중심으로 정리한다. 또한, 부패와 체제와의 관계를 설명할 때 등장하는 부패의 순기능과 역기능을 중심으로 부패가 가지는 체제와의 상관관계를 살펴보고, 어떠한 국가적 특성이 체제에 긍정적인 혹은 부정적인 영향으로 작용하는지 각각의 요인들을 기존 연구를 중심으로 살펴본다. 이 부분에서 부패에 대한 제도적 유인을 제시한 후 정량적 분석에서 사용될 Johnston의 부패의 정치적 결과로 4가지 부패의 유형을 제시한다.

제3장에서는 북한의 제도와 부패 유형 변화에 관한 질적 분석에 해당하는 장으로서 북한에 등장한 실질적인 정치·경제적 제도를 소개하고 탈북자 인터뷰를 기초로 실제로 발생했던 부패를 살펴본다.

본 연구 기간(1990.1.1~2012.4.31)에 등장한 정치적·경제적 공식 제도인

① 김일성 현지지도, ② 김정일 현지지도, ③ 김일성 사망과 식량배급제 붕괴, ④ 김일성 헌법, ⑤ 7·1경제관리개선조치, ⑥ 화폐개혁의 6가지 제도의 정치·경제적 목적을 정리하고, 그 당시 북한 사회의 비사회주의적 부패 현상을 기술한다. 인터뷰를 위한 탈북자들을 선발하기 위해 첫째로 FGI(Focus Group Interview : 심층 그룹 인터뷰)나 전화 면접을 실시하여 심층 인터뷰 대상자를 선정하는 과정을 정리한다. 심층 면접을 통해 6개의 제도가 등장한 시기에 경험했던 부패 현상을 부패 유형과 함께 정리하여 당시 통제 수단으로서 제도의 역할을 살펴본다.

제4장은 본 연구의 정량적 분석에 해당하는 부분으로 시계열순으로 수집한 부패 현상의 관찰치를 정리하여 북한의 부패 패턴을 찾아본(Step 1. Pivot table을 이용한 부패 유형 추이 분석) 뒤, 제도의 등장에 따른 부패 유형(M. Johnston의 4가지 부패 유형) 변화를 교차분석하기 위한 가설을 설정한다. 이 장은 5장과 더불어 북한 부패에 제도적 동인을 규명하기 위한 중요한 부분으로 정성적 분석을 기초로 세운 가설은 제도의 등장으로 인한 북한 부패 유형 변화를 규명하기 위한 준비 단계이다.

제5장에서는 4장에서 제시한 2단계에 걸친 부패 추이 변화와 카이스퀘어 검정(Chi-square test)를 통한 북한 제도의 등장과 부패 유형 변화의 연관성 결과를 제시한다. 6개의 북한의 제도와 부패 유형 변화에 대한 추이는 피벗 테이블(Pivot table)을 이용해서 추이를 제시하는 동시에 제도의 등장을 연결시켜 두 변수를 비교한다(Step 1). 또한 북한의 부패 유형 변화에 대한 제도의 영향력을 검증하기 위해 4장에서 제시한 가설을 검증(Step 2)한다. 이 단계는 범주형 변수인 북한의 제도와 부패 유형 변화와의 연관성 검증(Chi-square test)을 통해 가설을 검증한다.

제6장에서는 질적·양적 분석을 통해 얻어진 북한의 제도와 부패의 연관성과 동태성을 기술한다. 제도라는 환경에 대응하는 방식을 부패 유형 변화를 통해 제한적이지만 현상에 기초한 북한 사회를 조명한다. 우선 M.

Johnston이 제시한 일상화된 부패로 시장 부패(type 1)와 후원자 관계 부패(type 2)를 설명한다. 이 두 부패 유형은 부패 행위에 일정한 루트가 존재하는 것으로 다수가 참여하는 시장 부패와 소수에 의해 진행되는 후원자 조직 부패로 구분하여 설명한다. 또한 비일상화 부패인 연고주의 부패(type 3)와 위기 부패(type 4)도 또한 소수에 의한 연고주의 부패와 다수에 의한 위기 부패로 구분하여 설명한다. 이와 같은 북한에서 발생하는 4가지 부패 유형을 정리하고 제도 등장에 따른 북한의 부패 유형의 동태성에 대해 기술한다.

마지막 장인 제7장은 본 연구에 결론 부분으로 북한의 부패 유형 변화가 가지는 체제 유지에 대한 함의를 중심으로 기술한다. 나아가 향후 등장하게 될 제도의 정치적 의미와 현상을 전망하고 김정은 시대에 발생하게 될 부패 현상을 예측하여 이에 대한 남한의 대북정책에 방향을 제언한다. 또한 정량적 분석과 정성적 분석을 양립했음에도 불구하고 본 연구가 가지는 학문적 의의와 앞으로 진행하게 될 연구 방향도 함께 언급한다.

제2장

———

'부패－제도'에 관한 이론적 배경과 논의

제2장 '부패-제도'에 관한 이론적 배경과 논의

어느 학문이든 기존의 연구가 어느 정도 축적되어 있을 경우에는 특정 연구를 진행하거나 혹은 관련된 분야에 대해 새롭게 접근하는 데 있어서 기존 연구의 도움을 받을 수 있다. 물론 기존의 축적된 연구의 내용이나 방법론이 얼마나 세련되며 현실에 적합한지는 논란의 여지가 있겠지만 많은 비판의 대상이 되는 내용이나 현실적으로 받아들일 수 없는 이론적 해석일지라도 이를 기준 삼아 진화적인 연구가 가능하기 때문이다. 그러므로 기존 연구의 질적·양적 축적은 향후 연구를 위해 중요한 함의를 가진다고 할 수 있다. 그러나 부패(corruption)에 대한 연구는 사정이 다르다. 부패에 대한 이론적 정립이나 적용 대상에 따른 방법론의 모색이라든지 국가 간의 비교연구를 포함한 범위의 상정마저 정설이 존재하지 않는 상황에서 세련된 방법론은 고사하고 다양한 학문적 접근이나 학제적 연구가 부족한 것이 현실이다. 이와 맥을 같이하여, 북한의 부패에 관한 기존 연구는 정치 분야의 관료 부패를 중심으로 이루어져왔다.

본 장은 앞서 기술한 북한 부패에 대한 국내외 연구를 정리한 것에 좀 더 포괄적인 부패에 대한 개념 정의를 시작으로 부패의 다양한 원인과 부패와 제도와의 관계에 대한 선행 연구를 정리한다. 또한 본 연구의 주제를 위한 분석틀을 제공할 M. Johnston의 4가지 부패 유형도 함께 기술한다.

본 연구에 대한 이론적 논의에 앞서, 연구에 전반적인 이론적 관점에 중심생각인 개인이 어떤 동기에 의해서 행동하는가에 대해 "개인은 합리적인 이익 추구"라는 공공선택이론이 바탕임을 밝힌다.[1] 이 이론은 "개인으로서 행정가는 시민의 이익보다는 자신의 이익을 추구하기 위하여 지대를 창출"[2]함을 전제하는 것으로 시민의 이익과 개인의 이익이 충돌할 때 개인의 이익이 우선시된다는 것을 말하는 이론이다.

제1절 부패에 관한 선행 연구

1. 부패의 정의와 정도

1) 부패의 정의

부패(corruption)란 무엇이고 왜 다른 연구에 비해 이론적 체계가 보다 진전되지 못했을까? 부패란, 원래 유기물과 단백질이 세균에 의해 유독 물질과 악취를 발생시키며 분해되는 현상을 지칭하는 화학 용어이다. 한자에 썩을 부(腐), 무너질 패(敗) 그대로 '어떤 물질이 썩어서 못 쓰게 된다'는 말

---

[1] 이는 개인이 항상 자신의 이익을 최대화한다는 것을 의미하는 것은 아니다. 개인은 자신의 이익을 최대화하려고 '노력'한다는 것이다. 이는 상황에 따라 최상의 선택을 하지 않을 경우도 있음을 의미하는 것으로 자신이나 자신이 속하는 집단의 이익의 최적화하는 선택을 한다는 것을 의미한다.

[2] 행정가가 집단에 소속됨으로서 개인과는 상이한 동기구조를 가질 수 있다. 하지만, 본 연구에서 행정가는 최상위층의 행정관료를 의미한다. 그러므로 집단적인 요인보다는 개인적인 동기에 더 영향을 받을 것이라고 가정되었다.

이다. 우리가 '부패한다'고 할 때 그것은 하나의 물질이 현재 썩어가고 있는 진행 상태를 말하는 것이기 때문에 일단 부패의 진행 과정이 완료되면 완전히 다른 물질로 구조가 변화하게 된다. 이와 같이 부패라는 단어는 식품에서부터 조직이나 인간을 대상으로 광범위하게 사용 혹은 혼용되고 있다.

그러한 까닭에 영어에서 부패라고 할 때는 두 단어를 구별해 사용한다. 어떤 물질이 썩어 못 쓰게 된다고 할 때는 rot, 도덕적 부패를 말할 때는 corruption이라고 한다. 라틴어에 어원을 두고 있는 이 단어는 함께(cor) 파멸한다(rupt)라는 뜻을 함축하고 있다.

그렇다면, '부패'라는 단어에 사전적인 정의는 무엇일까? 'corruption'이란 단어는 라틴어의 형용사인 'corruptus'에서 유래한 것으로 망치다(spoiled), 부수다(broken) 혹은 파괴하다(destroy)를 의미한다.[3] Collins Cobuild English Dictionary에 따르면, '공권력이나 힘을 가진 사람에 의한 불법적 행위와 부도덕함'을 일컫고 있으며[4] Concise Oxford English Dictionary에서는 '뇌물에 의한 도덕적 타락'이라고 정의하고 있다.[5] 라틴어의 어원에도 나타나 있는 것과 같이 어느 한 곳이 썩기 시작하면 전체로의 확대되는 의미를 내포하고 있다. 이러한 다양한 정의에 의한 개념은 공공 부문에만 한정되는 것이 아니다. 부패는 사적인 영역에서도 발생할 수 있다.

이와 같이 조직이 존재하는 어느 곳이든 공공 부문에서부터 사적인 영역까지 보편적인 현상으로 자리 잡은 부패의 원인에 대한 연구가 많이 이루어졌음에도 불구하고 일반론이 등장하지 못한 이유는 연구 범위의 광범위함에서 기인한다. 신뢰할 만한 국제기구에서는 이와 비슷하게 부패에 대한 개념을 받아들이고 있는데, 유엔마약범죄사무소(The United Nations

---

3) Geoffrey M. Hodgson and Shuxia Jiang, "The Economics of Corruption and the Corruption of Economics : An Institutionalist Perspective", *Journal of Economic Issues* Vol.XII No.4 December 2007, p.1044.

4) Collins Cobuild English Dictionary, p.339.

5) Geoffrey M. Hodgson and Shuxia Jiang, Ibid., p.1044.

Office on Drugs and Crime)는 부패를 '공공 및 개인 도메인에서 발생할 수 있다.' 그리고 이의 반부패글로벌프로그램(GPAC : Global Programme Against Corruption)은 부패를 '사익을 위한 권력의 남용(abuse of power for private gain)'이라 정의하고 공공 부문과 사적 부문을 동시에 포함하고 있음을 명시하고 있다.[6]

정치를 포함한 경제 및 사회 부문에서 부패에 대한 관심이 증폭되기 시작한 것은 국제투명성기구(TI : Transparency International)에서 매년 발표하는 국가투명성순위를 발표하면서부터이다. 그러나 TI는 부패에 대한 정의를 '투명성에 기초한 국가신뢰도'로 규정하고, 공사(共私) 부문 모두에서 측정하고 있다.[7]

그러나 부패의 대상과 범위에 대한 정의는 학제 간 차이가 있다. 경제학적 접근에서는 부패를 주로 정부 부문에 한정하여 연구가 진행되고 있다. Jain(2001)[8]과 Aidt(2003)[9]는 설문 조사를 통해서 공적 영역에서 부패 자체의 정의를 한정하는 대부분의 경제학자의 경향에 힘을 실어주고 있다. 예를 들면, Andrei Shleifer and Robert Vishny(1993, 599)[10]는 정부의 부패에만 한정하여 "개인의 이익을 위한 정부 재산에 대한 공직자의 매매(sale)행위"이라 정의했다. 경제적 성장에 대해서 부패의 부정적인 효과에 대해 연구한 Paolo Mauro(1995)는 비정형화된(unqualified) 단어로 'corruption'이란 제

---

[6] http://www.unodc.org/unodc/en/treaties/CAC/index.html_2011_02_3.

[7] "the misuse of entrusted power for private gain" this too covers individuals in both the private and public sectors. 그러나 경제학자(Jain, 2001. p.73)들은 이에 대해 공직의 힘은 게임의 룰을 위반하는 방식으로 개인의 이익을 추구하는 행위라고 정의하기도 한다. 이는 Hopkins의 최근 연구(2002)인 literature in economics on corruption에 제시하고 있다.

[8] Jain, Arvind K., "Corruption : A Review." *Journal of Economic Surveys* 15, 1, February 2001, pp.71~120.

[9] Aidt, Toke S., "Economic Analysis of Corruption : A Survey." *Economic Journal* 113, 8, November 2003, pp.632~652.

[10] Shleifer, Andrei, and Robert W. Vishny., "Corruption." *Quarterly Journal of Economics* 108, 3, August 1993, pp.599~617.

목을 쓰고 본문에서 '정부 부패'라는 용어를 쓰고 있다. Daron Acemoglu and Thierry Verdier(2000)[11]은 연구 제목에 한정적인 단어인 'corruption'을 쓰고, 분석에서 공직자 자신의 전반적인(entirely) 부패로 한정하고 있다. 다른 연구와 마찬가지로, Daniel Treisman[12]은 부패를 '사적 이익을 위한 공권력의 오용(the misuse of public office for private gain)'이라고 했으며, Steven Shavell(2001)은 연구에서 법 집행 부문으로 한정하였다. 기본적으로 많은 경제학자들은 부패를 공공 부문에 한정하는 경향이 있다. 그러나 언제나 예외는 있으며 문제적 편향(bias)는 항상 존재한다. 이는 부패인지 아닌지에 대한 판단 근거를 명확하게 하지 못하거나 범위를 명확하게 상정하지 않은 이유도 포함하고 있다. Geoffrey M. Hodgson and Shuxia Jiang(2007)[13]는 JSTOR(The Scholarly Journal Archive)에서 부패(corruption)과 관련된 용어를 카테고리별로 묶어 조사하기도 했다. 그러나 이러한 현상은 경제학계에 있는 학술지에만 한정지을 수 없다.

정치학계에서는 좀 더 심화시켜 접근하고 있다. 정치학자인 Joseph Nye[14]는 부패가 사익을 추구하기 위해 공직자의 공식적 의무로부터 일탈된 형태(the deviation from the formal duties of a public role for private gain)라고 정의하였다. 그 후 전반적인 부패에 대한 연구를 통해서 개념이 정립되었다. John Gardiner[15]는 큰 반발 없이 공공역할에 대한 Nye의 정의에 동의했다. 이와 유사하게 Daniel Kaufmann[16]도 부패를 '사적 이익을 추구하기 위한 공

11) Acemoglu, Daron, and Thierry Verdier, "The Choice between Market Failures and Corruption." *American Economic Review* 90, 1 (March 2000), pp.194~211.

12) Treisman, Daniel, "The Causes of Corruption : A Cross-National Study." *Journal of Public Economics* 76, 3, June 2000, p.399.

13) Geoffrey M. Hodgson and Shuxia Jiang, "The Economics of Corruption and the Corruption of Economics : An Institutionalist Perspective", *Journal of Economic Issues* Vol.XII No.4 December 2007, p.1045.

14) Nye, Joseph S., "Corruption and Political Development : A Cost-benefit Analysis." *American Political Science Review* 61, 2, June 1967, p.419.

15) Gardiner, John A., "Defining Corruption." *Corruption and Reform* 7, 2, 1993, p.112.

권력의 오용'이라고 정의한 많은 사회과학자들에 합류하였고, 그러한 근거로는 Wayne Sandholtz and William Koetzle[17]를 비롯한 많은 연구에 기반을 제공하기도 했다. Mark Warren[18]는 "민주주의에서 부패란 무엇인가?'라는 질문을 던지며 기존의 부패에 대한 정의를 정치적 부패라고 정의하였다. Susan Rose-Ackerman[19]의 중요하고 영향력 있는 것으로 평가되는 당시 연구는 정부부패(government corruption)를 '효익을 획득하거나 비용을 회피하기 위한 목적으로 공공대리인에 의해 불법적으로 행해지는 것(illegally made to public agents with the goal of obtaining a benefit or avoiding a cost)'으로 정의하였다.

이러한 학제적 차이에는 두 가지 논리적 기반이 가능하다. 하나는 'corruption'이란 단어 자체를 공공 부문에서 한정하는 것이고, 나머지 하나는 좀 더 넓은 의미의 부패[20]를 인정하는 것이다. 이 두 가지 논의는 본 연구에서 다루게 될 북한의 부패를 협의의 부패로 볼 것인지, 광의의 부패로 볼 것인지 판단하는 데 중요하다. 그 이유는 북한의 부패를 논할 때, 북한이 부패

---

16) Kaufmann, Daniel, "Corruption: The Facts." *Foreign Policy* 107, 1, Summer 1997, p.114.

17) Sandholtz, Wayne, and William Koetzle, "Accounting for Corruption : Economic Structure, Democracy, and Trade." *International Studies Quarterly* 44, 2000, p.31.

18) Warren, Mark E., "What Does Corruption Mean in a Democracy?" *American Journal of Political Science* 48, 2, April 2004, pp.328~329.

19) Rose-Ackerman, Susan, *Corruption and Government : Causes, Consequences and Reform,* Cambridge and New York : Cambridge University Press, 1999. p.9.

20) 부패는 유사한 개념과 혼재된 채 사용 되고 있어서 그 의미의 모호성은 더욱 커진다. 예를 들어 부정·부패라고 할 때 부정(graft)과 부패(corruption)는 대체로 같은 뜻으로 사용되곤 하나, 엄밀하게 보면 다음과 같은 차이점이 존재한다. 첫째, 부정은 공적인 직권이나 행정 수단을 사적으로 이용하는 측면을 가리키고, 부패는 비정상적인 이익의 접수를 가리킨다. 행정적 의미에서 부패란 공직자가 일반 시민으로부터 가외(加外)수입을 얻기 위해 자신의 권력을 남용하는 것을 일컫는다. 둘째, 부정은 행위 자체에 중점을 두고 있는 데 비해, 부패는 그러한 행위가 행정에 미친 영향에 중점을 두고 있다. 셋째, 부정은 하위층 내지 일선 관리의 수준에서 발생하기 쉬운 데 비해, 부패는 고위층 내지 정치권력 수준에서 발생하는 현상을 일컫는다. 이런 의미의 차이를 염두에 둘 때, 부정은 그 자체가 목적이 아니라 수단일 뿐이다. 반면 부패는 공직을 개인 사업으로 간주하여 자신이 얻게 될 보수의 극대화를 꾀하는 것으로 인간의 만족할 줄 모르는 탐욕성을 강조한다.

되어 있는지, 어느 것이 부패인지 아닌지에 대한 다양한 견해에 대해 판단 근거를 제공하기 때문이다. 기존에 관료 부패에 해당하는 정치 부패는 그 범위를 상정하는 데 논란이 있을 수 있고 폐쇄적 사회주의국가를 지향하는 북한에 '정치'에 대한 의미해석도 다양하기 때문이다.

본 연구에서는 북한 사회에서 광범위하게 퍼져있는 개인이나 조직의 이익을 위해 북한에 일반 주민의 공권력을 매수하는 현상과 경제적 지대를 추구하는 모든 반사회주의 현상들을 부패의 범위로 정의한다. 그러나 이러한 광의의 부패의 개념을 선택한다 할지라도 부패의 정의에 대한 이견까지 부패에 포함하지는 않는다. 공직으로부터 사익을 추구할지라도 모두 부패가 되지 않는 경우가 그것이다. 첫째, 공직자가 자기 자신의 이익을 추구하는 것이 아니라 정치적 지지자의 유익을 추구하는 경우이고, 둘째, 공직자가 개인적 이익을 실제로 향유하였으나 정책의 결과에 유의적으로 영향을 미치지 않는 경우가 이에 해당된다. 이 두 가지 대표적인 예외적 부패 (exceptional corruption)에 대한 논거가 합법인지 불법인지 고정된 기준이 존재하지 않는 경우, 또 다른 하나는 지역과 상황에 따라 행위가 권력의 남용이기도 하고 아니기도 한 경우가 그 예이다. 이는 국가와 국민에 따라 합법적으로 부패를 다르게 정의할 수 있다는 의미이다.[21] 그러나 이러한 예외적 부패에 대해서 본 연구에서 북한의 경우는 적용하지 않는다. 북한은 정치적 지지자들을 위해 구별된 정책을 실시하는 것으로 개인별 예외적 행위를 허용할 수 없는 폐쇄적 사회주의국가이며 개인의 이익을 위한 공산 당원의 행위는 정책적 유의성을 발휘할 수 없는 상명하달식 행정조직 체계를 가지고 있기 때문이다.

---

[21] Johnston, Roberta, Ann, The Struggle Against Corruption : A Comparatative Study. PALGRAVE MACMILLAN, 2004, pp.3~5.

2) 부패의 정도

부패의 정도를 객관적으로 비교할 수 있는 것으로 국제투명성기구(TI)가 매년 발표하는 CPI지수가 대표적이다. 이 지수를 매년 발표하고 있는 국제투명성기구는 국제적·국가적 부패 억제를 위해 1993년에 설립된 비정부기구이다. 독일 베를린에 소재한 이 기구는 부패지수의 산출하고 발표하여 후진국의 발전을 가로막는 부패의 중요성을 부각시키는 데 한 몫을 하고 있다. 여기서 발표되는 부패지수는 기존의 부패 관련 설문조사 결과를 집계해 지수를 산출한다. 또한 지수의 신뢰성을 위해 3개 이상에 해당하는 기관의 설문조사 결과와 지난 3년간의 조사 결과를 취합하여 데이터별 각각에 시간적 가중치를 주고 있다. 이 지수를 기초로 국가 실패와 연결해 연구한 Galtung은 1990년대 냉전종식과 더불어 부패의 분출(eruption of corruption) 사태가 일어나고 있다고 주장했다.[22] 폭발적 요인으로는 ① 국가 실패에 따른 기존 부패의 심화, ② 과거 소련권 국가에 있어 책임성 확보를 위한 국가기구의 동시적 강화 없이 시장규제의 완화 및 민영화, ③ 기업활동의 기회를 증대시킨 정보기술의 발전, ④ 즉각적인 의사소통과 자유로운 자금 이동력에 기인한다고 진단했다.

Heidenheimer[23]는 이와 같은 부패가 체계화되고 확산되는 것에 대해 부패에 대한 지역의 감내 수준(level of tolerance)을 중심으로 부패규모의 기초가 되는 등급화를 시도하였다. 부패 사례에 대해 감내하는 수준을 구분 짓는 흑색, 회색 그리고 흰색의 세 가지 정도를 설명하고 있다. 흑색 수준

---

[22] Galtung, Frederick, "Transparency international' network to her global corruption" In Where Corruption Lives, ed Gerald E. Caiden, O. P. Dwivedi, and Joseph Jabbra. Bloomfield, CT : Kumarian Press, 2001, p.191.

[23] Heidenheimer, Arnod J., "Perspectives on the Perception of Corruption". In Political Corruption : Conception and Contexts. 3rd. Ed. Transaction Publishers, 2002, p.2; 이균우, 「부패와 거버넌스」, 『한국부패연구학회보』 제13권 제2호, 2008, 56쪽 재인용.

은 사회지도층(elite) 및 일반 여론(mass opinion)대다수가 같은 사례를 정죄하고 처벌을 원한다는 것을 의미하고, 다음 회색 수준은 일부 사회 지도층은 처벌을 원하나 다른 사람들은 원치 않거나 다수가 애매한 태도를 취하는 것이다. 마지막 흰색 수준은 감내할 수 있는 (수용·인정되는) 부패로서 사회 지도층 및 일반 여론 대다수가 적극적으로 처벌하기를 원치 않는 경우이다. 우리나라의 부패도 전통적 유교문화와 온정주의 부패 친화적 환경에서 공무원 및 일반 국민의 행태에 내면화하여 일종에 부패문화가 생성되어 부패 방지에 대한 문화적 접근 방법이 논의[24] 되는 등 부패에 관한 연구가 소극적인 측면에서 벗어나 다양한 대상과 시각으로 접근하는 것을 볼 수 있다. 이는 연구의 다양성을 가져온다는 것을 의미하기도 하지만, 전에는 인지하지 못했던 범주의 현상들도 부패로 받아들이거나 일상적으로 공적 업무수행에 필요한 예외적 행위도 체계적 부패로 받아들이기 때문으로 해석할 수 있다. 이와 같이 국가 성장과 부패와의 관계를 설명하는 데 있어 부패의 범위와 깊이에 대한 관점이 확대되고 있다. 특히 사회문화적 접근 방식인 연구에 따르면, 부패는 하나의 문화로 받아들이기도 하고 비공식 제도로 인식하기도 한다. 체제적 부패 상황이 발생하고 비윤리적 정부는 무책임한 정부로 전락하고 공직이 공직자의 사익을 위해 남용될 때 형성되는 제도화된 부패(institutionalized corruption)[25]에 대한 시각이 그 예이다. 이에 대해 점차 부패문제의 최소화를 위해 부패 발생 빈도를 줄이는 동시에 제도적 부패를 우연적인 부패(accidental corruption)로 전환하는 것을 요구[26]하기도 한다. 이러한 현상은 부패를 제도화하는 데 두 가지 논리적 근거를 제시할 수 있다.

첫째, 기존의 현상으로 시작된 제도화된 부패는 관습법처럼 받아들여

---

[24] 김영종, 「부패문화의 치유」, 『한국부패학회보』 제8권 제1호, 2003, 4~5쪽.

[25] Dwivedi, O. P., Ethics and Values of Public Responsibility and Accountability, *International review of Administrative Science* Vol.52, 1985, p.65.

[26] 윤은기, 「영국의 반부패 사회와 문화」, 『한국부패학회보』 Vol.10. No.1, 2005, 89쪽.

제2장 '부패-제도'에 관한 이론적 배경과 논의 55

공식적인 제도로서 역할을 수행할 수 있으며, 둘째 제도화된 부패를 우연적인 부패로 전환하는 과정에서 부패에 대한 온정주의적 환경을 제공하는 것이다. 이는 부패의 근본적인 해결이 아니라, 부패를 보다 폭넓게 용인하는 결과를 낳을 수 있다. 특히, 제도화된 부패는 새로운 공식적인 제도로 또 다른 부패를 양산하는 기초를 제공하기도 한다. 북한을 포함한 저개발 국가의 부패는 선진국과는 다르게 공통적으로 취약한 제도적 구조를 가지고 있다. 그러므로 기존의 연구를 그대로 북한에 적용하는 데 한계가 존재한다.

이와 같이 부패의 정도는 공신력 있는 국제기관에 의해 조사가 이루어지면서 국가의 성장과 부패 간의 반비례 관계를 일반적으로 인식하기 시작하였다. 그 결과 부패에 대한 관대한 현상이 점차 줄어들고 있다.

2011CPI[27]에 새롭게 조사 대상국으로 포함된 북한은 10점 만점에 1점을 받아 소말리아와 공동 182위를 차지했다. 신규로 추가된 북한은 전년도와 비교할 수 없지만, 주변국과의 경제 협력 사업을 통해서 점차 객관적인 자료와 신뢰성 있는 수치로 나타낼 수 있는 현실이 된 것이다.

정리하면, 부패개념의 실체는 사회과학의 철학적 접근과 사회구조적 성격과 특징에 따라 다르고 사회적 변동의 정도에 따라서도 그 접근과 방법이 다를 수 있다.[28] 부패라는 개념 자체가 어느 한 학문적 경향에서 나타나는 것이 아니라, 인간의 행위에 의해 나타나는 일종의 일탈 행위로서 조직의 충성도와 자신의 신념(belief)의 딜레마에서 나타나는 것으로 이해할 수

---

[27] 한국투명성기구는 성명을 통해, "이는 최근 몇 년간 나타난 우리 사회의 부패 불감 현상과 무관하지 않다. 반부패에 대한 인식 및 정책의 부재 속에 특권층 비리, 스폰서 검사로 대표되는 사정기관의 부패 스캔들, 대통령 측근 비리 등 우리 사회 전반의 부패 현실을 반영하고 있다. 더욱이 양극화 등으로 서민의 고통이 심화되는 상황에서 정부의 친기업 정책 유지로 인한 윤리의식의 실종은 관행적 부패가 온존한 우리 사회에 지능형 부패가 창궐할 수 있는 조건을 가져왔다"고 현 추세에 대한 우려를 표명하였다. 〈http://ti.or.kr/xe/archive/254228_2011_12_28〉.

[28] Young Jong Kim, "New Directions of Corruption Study in the Future" Essays and Papers of the Graduate School, Soongsil University Vol.4, 1986, pp.129~142.

있다. 예를 들어, 주관적인 입장(subjective view)에서는 인간의 내면적 규범과 가치구조에 비중을 두고 심리적, 정신적, 도덕적, 가치적 문제까지 포함하여 접근시키고, 객관주의(objective view) 차원에서는 부패의 실체를 보다 외면적이면서 실증적 존재에 초점을 두어 부패를 외형적이고 실증적 일탈(deviation)이자, 가시적인 위반과 불법의 산물(output)로 정의한다.

부패의 개념과 정도에 관한 다양한 논의가 존재하나 본 연구에서는 보다 다면적이고 통합적인 측면에서 부패의 개념을 이해하고자 한다. 이는 부패가 왜 발생하는지에 문제를 단순 논리보다 복합적이고 다양한 접근(complex and multi-dimensional approach)에 의한 부패의 원인을 추적해야 그 실체에 보다 가깝게 접근할 수 있기 때문이다.

2. 부패와 체제와의 상관관계

부패의 원인(부패의 내생적 모델)과 결과(부패의 외생적 모델)에 관한 연구 중에서 부패의 결과를 연구하는 외생적 부패모델에 대한 연구가 상대적으로 많이 진행되어 오고 있다. 이러한 외생적 부패모델을 설명하는 데 가장 많이 쓰이는 주제가 부패와 체제와의 상관관계 연구이다. 체제에 도움이 되는지, 그렇지 않은지에 관한 연구는 국가에 대한 부패의 순기능과 역기능으로 대변할 수 있다. 부패가 국가 성장에 긍정적인 영향을 미치는지, 부정적인 영향을 미치는지는 국민총생산 등과 같은 각종 지수와의 관계로 증명이 가능하다. 이러한 이유로 내생적 부패 연구보다 외생적 부패 연구가 상대적으로 많이 진척되었다. 반면에, 부패의 개념을 포함한 원인에 대한 다양한 견해는 내생적 부패 연구가 덜 이루어진 원인이기도 하다. 부패의 원인을 규명하는 데 있어 정치체제적인 요인이나 경제제도적인 요인과 함께 사회문화적 요인에 이르기까지 각기 다른 견해로 설명이 이루어지기 때문이다.

부패의 결과에 대한 연구 중에서 부패와 경제성장의 관계에 있어서 부패가 투자와 저축을 자극하여 경제성장을 해(害)한다는 연구들이 많이 있다. Mauro, Goncalves, Silva, Garcia, Bandeira[29]에 의하면, 부패는 나라를 병들게 하고 기구적 구조를 비효율적으로 하여 공공 및 민간 부문의 투자를 격감하게 한다는 것이다. 예를 들어 1인당 소득과 부패의 인지도, 평균 저축률과 부패 인지도의 상관관계를 보여주고 있는 것이 그것이다. 또한 부패는 투자와 자본의 비용을 더욱 비싸게 만들어 국민들로 하여금 경제성장을 이룩하는 데 더 많은 소비를 하게 한다. 또한 부패는 경제적으로 자원 배분의 효율성과 공정한 소득재분배에 역기능으로 작용함으로써 막대한 경제적 비용을 발생하게 한다.[30] 즉, 부패에 따른 부정적인 경제적 효과는 앞서 기술했듯이 ① 자원 배분의 왜곡과 추가 비용에 의한 낭비 ② 정책 및 정부 그리고 국내 경제 및 산업 그리고 기업들에 대한 대내외적 신뢰성 상실에 따른 추가 비용, ③ 국내 산업 및 기업들의 국제 경쟁력 약화 등을 들 수 있다.

현재까지 정리된 부패의 원인과 결과를 집약한 몇 가지 이론[31] 중 본 연

---

29) Paolo Mauro, "Corruption and Growth", *Quarterly Journal of Economics* Vol.CX, August, 1995, pp.681~712; Marcos Fernandes Gonclves da Silva, Fernando Garcia, Andrea Camara Bandeira, "How Does Corruption Hunt Growth? Evidences About the effects of Corruption on Factors Productivity and Per Capital Income", http://growthconf.ec.inip1.it._2010_09_16.

30) 부패가 경제 발전에 부정적 효과를 초래한다는 논의에서 박형중 외(2011)는 부패가 관료제의 경직성을 극복하게 하여 자원분배의 효율성은 높이는 데 기여한다는 견해는 옳지 않다고 한다. 이러한 견해는 소소한 뇌물이 관료적 과정을 신속하게 만들어 경제성장을 촉진한다는 논리에 기초한 것으로 소위 부패가 '관료제 톱니바퀴에 윤활유 작용을 한다'기보다 부패가 '관료제 톱니바퀴에 뿌려진 모래 기능을 한다'는 식의 논리를 가진다. 뇌물을 주어 개별 거래의 처리 속도를 높일 수 있다고 해도, 이렇게 되면 뇌물을 요구하는 거래의 숫자가 증가한다는 것이다. 개별 거래의 속도는 빨라질 수 있지만 이와 같은 개별 효율성 증가가 뇌물 요구 증가가 초래하는 전반 비효율성을 능가 할 수 없다는 것이다. 또한 부패와 관료제의 효율성, 자원배분에 미치는 효과와 소득과 부의 분배문제에서도 부패는 일종의 '조세(tax)'로써 거래비용을 증가시킨다는 것이다. 그 이유는 부패가 전반적 성정 저해, 왜곡된 조세 체계, 사회복지 지출 대상의 왜곡된 선정을 초래하며, 아울러 자산 소유, 인적 자본 형성, 교육 불평등, 요소 축적의 불확실성에 영향을 주기 때문이라고 한다.

구를 뒷받침해주는 이론으로는 Rose Ackerman(1978) 등에 의해 발전된 뇌물공여이론이 있다. 이 이론은 정치경제적 관점에서 연구된 것으로 관료주의와 법적 기구들의 경제적 효과는 뇌물수수와 그로 인한 이익의 논리가 공공재와 시장재화 사이의 대립과 연관되어 있어 이를 떠나서는 이론화 될 수 없다는 내용이다. 그의 또 다른 이론은 부패와 시장의 불완전성이 서로 연계되어 있다는 것이다. 보통 정부는 가격이 시장의 원리에 의해서 정해지지 않은 가격으로 많은 자본재와 인프라에 관련된 장비, 기계, 설비 등을 거래한다. 이와 같이 부패와 경제적 성취에 관해서는 Shleifer & Vishny(1993)의 공적도 매우 크다. 이들에 의하면, 다음과 같은 요소들이 존재할 때 부패가 더욱 성행할 수 있다고 한다. ① 정부 등의 기구가 과도한 규제와 정부의 중앙집권화 시도할 때, ② 정치적 기구들이 사회의 많은 기구와 단체들로부터 감독되지 않을 때. 이 이론에 따르면, 부패의 가장 큰 효과는 자원의 분배에 있어 비효율성을 제기시켜 경제성장을 저해하는 큰 사회적 비용이라는 점이다. 그리고 최근 들어, 해외투자 감소도 경제성장에 악영향을 미친다고 한다. 곤칼브스 또한 ① 잠재적 소득과 ② 장기적 이자율의 효과(=자본의 비용)에 있어서의 효율성을 감소시켰다고 주장한다.

그러나 부패의 역기능만큼 순기능도 간과할 수 없다. 특히 부패가 경제발전에 악영향을 끼친다는 주장에 대해 Khan은 반드시 그러한 것은 아니라고 주장한다.[32] 그의 주장은 개발도상국가 중에서 저성장국가와 고도성장 국가를 막론하고 부패가 만연해 있다는 것을 상기시키는 데서 출발한

---

[31] 부패의 원인과 결과를 정리한 이론은 크게 세 가지가 있는데, 첫째는 지대추구의 이론이며, 둘째는 뇌물 공여의 이론, 그리고 마지막으로 경제적 성취(효율성과 성장)와 부패와의 관계 분석이다. 그중 지대추구 이론은 Krueger(1974), Tullock(1967, 1990), Bhagwati(1982, 1983) 등에 의하여 발전되었으며, 이들에 의하면 경제 내의 에이전트(agent)들은 기본적으로 지대를 추구하고자 하는 마음을 가지고 있다고 한다. 그들은 경제와 사회가 정하건 정하지 않았던 가능한 높은 지대와 소득을 원하고 있는데 독점이나 여러 다른 특혜의 형식으로 사회 내부에서 소득을 취한다는 것이다.

[32] Khan, State Failure in Developing Countries and Institutional Reform Strategies; Khan, Governance and Development, p.322.

다. 이를 보면 경제성장에 대한 부패의 효과는 맥락에 따라 다를 수 있으며, 부패가 반드시 경제성장을 저해하는 것은 아니라는 것이다. 개발도상국에는 국가의 재정능력 취약과 근대적 관료제의 미비, 전(前) 자본주의로부터 자본주의로 이행하는 가운데 발생하는 원시적 축적 및 그에 따른 재산권의 불안정성과 시장기능의 미정착 등으로 부패가 만연할 수밖에 없다는 것이다. 그러나 거의 동일한 수준에서 부패가 만연되어 있음에도 불구하고 대부분의 부패만연 국가는 저성장 국가였다. 고성장 국가와 저성장 국가의 차이는 부패에 의해 창출된 지대가(관료적 축적) 국가의 생산적 개입에 의해 투자 및 시장의 확대에 사용됨으로써 성장을 촉진하는 역할을 할 수 있는가 아니면 창출된 지대가 사익추구(개인적 치부, 독재정권 유지)를 위해 낭비되거나 단순히 사장되는가의 차이라는 것이다.[33] 부패만연 국가의 경우, 양 측면이 공존할 것이지만, 어느 한 측면이 지배적인가에 따라 고성장 국가와 저성장 정체 국가가 구별된다고 볼 수 있다. 제도권 내에서의 주체가 개인이나 자신이 속한 조직의 이익을 위해서 간헐적이거나 정기적으로 일정의 금액을 지불하며 원하는 것을 얻어내기도 한다. 그 예로, 정부는 각종 규제를 가하고 조세를 징수한다. 개인과 기업은 이러한 비용들을 줄이고자 뇌물을 제공한다. ① 공적 규제하에서 개인이나 기업은 규제를 약화시키거나 법규의 유리한 해석을 얻기 위해 뇌물이 사용되기도 한다. 그러나 법규와 규제는 정부관리가 자신의 배를 불리는 데 악용될 수 있다. 비리가 행해지는 분야는 문화·경제적 환경, 정치적 구조가 다양함에도 불구하고 세계 어디서나 놀랍게도 유사하다. 인허가 발급, 공사장이나 건물 검사, 환경오염 규제, 작업환경의 안전성 감사 등에서 빈번하게 발생한다. 감독공무원이 재량권을 가지고 있는 한 뇌물을 제공할 동기가 존재하는 것이다.

---

[33] 윤철기, 「렌트와 국가의 유형」, 성균관대학교대학원 석사논문, 2002, 46~75쪽.

본 연구에서 다루어지게 될 북한의 부패 현상에도 이러한 유사한 형태가 나타난다. ① 세금이나 관세를 내는 것은 언제나 부담스럽다. 게다가 세관 공무원들은 기업 입장에서 매우 중요한 것, 즉 해외로의 통로를 감독하는 것이다. 따라서 개인 및 기업들은 부과된 세금을 줄이기 위해 혹은 신속한 서비스를 받기 위해 세무공무원 및 세관 관리와 결탁하게 된다. 결과적으로 세수가 충분하지 않게 되고 불공정한 세금 부과가 생기는 것이다. 납세자와 비리공무원들은 탈세로 얻은 이익을 나누어 갖는다. 이러한 비리의 비용은 가난하고 연줄이 없는 납세자가 짊어지게 되고, 또한 복지의 축소로 일반 대중에게 부과되는 것이다. 정치·경제적 변화가 일어나는 경우에는 새로운 비리의 소지가 생기게 되어 있다. 개혁이 추진될 때 나타나는 새로운 비리의 소지는 그 개혁의 정당성과 공정성을 감소시킴으로써 장래성 있는 개혁의 의미를 훼손시킨다. ② 기존의 비효율적인 사법 체제하에서 규제를 피하거나 세금을 줄이기 위해 제공되는 뇌물은 효율성을 높일 수 있다.[34] 뇌물은 과도한 규제를 극복하고, 조세를 줄이며, 희소한 재화를 분배한다.[35]

부패한 '시장'이 앞서 논의된 여러 가지 문제점들을 가지고 있긴 해도, 효율성을 따진다면 이러한 결과가 법을 준수했을 때의 결과보다 우월하다. 뇌물옹호론자들은 개발도상국에 투자하고 있는 투자자들이 자주 제기하며, 구소련과 동유럽에 대한 투자를 논의할 때도 거론하였다. 이는 기존의 사법 체계에 대한 좌절감으로부터 나오는 실용적 정당화인 것이다. 이 주장이 중요한 이유는 "받아서는 안 되는" 혜택을 받기 위해 이용되는 부패를 정당화하려고 하기 때문이다. 뇌물공여자는 법에 순응해야 하는 정직한 체제 안에서보다 부정부패가 정당화되는 사회에서 많은 것을 누릴

---

[34] Leff, Nathaniel, "Economic Development Through Bureaucratic Corruption", *American Behavioral Scientist* 8 : 8, 1964, p.14.

[35] Rashid, Salim, "Public Utilities in Egalitarian LDCs", *Kyklos* 34, 1981, pp.448~460.

수 있게 된다. ③ 불법적 사업은 경찰, 정치인, 판사에게 돈을 상납하거나 이득을 나눔으로써 사업을 안전하게 하고자 한다. 그러나 그러한 사업은 뇌물 요구에 특히 취약하다. 경찰, 검사, 판사에 이르기까지 다양한 사법 집행자들이 위법행위를 눈감아주거나 처벌을 완화해 주는 대가로 뇌물을 요구하기 때문이다. 그러나 자신의 범죄행위에 대한 증거가 확실한 경우, 이런 불법 사업가들은 뇌물 요구 등의 부정한 요구를 받았다는 사실을 폭로하겠다고 위협하기도 어렵다. 조직화된 집단이 합법적인 사업까지 장악할 때 경제 발전은 저해된다. 남부 이탈리아, 동유럽, 구소련 등의 체제 전환국의 경우가 이에 해당된다. 범죄조직은 불법 상행위를 통해 얻은 이득을 공직자를 매수하는 데 사용할 뿐 아니라 합법적인 사업에 참여하기 위해서도 사용한다. 불법적인 사업을 통해 세금도 내지 않고 얻은 이득은 합법적인 사업에 재투자되고 공공 계약을 얻기 위해서도 사용된다.[36] 동유럽과 구소련의 몰락으로 생긴 여러 국가들에서 나타나는 것 중 하나가 조직과 조직 사이에 이해 차이가 특히 크다는 것이다. 국부 전체를 먼저 갖는 사람이 임자인 상태인 것이다. 사회주의국가의 민영화에 따른 이득의 가치는 서유럽의 공공시설이나 개발도상국의 그것과는 상대가 되지 않을 정도로 크다.

특히, Nye[37]는 부패 현상이 순기능과 역기능의 양면성을 비용편익의 분석 시각에서 논의하면서 부패를 자원 소비와 정치구조의 정통성을 파괴하는 역기능이 있는가 하면 지배 엘리트들과의 괴리 현상을 극복하기 위한 통합적인 기능도 한다고 지적하고 있다. Gould는 특수한 환경에 놓여 있는

---

[36] Gambetta, Diego, "The Sicilian Mafa, Cambridge MA : Harvard University Press", 1993; Varese, Federico, "Is Sicily the Future of Russia? Private Protection and the Rise of the Russian Mafa", Archives of European Sociology 35, 1994, pp.224~258.

[37] J. S. Nye, Corruption and Political Development : A Cost Benefit Analysis" in Bureaucratic Corruption in Sub-Saharan Africa, edited by Monday V. Expo, Washington : University Press of America, Inc., 1979, pp.411~433

개발도상국가에 있어서의 개별적 상황을 예로 들면서(예 : 경제사회 변동 및 강력한 윤리적 혈연적 연대감 등) 정부의 경제활동 독점이나 정치적 연약성의 상황, 광범위한 빈곤문제, 사회경제적 불평등, 정부조직의 정통성의 결여, 그리고 조직적 병폐 행정 등이 부패의 주요 원인이 된다고 주장하고 있다. 이러한 그의 관점[38]은 부패 현상이 행정의 각 분야에 불만, 비생산성, 비효율성, 그리고 불신의 결과를 초래한다고 주장한다. 흥미로운 것은 Hoogvelt가 부패문제를 인위적으로 경제 엘리트를 산출함으로써 토착화된 사회구조의 진화 과정을 방해하는 식민지정책이나 자본주의 제도화의 결과라고 보고 있다는 것이다.[39]

뇌물옹호론은 정부규제와 법률의 비효율성과 자의성에 초점을 맞춘다. 충분한 보수를 받지 못하는 공무원들이 행정을 맡고 있을수록, 뇌물을 공여하고자 하는 유인이 커지며 그로부터 얻는 이익은 명확해진다. 즉, 민간 기업이나 개인은 자신들이 원하는 방향으로 일을 진척시킬 수 있기 때문이다. 개별적인 뇌물이 뇌물제공자와 뇌물수수자에게 이득을 줄 뿐 아니라 전체적인 효율성과 공정성까지 향상시키는 경우가 있다.

이와 같이 부패에 대한 순기능과 역기능을 논할 때 경제 발전을 기준으로 계량경제학적 접근도 있지만 정치학적 접근인 체제 안정에 미치는 영향에 대한 평가도 존재한다. 일반적으로 부패에 관한 이론 모델은 주인 – 대리인 모델에 기초한다. 특히 국가는 조세 수집, 특정한 정책, 규제에 대한 준수 통제와 같은 일련의 필요한 행동들을 관료제에 위임한다. 일부 관료는 자신의 직책을 오용할 수 있는 여지가 존재하게 되는 것이다. 즉, 대리인은 주인의 의사와는 달리 행동할 가능성이 있다. 따라서 권위가 관료제에 위임될 때마다 부패가 발생할 수 있는 잠재성이 만들어진다. 이러한 논

[38] David J. Gould, "The Effects of Corruption on Administrative Performance : Illustration from Developing Countries" in *World Bank Staff Working Papers* No.580, Washington, D. C. : The World Bank, 1983, pp.1~41
[39] David J. Hoogvelt, The Sociology of Developing Countries, London : Macmilan Press, 1976.

리는 부패가 정책 추진이나 조세 수취와 같은 국가능력을 약화시키고 경제 발전에도 악영향을 줄 수밖에 없다는 논리가 내재되어 있다. 다시 말해 통치자와 정치가를 포함 모든 공직자가 지대를 추구하며, 이 지대-추구 행위는 오직 주어진 경제 및 정치제도에 의해 제한을 받는다. 특히 정치제도가 취약할 때 부패가 전염병처럼 번져 '체제적 부패'가 발생하는 것이다. 부패를 체제 안정의 문제와 결부시킨다면, '선의의 주인'과 '선하지 않은 주인'의 결과는 전혀 다른 결론에 도달하게 된다. 일반적으로 부패의 만연은 국가능력이 붕괴되고, 조세징수율이 낮아져, 법과 규정이 제대로 집행되지 않으며, 경제성장이 침체되는 것을 의미하게 된다. 그러나 그렇지 않은 경우라면, 부패(독직)는 "국가 지도자의 지시에 대한 복종을 보장하는 국가의 능력을 붕괴시키는 것이 아니라 오히려 강화시킬 수 있다"[40]는 결론에 도달할 수 있다. 즉, 부패는 국가 통제의 비공식적 기재라는 것이다. Keith는 이러한 관계를 다음과 같이 설명하였다.

독직[41](부패)으로부터의 수입이 충성과 복종에 대한 대가로 주어지는 비공식적 급부이고 수직 위계를 강화시키는 경우에 그러하다. 여기서 우리는 국가지도자와 하급 관료 간에 묵시적이고 불법적 '계약'을 발견할 수 있는데, 이러한 계약에서는 관료가 독직을 통해 벌어들인 지대가 다른 영역에서의 복

---

[40] Keith Darden, "Graft and Governance : Corruption as an Informal Mechanism of State Control", *Development of Political Science* October 2003, p.8.

[41] Darden은 국가체제에 대한 부패의 순기능을 역설하는데, 주인-대리인 부패론에서 부패와 구별하기 위해, 국가통제를 강화시키는 데 기여하는 '부패'를 독직이라 구별하여 설정하였다. 이러한 체제에서는 독직은 사실상 지도자가 묵시적으로 허락해준 두 번째 봉급이며, 이른 하급자가 중앙의 지시에 계속하여 충성과 복종을 보여주는 것과 교환하여 하급자에게 부여되거나 허가된다는 것이다. 이러한 협약 구조하에서 일정 수준의 뇌물과 횡령은 너그러이 용서되지만 지도부가 내리는 다른 법이나 지시는 엄격하게 집행된다는 것이다. 이러한 체제에서 하급자의 독직은 지도부의 징벌과 규율의 기제로 작용한다. 이러한 체제에서는 외관상 청렴할 것을 요구하는 법치가 존재하기 때문에, 지도자는 언제든지 부패혐의를 걸어 충성스럽지 않은 하급자를 처벌할 수 있다. 이 경우 하급자가 직책을 상실하며 부패 과료의 모든 자산이 위험에 빠지게 된다는 것이다 (Ibid., p.8).

종에 대한 대가로 허용된다. 이러한 부패는 부패 관료제의 내부 하급자가 탈주하는 것 또는 반란을 일으키는 개연성을 최소화하는 기제로 작용한다. 내부자들은 자신들이 스스로 참여하고 있기 때문에 일반 주민(공중)에 합류하여 체제를 비난하는 것으로부터 효과적으로 제약된다. 다른 편에서 독재자는 필요한 경우, 비협조적 관료가 부패라는 범죄를 저지르고 있다고 걸고넘어질 수 있는 이유를 발견할 것이다. 부패는 충성을 강화시키는 당근이자 채찍[42]인 것이다.

이와 같은 수탈적 부패 위계는 공공 부문 관료에게 생계비 이하의 임금을 주게 되는 개발도상국에서 성립한다. 즉, 관료는 낮은 임금을 보충하자면 공직에 내재되어 있는 부패 잠재성을 활용해야 한다. 상급자는 면허 발급 독점에 관한 해당 결정 권한을 축소키겠다고 위협함으로써 대부분의 지대가 상납되는 것을 확실하게 알 수 있다. 이는 투명성 또는 책임성이 없다는 점에서 복종을 실현시키는 특히 효과적인 방법이라는 것이다. 이러한 정치체제에서 부패는 정권의 생존을 보장하기 위해 기획되고 장려되는 핵심 요소인 것이다.[43]

더욱이 부패의 결과가 어떠한 영향을 주는가 하는 문제는 순기능면에서 보는 긍정적인 차원과 역기능(dysfunction)적 차원에서 보는 부정적인 견해가 대립된다. 많은 경우 순기능보다는 역기능을 논의하는 것이 관계가 되지만 때로는 부패의 순기능도 주장되고 있으며 실제로 상당한 설득력이 있어 보이는 것도 사실이다. 예를 들어, 부패는 ① 자본의 축적에 기여하고 ② 경직된 관료제를 완화시키고 ③ 사회적 통합에 기여하는 정도가 사회기강의 해이와 통제 불능, 그리고 정부의 행정 불능과 국민들의 불평의 확산으로 사회적 위기를 초래하거나 ④ 비정상적인 소득이 사치 소비성 물량주

---

42) Joshua Charap and Christian Harm, "Institutionalized Corruption and the Kleptocratic State", *Africa Development, Working Paper* July 1999, p.14.

43) John Waterbury, "Endemic and Planned Corruption in a Monarchical Regime", *World Politics* Vol.25, No.4, July 1973, p.534.

의적 분위기의 확산 정도보다 적으면 그 국가는 부패의 순기능에 수혜를 입는다고 한다.

제2절 부패의 원인과 제도적 영향

1. 부패의 원인

사회과학에서 말하는 부패의 원인은 부패에 대한 정의만큼 다양하게 접근할 수 있다. 조직론적 관점에서 지배구조(governance)의 구분에 따라, 혹은 사회구조(system)에서 행위자들 간의 상호작용에 의한 효과에 따라 내지는 부패의 부작용을 중심으로 접근한다. 그러나 본 연구는 부패 유형 변화에 영향을 주는 요인으로 제도적 환경에 초점을 두고 있다. 그러므로 보다 구조적 요인(structural factor)과 관련된 부패에 대한 가치관과 조직의 내부적, 비민주적 의사결정 과정에서 기인한 행정제도나 정치제도의 통제능력 부재에서 유발된 사회적 기강 해이와 같은 거시적 분석 요인(macro analysis and factor)을 지적하고자 한다. 뿐만 아니라 개인적인 도덕적 가치관과 사명감의 결여에서 나타나는 미시적 분석시각(micro analysis view)에 기초한 이탈적 사회현상과 환경 요인 중 하나인 불건전한 시민문화적 요인에서 유발된 객관주의적 결정주의(determinism)의 원인도 포함한다.[44]

특히 구조적 요인에 의한 부패 현상은 개발도상국가나 후진국가에서 급진적 정치사회적 변동을 겪으면서 나타나는 군사문화(military culture)에 역기능 현상으로 권위주의적인 정권 창출 과정에서 나타난 정치문화의 미

---

[44] Gibson Burrell and Gareth Morgan, Sociological Paradigm and Organizational Analysis, London : Heinemann, 1988, pp.1~35.

성숙으로 인한 권력남용(abuse of power)의 결과로 나타난다. 반면에 정치경제학적(political economy) 차원에서 볼 때, 정경유착적 현상은 급속한 성장이데올로기(growth ideology)의 합리화를 도모하기 위한 정치 엘리트와 경제 엘리트 간의 야합으로 조직적 부패확산(spill-over effect)의 결과로 정·경·관·언 등의 먹이사슬적 확산 현상이 총체적 부패의 결과를 낳는다고 할 수 있다. 이러한 이권 개입은 ① 특혜기업육성 ② 정치적 상품경제 ③ 비정상적 분배의 왜곡 ④ 기업의 뇌물공세와 이권 획득 ⑤ 언론의 이권 활용과 야합 등의 현실과 관련되어 총체적 부패 원인이라 일컫는다.

사회주의국가들의 붕괴 과정에도 이러한 선행 현상들이 나타났다. 지금의 러시아를 포함한 동구 사회주의국가들은 체제 전환이나 이데올로기적 체제 붕괴가 일어나기 전에 사회구조적인 부패 현상이 만연하였다. 특히 사회주의국가의 구조적 모순으로 나타난 공산품의 수요와 공급의 불균형에서 오는 인플레이션 압력, 국민에 의한 국가신인도 추락, 자생적인 경제구조인 시장 부패의 출현과 물물교환에 의한 화폐가치의 추락은 이데올로기의 산물인 체제의 구조적 완화 현상과 붕괴의 촉발로 국가의 역할을 무색하게 하였다.

이와 같이 부패의 원인이 무엇인지에 대한 접근 방법은 부패의 유형과 성격을 어떻게 나누느냐에 따라 달라질 수밖에 없다. 또한 부패의 원인을 어떻게 보느냐에 따라 그 처방도 달라지기 때문에 이를 살펴보는 것은 중요한 일이다.

김현재(2008)는 베트남의 부패에 대한 연구에서 거시적 관점에서 행태적 요인, 제도적 요인, 환경적 요인으로 부패의 원인을 나누어 설명했다.[45] 베트남의 행태적 원인으로 인치(人治)와 가족주의를 들어 일당독재 체제의 권력구조에 기인한 권력의 집중과 남용에서 발생하는 인치(人治)가 법치보

---

45) 김현재, 「베트남의 부패」, 그 특징과 원인에 대한 고찰」, 『한국부패학회보』 제13권 제2호, 2008, 1~33쪽.

다 우선하는 상황을 들었다. 법에 의한 지배보다는 권력자의 의사(義思)가 중요한 변수로 작용하는 정치문화가 베트남에 행정의 근거를 이루게 하는 역사적 배경이라고 설명하고 있다. 특히 프랑스의 식민지배 이후, 사회주의 체제하에서 베트남의 관료제는 전통적 유교사상, 프랑스 식민시대의 유산과 사회주의 이념이 반영된 일종의 혼합 체제로서, 통일 이후에는 소련 사회주의 모형의 영향을 받아 매우 권위주의적인 통합 체제(unitary system)로서 존재하게 되었다고 한다. 이러한 권력 체제하에서는 소수의 당 고위 공직자들을 중심으로 공직자들이 인민을 지배하는 피라미드형의 지배 체제가 형성되어 결국 당의 실권자들은 물론 공직자들의 인치가 법과 제도에 의한 법치에 우선한다고 한다. 이는 북한의 상황에 그대로 적용할 수 있을 만큼 상당히 유사하다. 그와 더불어 혈연 중심의 전통적인 가족주의를 들고 있다. 전통적으로 베트남에서는 개인은 항상 가족공동체에 용해되어야 하는 존재로서 공동체 내 구성원은 친형제, 자매와 같은 가족으로 여겨왔다. 따라서 조직 내 구성원끼리는 가족구성원과 같이 상부상조해야 한다는 관념이 교우, 직장, 동료, 동향 출신으로 확대되어 오늘날 베트남의 가족주의 문화를 들고 있다. 이러한 관계는 조직 내부에서 상관의 부하 직원에 의한 부패 행위에 대한 묵인 또는 비호 등의 부패 용인 태도 역시 부패를 조장하는 원인이 되고 있음을 밝히고 있다. 제도적 원인으로는 공직의 대물림과 낮은 보수를 들고 있는데, 공직의 대물림이 베트남 내 부패 만연의 한 원인이라고 한다. 베트남에서 공직자는 쉽게 뒷돈을 챙길 수 있다는 인식이 보편화되어 있으며, 특히 재무부, 무역부 등 중대한 경제 관련 부처 공직자들은 외자 도입과 배분, 수출입 쿼터 배정, 인프라 구축 사업 등 중대한 경제 관련 업무를 담당하기 때문에 더 쉽게 거액의 뒷돈을 챙기는 것으로 나타났다. 한 중앙부처의 경우 국장인 아버지가 과장인 아들의 하급직은 친인척들로 구성한다고 한다. 실제로 구조에서 관행은 이미 차관 부자(父子)의 뇌물수뢰 사건[46]으로 드러난 바 있다. 이와 같이 공직의 대물림은 공무원 채용 절차가 존재하지 않기 때문이다. 시험에 의해 선발하는 것이 아니라, 필요할 때마다 부정기적으로 소정의 시험을 통해 인원을 충당하는 것이다.[47] 이러한 인사제도의 불합리성은 단지 채용에만 국한하지 않고 공직사회 인사제도에서도 정실인사가 관행화되어 있는 것으로 전해진다. 좋은 자리를 얻기 위해 권력자에게로 접근을 초래하며, 뇌물수수 등의 부패 행위가 발생할 가능성이 높다. 이러한 구조는 공직자에 대한 평가를 저하시키고 공직사회에 대한 불신을 초래할 뿐만 아니라 나아가 당에 대한 신뢰도를 떨어뜨려 불신을 초래하는 요인으로 확대된다.

또한 구조에서 더욱 부패를 가중시키는 것이 바로 낮은 보수이다. 공직자에게 보수는 최소한의 생계를 해결할 수 있는 기본급 이상이여야 한다. 그렇지 않으면, 공직자의 욕구와 보수 사이에 심각한 차이(gap)는 부패의 소지(opportunity)를 제공하고, 생계비에 미달하는 보수 구조는 부패 발생에 원인이 되기도 한다.[48] 실제로 2007년 베트남 경제대학교의 조사 결과, 공직자들의 총수입 중 급여가 차지하는 비중은 31% 수준으로 해당 공직자들은 소속 공공기관 소유의 부동산 및 설비 등을 임대해주는 방법으로 평균 6~12개월에 해당하는 부수입을 조직 차원에서 창출하는 것으로 나타났다. 또 개별적으로 뇌물 수뢰를 통해서 부수입을 챙기고 있는 것으로 나타났다.[49] 와세다 대학교 Yoshiharu Tsuboi 교수는 베트남 공직자의 급여가 낮은 원인은 베트남 정부의 재정 마련이 주로 외국 원조(foreign aid)에 의지하는 반면, 조세 수입에 의한 재정 마련은 매우 저조하기 때문이라고 지적하고 있다. 이러한 제도적 원인은 북한의 사정과 상당히 비슷하다. 북한은

---

46) 무역부 차관 마이 반 저우(Mai Van Dau)는 공무원 채용에 있어서 아들 마이 탄 하이(Mai Thanh Hai)가 학력 미달 등 결격 사유가 있었음에도 불구하고 영향력을 행사하여 무역부 공무원으로 채용하였다(김현재, 2008, 21쪽 재인용).

47) 김경우, 「한국에 유학 온 김일성대 출신 베트남 공무원」, 『주간조선』 1993호, 2008, 25쪽.

48) 김영종, 2003, 17쪽.

49) 김현재, 2008, 24쪽.

사회주의를 표방하는 국가로서 세금에 의한 재정정책을 펼 수 없다. 국가가 생산하고 국가가 배분하는 구조는 국가재정의 수입구조가 단순하고 일방적인 특성을 가지고 있어 조세구조가 취약하여 공직자의 보수는 낮을 수밖에 없으며 식량마저 외국의 원조에 의존하는 상황은 지금의 북한의 모습을 대변하고 있다. 이러한 행정적 구조적 원인은 행정개혁을 통한 악순환의 고리를 끊지 않고서는 불가능하다.

마지막으로 선물문화와 지하경제를 환경적 요인으로 들고 있다. 선물문화는 전통적인 유교사상에 기인한 것으로 설날이나 추석 혹은 지인의 생일과 같은 관혼상제 때 선물을 주는 것이 오랜 사회적 관습에서 이어지는 것이다.[50] 한편 공공기관 내부에서도 이러한 현상이 나타나는데 이를 모두 부패라고 규정지을 수는 없다. 뇌물이라 함은 주는 사람의 목적이 있는 경우로 한정하기 때문이다. 그러나 목적 유무는 판단하기 어려워 더욱 음성적인 부패 현상으로 발전하기 쉽다. 이러한 구조는 경제 분야로 이어지기 용이하여 사회주의국가의 전형적인 현상인 부족한 공급분에 대한 부패 현상이 발달하게 된다.

⟨표 2-1⟩ 다양한 기준에 따른 부패 원인의 분류

부패 원인의 기준		원인에 따른 분류
거시적 관점	행태적 요인	① 인치(人治), ② 가족주의
	제도적 요인	① 공직의 대물림 ② 낮은 보수
	환경적 요인	① 선물문화 ② 지하경제
이론적 관점[51]	부패 요인의 이론적 모델	① 위임자 대리인 모델 ② 신공공관리 방법 ③ 신제도경제학적 방식 모델
원인의 대상별 관점		① 개인적 문제로 환원 ② 제도와 구조의 문제로 접근 ③ 체제적 접근
분야별 관점		① 정치제도적 요인 ② 경제구조적 요인

원인 대상에 따라 ① 부패의 원인을 개인적 문제로 환원, ② 제도와 구조

50) 김해동·윤태범, 『관료부패와 통제』, 집문당, 1994, 5~20쪽.
51) 이균우, 2008, 64~66쪽.

의 문제로 접근 ③ 체제적 접근이 있다. 첫째로 개인의 문제로 환원하는 것은 결국 부패는 사람이 하는 행위이며, 부패에 개입된 사람의 특정한 품성, 성격, 그리고 탐욕 등이 부패를 유도한다고 본다. 다시 말해 부패 행위를 개인의 비윤리적이고 일탈적인 행위로 유도한다고 본다. 그러나 이 접근 방법은 부정부패가 특정한 사람에게만 발생되는 것이 아니라는 점을 설명하지 못한다. 경험적으로 볼 때 부정부패가 만연되어 있는 곳에서는 그렇지 않은 곳보다 일반적으로 많은 사람들이 부패 행위에 연루되어 있다. 이들 모두가 성격적으로 문제가 있거나 아니면 비윤리적인 사람이라고 규정하기는 힘들다. 또 특정한 자리는 사람에 관계없이 다른 자리 보다 부정행위가 많다는 점도 설명하지 못한다. 부패를 개인적인 문제에 치중하여 접근하는 것은 자칫 보다 근본적인 원인이 될 수 있는 법과 제도, 그리고 환경적 측면을 간과하기 쉽다. 둘째, 제도와 구조의 문제로 접근하는 것이다. 이 접근법은 부패 현상이 법과 제도의 비합리성과 모순, 그리고 비현실성 등으로 인해 발생한다고 본다. 아울러 행정 내부의 조직구조, 견제시스템 및 공직사회의 조직문화도 부패 행위의 원인으로 간주한다. 제도적 구조적 접근 방식은 부패 현상을 개인적 문제로 환원하여 접근하는 것보다 좀 더 다차원적으로 해명할 수 있으며, 정책적 대안의 제시도 보다 분명하게 할 수 있다.

그러나 제도적·구조적 접근 방법은 그간 수많은 제도 개선이 있었음에도 불구하고 공직자의 부정부패가 왜 더욱 은밀한 형태로 존속하고 있는가를 설명하지 못한다. 현실적으로 완벽한 제도를 갖추는 일이 불가능하다고 볼 때, 제도적·구조적 접근법은 부패를 완전히 척결할 수 없는 것으로 파악하는 근본적 한계를 지니고 있다. 또한 사회 전체적인 맥락에서 부패의 원인을 파악하기보다는 제도 자체 내에서만 그 원인을 찾는 한계를 보여준다. 이를 테면 환경적 요인과 같은 요소들을 간과하고 있는 것이다. 셋째, 체제적 접근법은 부패가 개인이나 제도상의 결함에서 비롯되는 것일 뿐만 아니라 뇌물 제공 등으로 문제를 해결하려는 불건전한 시민과 같은 환경적 요인에 의해서도 발생한다고 본다. 또한 부패 현상을 법과 제도의 충실한 운영을 통해 공익을 보호해야 하는 정부의 입장과 개별적인 이익을 추구하는 이해 당사자 간의 상호작용에서 나타나는 현상으로 파악하기도 한다. 따라서 부패 해결 방법을 법규와 같은 제도적 측면은 물론, 뇌물이나 부당한 유혹을 통해 문제를 해결하려는 병리적, 시민문화적 관련 속에서 찾게 된다는 것이다.52) 이와 같이 세 가지로 분류한 접근 방법은 특히 관료 부패의 존재와 한계를 가지고 있다. 개인적 접근에서 부패는 학력이 높고 낮음, 출신의 차이, 인종의 차이를 막론하고 발견되기 때문에 통계적 분석들이 어느 정도의 차이를 설명하는 경우도 있지만 보편적인 일반성을 가지기 힘들다는 단점이 있다.53) 또한 제도와 구조의 문제로 접근하는 것은 사회문화적 특성에 영향을 받은 것으로 특정한 지배적 관습이나 경험적 습성과 같은 부패를 조장하는 것으로 볼 수 있다. 예를 들면 우리나라의 경우에 호의에 대한 선물 증정이 이에 해당된다. 즉, 공식적인 법규나 규범보다는 사회문화적 관습을 더욱 우선시하여 일정한 행위를 할 경우—제도와 사회구조에서 용인되는—이것도 법 규정의 측면에서 틀림없이 부패 현상이다. 특히 이러한 현상은 개발도상국이나 후진국의 경우에 있어서 지배적인 내면적 가치관 내지는 규범과 표면적인 실제 행동 기준과의 괴리에서 비롯된다고 할 수 있다. 이러한 사회문화적 접근에 의한 산물인 제도는 구조의 당위성을 설명할 수 있는 중요한 도구의 역할을 담당하게 될 것이며, 이에 따라 구조적 접근이 가능하게 한다.

구조적 접근은 특히 어떠한 정책이나 전략상의 유인들이 부패의 원인으로 작용하는 것이다. 이러한 제도적 측면에서의 부패행태는 관료의 상당한 재량권 행사를 수반하기도 한다. 즉 모호한 법령에 대한 공무원의 재량적, 자의적 해석에 의해서 부패가 발생하기도 한다. 이러한 제도와 관리론의

52) 김영종, 『부패학―원인과 대책』, 숭실대학교 출판부, 2001, 20쪽.
53) M. Colin, "A Critique of Criminology", *American Journal of Sociology* Vol.89, No.3, 1983.

개혁은 그와 같은 상태에 있는 보다 더 많은 계층의 행태 변화를 가능하게 한다. 사실상 제도나 관리는 인간의 습성 또는 형태를 변화시키기 때문이다. 이러한 접근법은 보다 폭넓은 조치, 사회적 맥락을 무시한 채 조직이나 법규를 분석한다는 단점이 있다. 그러나 사회문화적 배경에 의한 제도와 구조에 대한 접근 방법은 본 연구의 대상인 북한 부패를 연구하는 데 이론적 토대를 제공한다. 정치적 이데올로기에 의한 접근 방법이 아닌 개발도상국이나 후진국에 해당되는 북한의 부패 현상을 연구하는 것이다. 북한의 부패를 제도와 구조 측면에서 접근하는 것은 체제적 접근과도 일정 부분 상충되는 부분이 있다. 그러나 본 연구는 북한 부패의 제도적 유인을 분석하는 만큼 제도와 구조적 접근이 보다 용이하다 할 수 있다.

결국 위에서 지적한 접근법들은 부패의 부분적인 측면만 설명하는 한계점이 있으며 북한과 같은 특정 사회 혹은 체제의 성격과 관련된 구조를 설명하는 데 한계점을 지니고 있다. 그 이유는 한 사회 혹은 국가에서 발생하는 부패, 특히 공무원에 의한 관료 부패의 상당 부분은 거시적인 접근법에 의해서만 이해 혹은 설명될 수 있으며 부분적인 해결책으로는 근본적인 부패를 방지할 수 없기 때문이다. 따라서 본 연구는 거시적인 안목을 견지하며 북한의 부패 현상을 공무원에 의한 관료 부패에 국한하는 것이 아니라, 북한 사회 전반적으로 퍼져있는 병리 현상인 부패에 대해 구조적 접근을 시도하고자 한다. 이러한 관점은 북한의 부패를 체제의 운영 양식(노동당)과 환경과의 관계(운영 양식)를 고찰하여 결국은 체제 작동 원리를 추적할 수 있다. 이는 개인이나 제도의 결함 혹은 실패가 아닌, 부패 현상을 중립적이고 분석적인 현상에서 체제의 성격으로부터 기인하는 하나의 결과(results) 혹은 영향(impact)으로 보는 것이다.[54] 이렇게 부패문제를 해석하고 처방을 내리기 위한 다양한 시각들이 학자들에 의하여 제시되었는데, 이 중에서 근래에 많은

---

[54] Scott, James C., *Comparative Political Corruption*, Englewood Cliffs, N. J. : Prentice hall, 1972, p.3.

지지를 받고 있는 것 중 하나가 바로 제도주의적(institutional) 견해이다. 이 시각은 부패문제의 원인에서부터 처방에 이르는 전(全) 단계를 제도주의라는 시각에서 바라본다. 즉 특정국가의 제도적 결함이나 통제장치의 미비에서 부패문제의 원인을 찾으며, 따라서 제도적 장치의 마련을 통하여 부패를 억제하고자 한다. 이러한 시각과 방법들은 다른 시각들, 예를 들어서 개인주의, 문화주의, 윤리주의 등의 시각과 비교하면 상대적으로 부패문제에 대한 명확한 원인 진단과 가시적인 처방을 내려준다는 평가를 받고 있다. 특히 북한 사회의 경우 폐쇄된 사회주의 체제를 유지하며 국내외적 환경에 대한 체제 유지라는 국가 경영전략을 실현하기 위해 철저히 정치적 수단으로 '제도'를 적용시키고 있다. 따라서 다른 접근 방법들 보다 제도주의 접근법이 북한에서의 부패 현상과 원인을 설명하는 데 효과적일 것이다.

부패의 발생 요인에 관한 선행 연구 중에서 관료들의 역기능적 행태에 초점을 두고 진행되어 온 연구가 있다. 박완신(2003)은 북한 관료의 역기능적 행태를 5가지로 구분하여 설명하고 있다. 즉 그는 북한 관료의 역기능적 행태로서 권위주의적 행태, 동조과잉성, 무사안일성, 분파성, 형식주의 등을 지적하며 이러한 행태가 부패의 핵심적인 유발 요인이라고 주장하였다. 그러나 모든 부패 행위를 궁극적으로 개인행위로 환원시키는 경우, 관료들의 행태에 초점을 둔 일련의 연구들은 일정한 한계점을 지니게 된다. 특히 북한의 경우와 같이 정치 부패가 복잡한 하나의 사회적 병리 현상으로 간주되는 경우, 북한 주민과 공직자와의 정치 부패의 발생 원인을 규명하는 작업은 몇 가지 제한된 변수로 한정하여 설명할 수 없다. 크게 정치제도적 요인, 경제체제적 요인으로 나누어 북한의 부패 조건을 살펴본다.

1) 정치·제도적 요인

사회주의국가에서 지배 권력의 핵심은 권위주의적 통치 구조를 가진 지

배 정당의 독재이다. 특히 북한의 경우, 주요 직책은 조선노동당의 결정이
나 지침에 의해 절대적으로 규율되고 통제되며 그 틀을 설정하게 된다.[55]
당 중심의 권력 집중 구도에서 자연스럽게 사회적 요직을 차지하게 되며,
그 직책에 따른 권위를 행사함에 있어 많은 임의적인 행동을 취하게 된다.
임의적인 행동이 단순히 정보나 경험의 부족 또는 자신의 역할에 대한 이
해의 결여에서 나오는 경우라면 사회적 문제로 부각되지는 않을 것이다.
그러나 적극적이고 의도적 일탈 행위로서 주어진 재량권을 남용하는 경우,
권력층의 부패문제가 제기된다.

사회주의 체제에서는 최고 지도자 또는 당의 권력이 법을 능가하게 되면
서 법이 있어도 사실상 효력을 발휘하지 못하는 경우가 많다. 북한의 경우,
김일성의 현지지도, 김정일의 실무지도, 그리고 당적 지도는 어떠한 법보
다 우위에 있기 때문에 그들의 지도 방침이 국가 계획에 의해 설정된 부문
보다도 언제나 우선시 되어 왔으며, 이 경우 지도 방침을 수행해 나가는
관료들은 그것의 실질적 우선성에서 비롯되는 특권을 이용하여 부패에 개
입하게 된다.[56] 이러한 부패 현상은 1990년대 고난의 행군 이후 그 현상이
관료계층뿐만 아니라, 북한 주민들까지 내려오고 있다. 이는 개인 또는 조
직이 바라는 사회적 가치에 부당하게 접근할 수 있는 수단을 제공하는 권
력의 속성에서 기인한 것이다.

2) 경제구조적 요인

북한의 경제 원리는 집단주의적 계획경제론, 중공업 중심의 불균형성장
론, 군비증강위주의 산업정책, 주체경제론,[57] 독립채산제의 원리, 민족경

---

55) 강석남, 「비교행정연구」, 서울 : 장원출판사, 1999, 50쪽.
56) 김일성은 "법은 전적으로 당의 정책을 실현하며 당의 직책을 옹호하기 위하여 만들어진
것이기 때문에 당의 령도를 받지 않고서는 법을 옳게 집행할 수 없습니다"라고 말하였
다(『김일성 저작집』 제12권, 1981, 222쪽).

제주의 원칙 등을 기본으로 하고 있다. 중앙집중식 경제체제하에서 집단생
산과 집단분배 즉, 배급제도를 통해 이를 실현시키지만 공급이 수요를 따
라가지 못하면 이러한 기본원칙은 무너지게 된다. 북한의 함경북도는 이미
1980년대부터 배급이 비정상적으로 운영되었으며, 사정이 좋았던 황해도
의 경우도 1997년에는 배급이 중단된다. 특히 1996년~1998년에는 아사자가
속출하게 된다. 그 뒤로 식량수급량은 좋아지지 않고 있다. 그에 대한 표는
다음 〈표 2-2〉와 같다.

〈표 2-2〉 1995년 이후 북한의 식량수급량 추이

단위 : 만 톤

연도	수요량	공급량	부족량
'95	534	413	121
'96	529	345	184
'97	530	369	161
'98	495	349	146
'99	504	389	115
'00	518	422	96
'01	524	359	165
'02	536	395	141
'03	542	413	129
'04	548	425	123
'05	545	432	114
'06	560	454	106
'07	543	448	95
'08	540	401	139
'09	548	431	117
'10	약 460~540	411	약 50~130

주 : 1995년~2009년 식량수요량은 감량배급(성인 1일 546g) 기준으로 계산한 것임.
　　2000년 수요량 : 최소 460만 톤(FAD기준 1일 최소권장량 458g 적용).
　　최대 540여 만 톤(북한 정상배급량의 22% 감량인 546g 적용).
　　자료 : 농촌진흥청.

57) 김일성은 주체사상에서 비롯한 "경제에서의 자립"이라는 원칙을 1956년부터 강조하기
　　시작하였다. 경제자립을 선언한 배경은 소련으로부터의 원조 격감과 중국의 모택동이
　　벌인 "대약진운동"에 영향을 받기 시작하면서부터이다(김동규, 1999, 74~79쪽).

북한 경제의 실패는 〈표 2-5〉와 같이 GDP성장률에서도 쉽게 확인할 수 있다. 북한 경제는 1990년대 초반부터 본격적으로 침체되고 있음을 알 수 있다. 비록 1999년부터 마이너스 성장에서는 벗어났으나, 현재에도 심각한 경제난에 직면하고 있다. 이러한 북한 경제체제의 모순과 경제정책의 실패는 정치 부패 발생의 중요한 요인이 되고 있다.

〈표 2-3〉 북한의 GDP 성장률 추이

단위 : %

연도	성장률
'95	-4.1
'96	-3.6
'97	-6.3
'98	-1.1
'99	6.2
'00	1.3
'01	3.7
'02	1.2
'03	1.8
'04	2.1
'05	3.8
'06	-1.0
'07	-1.2
'08	3.1
'09	-0.9

자료 : 통일부(2010). 「북한의 이해」 자료재구성.

특히 본 연구에서 진행하고 있는 북한의 부패는 제도적 부패에 초점을 둔다. 북한의 부패는 앞에서 지적한 바와 같이, 단순히 법제도나 정치행정 과정에 존재하는 규범을 이용한 개인 단위의 부패가 아니라, 부패 당사자인 당 관료와 권력을 가진 개인이 북한의 특수성이라는 사회문화적 환경을 이용하여 체제 유지 수단으로 부패 현상을 제도화한다는 데 본 연구의 핵심이 있다.

2. 부패에 대한 제도적 영향

부패가 발생하는 원인에 대한 연구를 기초로 살펴보면 부패란 몇 가지 조건을 충족시켜야 하는 것으로 정리된다. Jain[58]에 따르면, 부패란, "공직의 권력이 게임의 규칙에 어긋나는 방식으로 개인적 이득을 호용되는 행위"라고 정의되며 이러한 것이 발생되고 지속성을 가지기 위해서는 다음과 같은 조건을 제시하였다.

▶ 자의적 권력 : 해당 공직자는 자의적 방식으로 규제와 정책을 수립하고 또는 관리(administrate)하는 권위를 가지고 있어야 한다.

▶ 경제적 지대 : 자의적 권력은 (기존에 존재하는) 지대 추출 또는 추출될 수 있는 지대(rent)의 창출을 허락해야 한다.

▶ 취약한 제도 : 정치적, 행정적 그리고 법적 제도가 내장되고 있는 인센티브는 공직자가 자의적 권력을 활용하여 지대를 추출하거나 창조할 인센티브를 제공해야 한다.

이처럼 권력을 이용한 경제적 지대추구는 시스템적 취약점을 이용한다. 구조적 내지는 취약한 제도의 사각지대에서 권력은 경제적 지대추구를 용이하게 하는 하나의 수단으로 활용된다. 이러한 현상은 국가시스템의 재구축이나 새로운 제도의 등장으로 기존의 질서와 상충되는 상황에 더욱 커지게 된다. 그러나 광범위하게 이러한 현상을 '부패'라고 보지만 일반적 개념 정의하에서 부패는 보다 세부적으로 분류될 수 있다. 분류하는 입장, 목적과 용도는 매우 다양하고, 그에 따라 다른 각도에서 분류가 가능하다. D. Lederman, N. V. Loayza, 와 R. R. Soares(2005)[59]는 부패를 결정하는 요소

---

[58] Arvind K. Jain, "Corruption ; A Review", *Journal of Economic Surveys* Vol.15. Issue 1, 2001, p.78.

[59] D. Lederman, N. V. Loayza, and R. R. Soares, Accontability and Corruption : Political Institutions Matter, Ecnomics & Politics Vol.17. No.1, 2005, pp.1~35.

중 정치제도의 중요성을 강조하였다. 특히 부패를 결정하는 요인이 정치제도에 있다는 이론적 연구가 존재하더라도, 실증적인 연구가 상대적으로 부족함을 주장하였다. 그들은 연구에서 부패를 만연하게 하는 요인으로 정치제도의 역할을 확인시켜주었고, 민주주의, 의회시스템, 정치적 안정성, 그리고 언론의 자유가 낮은 환경이 부패와 관련 있음을 주장하였다. 게다가, 실증적 선행 연구 중에서 정치적 문화와 개방성과 정치적 변수가 관련이 있고 정치적 변수가 고려되면 부패가 존재하지 않는다는 결론을 도출해냈다. 특히, 그들은 공공 부문에서의 부패를 결정하는 요인으로 정부 개입이 직접적인 원인이 된다고 말한다. 정부 부처 사이의 매매활동이 일반 국민과 정치가 사이에 정보의 불균형으로 함축된 것이며, 시장실패가 존재하는 상황에서 정부가 개입하는 것이다. 이와 같이 사적인 규정이 가능한 대안으로 간주되지 않는 상황에서 부패는 경제적 지대의 존재 결과로 자연스럽게 발생하게 되는 것이다. 정치제도의 특정한 디자인은 정부의 책임, 공공재 분배의 구조를 통해서 부패에 영향을 미친다. 또 다른 것은 공공재분배의 구조와 관련된 것으로 같은 공공서비스를 예견하는 데 경쟁적 환경을 일반화하는 제도는 경제적 지대(rent)를 줄이는 경향이 있다. 그러므로 부패를 줄이는 것은 복잡하지 않은(straightforward) 경제의 경쟁메커니즘에 의해 실현된다는 것이다. 이러한 구조는 정치구조의 경쟁 정도와 정부의 힘이 다른 부처를 통한 견제와 균형이 존재할 수 있다는 것을 의미한다. Lederman 등은 이러한 방안으로 의회구조와 정치적 안정성과 투명성을 들었다. 더욱 강화된 모니터링은 의회구조를 간소화시키고 민주주의 정도는 부패 수준과 견제와 균형에 효율성을 더할 것이며, 언론과 표현의 자유는 시스템 내 분권화 정도와 함께 정치적 책임감을 발현하는 것이라고 주장하였다. 정리하면, 분권화된 정치시스템은 정치메커니즘의 강한 책임감을 요하고 낮은 부패를 자연스럽게 실현한다는 연구와 맥을 같이한다(Nas et al., 1986; Rose-Ackerman, 1999).

공공재배분구조의 경우, '시장구조'를 강조하며 추가적인 경제적 지대를 추구하는 공무원의 역량에 달려있으며 제도디자인의 제약은 엄격한 경제적 방법으로 부패 수준에 영향을 주어 시장구조가 가지는 효과에 이르게 된다는 것이다.[60]

이러한 다른 구조는 권력의 분권화의 종류와 연관이 있을 수 있다. 첫째, 각 기관의 낮은 독점력이 부패에 덜 영향을 미쳐 여러 부처에게 동일하게 권력을 분배하고 자생적인 경쟁을 유도하는 것이 부패에 대한 조직의 구성이다. 공공서비스 제공자 사이에서 경쟁은 경제적 지대를 추출하는 능력을 다른 관할로 이동하게 하는 가능성을 줄어들게 한다. 둘째, 구조는 상호보완적인 공공서비스에 의해 구성된 구조로 설계한다. 특정 업무를 처리하기 위한 관료의 수를 증가시키거나 추가적인 법적 규제 사항을 부과할 수 있는 상황을 의미한다.

결국 부패를 방지하는 것은 정상 범위로 간단하게 움직이는 가능성을 지칭하는 것으로 국가가 발전할 때 부패는 자연적으로 떨어진다. 특정 정치제도가 개발과 밀접하게 관련이 있다면, 이는 정치제도가 개발에 의해서만 실질적으로 움직이는 데 영향을 줌으로써 결과에 편향(bias)을 일으킬 수 있다는 것을 의미한다. 이는 결국 정치변수가 현재의 구조를 형성하고 언론의 자유와 민주주의의 안정성에 직접적인 영향을 준다고 한다. 이를 부패와 연관시킨다면, 정치구조로 상당 부분 부패를 방지할 수 있다는 것을 의미한다고 할 수 있다. 또한 경제적 개방 정도와 법문화는 부패를 상쇄시키지 못한다는 연구 결과로 미루어보아 공공 부문에서의 부패는 상당히 내적지향적인 특성이 있어 직무에 의한 부패 현상은 체제화를 가중시킬 수 있다. 보수의 수준, 조직의 크기도 분석에 조절변수로서 역할을 담당하여 기존 연구와의 차이를 나타내고 있다. 결국 정치제도와 부패와의 연결 구

---

[60] 그러므로 '부패의 산업 조직(industrial organization of corruption)'이라는 단어가 종종 이러한 종류의 분석에 적용된다.

조를 분석함으로써 부패 행위가 공공범죄의 행위로 직접적인 영향을 미쳤으며 다른 것과 구별되는 부패 현상에 설명변수의 역할을 했다는 것을 의미한다. 이러한 요소들은 개인과 국가 간 환경에 직접적인 관련이 있음을 의미하는 것으로 환경을 결정짓는 정치제도는 부패 발생 정도를 결정하는 중요한 요소임을 증명한다고 할 수 있다.

Myint(2000)는 부패의 원인, 결과 그리고 청산이라는 연구를 통해 국가 발전에 있어 부패를 직접적으로 유지시켜야 한다고 주장한다. 그는 이러한 태도가 부패의 원인과 결과에 직접적인 관련이 있고 저개발 국가의 경우, 상당히 법적 규제와 중앙집권화에 관련이 있다고 주장한다. 사법시스템과 법적 구조와 같은 제도적 취약성뿐만 아니라, 책임감과 일관성 그리고 투명성의 부족은 국가의 경제적 지대를 추구하는 활동을 성장시키는 데 밑거름이 된다는 것이다. 게다가 저개발 국가와 높은 사회비용의 증가는 부패와 관련 있으며 소득분배, 소비패턴, 투자, 정부예산 및 경제 개혁에 미치는 부정적인 영향이 있다는 것이다. 또한 그는 뇌물의 공급 측면과 부패 문제를 해결하고 노력하는 통제를 위한 방법에 대한 얘기를 하고 있다. 그는 Klitgard(1998)의 부패공식[61]을 차용하여 원인과 결과를 도출하고 있다. 그 역시 경제적 지대추구를 원인으로 지적하고 있으며, 부패 발생 빈도(intervention)와 관련하여 부패는 광범위하게 발생할 때, 통제하거나 관리

---

[61] Corruption equation

$$C = R + D - A$$

In the above equation, C stands for corruption, R for economic rent, D for discretionary powers, and A for accountability. The equation states that the more opportunities for economic rent (R) exist in a country, the larger will be the corruption. Similarly, the greater the discretionary powers (D) granted to administrators, the greater will be the corruption. However, the more administrators are held accountable (A), for their actions, the less will be the corruption, and hence a minus sign in front of A. 수학적으로 접근하면 변수 C는 R과 D와 직접적으로 관련이 있으며, A는 반비례한다고 말한다(U Myint, Corruption : Causes, Consequences and Cures, Asia-Pacific Development Journal Vol.7, No.2, December, 2000, p.39).

하기 어렵다고 한다. 또한 이러한 현상이 체계화되는 것을 가장 나쁜 시나리오라고 지적하였다. 국가에서 행해지고 있는 체계화된 부패가 존재할 때, 제도, 규범과 부패에 대한 태도 및 인식은 사람들로 하여금 부패를 택하게 한다는 것이다. 결국 이러한 구조적 취약함은 경제에 큰 부담으로 작용한다. 이러한 근거는 조직의 여부, 즉, 잘 조직된 것과 혼돈된 경우를 구분하여 불확실성을 낮추게 되면 부패 현상을 방지할 수 있다고 한다. 이러한 주장은 Mauro(1998)의 연구와 같은 맥락에서 이해할 수 있다. Mauro는 잘 조직된 부패와 혼돈된 부패 사이에 구별을 지어, 부패의 조직된 구조는 기업경영자에게 부패에 대한 좋은 아이디어를 준다고 한다. 기업경영자들은 부패수혜자들에게 얼마큼 뇌물을 주어야 하는지 추가적인 지급을 가져오는 충분한 근거(reasonably sure)를 수집한다는 것이다. 게다가 잘 조직된 부패는 뇌물제공자가 장기적인 상황의 관점으로 접근하게 한다. 이러한 사고는 효율적인 거래에서부터 수입의 지속적인 속성을 가지고 기업 활동을 유지하게 하는 근거를 제공한다.[62] 반면, 혼돈된 부패하에는 많은 혼란이 존재하고 어느 누구도 얼마큼 지불하고 누구에게 그 대가를 바래야 하는지 명확하게 결론을 내지 못한다는 것이다. 이러한 상황에서 기업을 하는 사람들은 결국 많은 공무원에게 추가로 지불하지 않아도 된다는 확신 없이 뇌물을 지불해야 한다는 것이다. 그래서 사회주의에 진출한 기업은 부패 발생 정도보다 정치적 환경의 불확실성에 더 신경을 쓰는 이유가 여기 있는 듯하다. 사회주의국가에서 부패가 기업의 이익활동에 도움이 된다면 기꺼이 진출하는 것이 여기에 있으며 그 부패구조가 기업 활동에 독점적인 이익을 보장하기도 한다.

Myint는 경제적 결과로서, ① 거대한 부패, ② 지하경제의 발생, ③ 이익 분배, ④ 소비 패턴, ⑤ 투자 효과, ⑥ 정부 예산 효과, ⑦ 사회 비용, ⑧ 가격

---

62) Mauro, Paolo, "Corruption : causes, consequences and agenda for further research", IMF/World Bank, *Finance and Development* 35(1), 1998, p.13.

조정, 보완재, 그리고 시장 부패 ⑨ 경제개혁 효과의 순으로 9가지를 제시하고 있다. 여기서 지하경제는 모든 국가에 존재한다는 전제에서 두 가지 형태를 제시하고 있다. 첫째는 마약 거래나 조직적 밀수와 같은 불법적인 사업 활동을 말하고 있으며 둘째는 공식적으로 기록되지 않은 세금의 회피와 다른 이유로 여타의 합법적인 활동을 포함하고 있다. 그는 지하경제활동이 모든 국가에서 존재하더라도, 부패가 광범위하게 퍼져있는 곳에서 만연하다고 주장한다. 예를 들어, 비공식 환율로 거래하는 경우, 공식 환율은 상징적이며 일반적인 의미를 지닌다.

소비패턴의 경우도 불평등한 소득 분배와 부의 집중 그리고 새로운 도시 엘리트의 라이프스타일을 충족시켜 줄 목적으로 왜곡된 패턴을 나오게 한다. 이는 해외로부터 다양한 사치품─화려한 자동차, 호화로운 가구, 이국적인 최신 소비자 내구 및 전자 제품, 패션 의류, 향수, 비싼 식품, 고급 와인 및 주류, 그리고 모든 종류의 팬시 제품─을 수입한다. 이러한 소비 패턴은 투자 효과에서 영향을 미친다. 국내외의 사적인 투자에 역효과를 가져오는 부패는 개발도상국 경제에 특히 유해하다. 투자를 유치하기 전에 뇌물을 주기도 하고 기업설립에 대해 협상을 해야 할지 모른다. 더 많은 뇌물이 종종 뒤따르기도 하고 제품, 수송, 저장, 마케팅, 분배, 수출입과 같은 활동에 허가를 선행해야 하기 때문이다. 가난한 나라의 경우, 특화된 지역 기업가들, 관리자, 기업인과 산업리스트들은 부족하고 희귀한 자원으로 나타낸다. 그들의 능력은 경제적 지대를 추구하는 활동에 시간을 소비하지 않고 오로지 정치적 안정성뿐만 아니라 경제적 안정성만이 정부에서 예측 가능성과 근면성을 의미하기 때문이다.

또한 인위적으로 낮은 수준의 고정 가격은 보조제의 초과 공급을 이끌어내어 익숙한 부족 상태 및 배급과 부패로 인한 시장 부패로 나타난 바람직하지 않은 결과를 초래하게 된다. 첫째, 잠재적인 정부의 손실로 이어진다. 예를 들어, 정부와 자동차같이, 보조제 가솔린에 대한 권한이 있을 때, 여러 차례 공식 가격으로 시장 부패에서 판매하여 큰 이익을 얻을 수 있다. 이러한 효익은 정부 수입으로 책정될 수 있다.

추가적인 보조금, 가격 왜곡 그리고 가솔린이 존재하지 않는 경우, 명확한 시장 가격으로 정부에 의해 부과되어 기회비용의 가치가 있다. 둘째, 도시 거주자에게 싸게 공급하기 위해 쌀을 포함한 농수산물품에 대한 낮은 가격을 책정하는 것은 농부가 도시의 보조제임을 의미하는 것이다. 가솔린과 에너지의 낮은 가격은 정부 예산에 부담으로 작용한다. 이러한 적자는 정부의 일반 예산에서 충족되면 도시 부문에 이러한 상품과 서비스의 소비를 보조하게 되고 국가의 부족분이 존재하게 되는 것이다. 특히 도시 부문에 제품과 서비스를 보조하는 농업 부문에서 특히 잘 나타난다. 셋째, 다른 국내 생산된 제품과 수입품(예를 들면, 비료 등) 증가로, 쌀을 포함한 농업 제품에 낮은 가격을 책정하는 것은 농민들에 대한 무역의 조건으로 작용한다. 이는 제품에 대한 그들의 인센티브에 악영향을 주어 농업 생산에 영향을 미친다.

이와 더불어, 국가 공공재(에너지 등)와 관련한 낮은 고정 가격은 비경제적이고 낭비적 요소를 가지게 된다. 낮은 가격으로 오랫동안 고정된다는 것은 사용자에게 효과적인 에너지 기술을 수용하거나 제품에 대한 방법론을 수용하는 데 인센티브 효과가 덜하다. 이러한 징후는 경제 개혁의 효과로 귀결된다. 불행하게도 부패는 도처에서 발생하는 현상으로 국가의 지하 경제 개혁에 대한 국가의 역량을 요구한다. 개혁은 커다란 투명성, 책임, 공정한 경쟁과 자유, 비규제화, 그리고 시장에 의지하여 개인의 자주권과 시장의 원리에 의한 가격의 형성을 촉진시킨다. 이 부분은 현재 북한 경제에 그대로 적용이 가능한 부분이다. 국가가 경제의 작동 원리를 자생한 개인의 재량권을 인정하는 것이 북한 정치구조에 도움이 되는 방향으로 여겨질 수 있었다. 그러나 거래의 자율성은 규제와 같은 정치구조와 상충되는 결과를 가져온다. 이러한 현상은 정치와 경제가 하나의 바퀴처럼 굴러가는 북한 사회에서 용인할 수 없는 현상으로 북한의 사회주의 정체성에서 벗어난 반사회주의로 받아들이게 되는 결과를 초래한다. 예전에는 부패라고 인식하지 못할 정도로 체계화된 부패가 일정 부분 고질적인 경제난을 보조해주는 수단에서 정치구조를 해하는 요인으로 부패로 받아들이게 되는 것이다.

Levin & Satarov(2000)[63]는 체제 전환 이후의 러시아에서 부패를 증가시키는 제도와 사회 규범에 대한 연구에서 어떠한 부패가 정치와 사적 활동 사이에 한계를 잘못 정의된 경계에 의해 지속되는지, 국가의 어떤 역할이 부패를 촉진시키는지에 대한 연구 주제로 분석하였다. 그들도 다른 연구와 같이 체제 전환 이후, 러시아에 정치적 효과와 경제를 기준으로 부패의 사회적 효과를 설명하고 있다. 특히, 체제 전환 이후, 가중되고 있는 부패 현상은 전체주의 정치구조의 유산이며 경제적 담합과 정치적 불안정성을 들어 설명한다. 또한 경제적 지대를 추구하는 개개인에 의한 활동의 결과이며, 덜 발달된 입법기구와 법의 허점은 국가 제도의 비효율성을 초래하여 시민사회의 취약함과 소외를 들어 미약한 정치 문화의 정립은 사법부의 취약성으로 나타나 부패의 원천적 동기를 제공한다는 것이다. 체제 전환은 전반적인 정치시스템의 취약성을 드러내어 각 분야에 적용하기에 해석의 다양성을 초래하게 되어 부패를 발생시키는 원인으로 작용했다는 것이다. 비단 이러한 구조는 체제 전환을 경험한 동유럽 국가에서도 쉽게 찾을 수 있는데 폴란드의 수요와 공급의 불균형은 극에 달하는 인플레이션으로 이어졌고 부패는 이러한 불균형을 가중시키는 데 힘을 실었다. 낮은 보수는 부패의 유인으로 작용하고 사회주의 경제의 모순을 드러내는 데 가속화시켰다. 이와 관련된 연구는 Breend & Gillanders(2012)에 의해 구체화되었는데, 그들은 사업 규제의 질적 수준에서 제도의 질과 부패의 효과를 계량분

---

[63] M. Levin, G. Satarov, Corruption and institutions in Russia, *European Journal of Political Economy* Vol.16, 2000, pp.114~123.

석(64)하였다. 그들의 핵심 연구 결과는 부패는 규제의 질과 역의 관계가 있음을 밝혔고 일반적인 제도의 질은 부패를 통제하는 데 무의미한 결과를 가져온다는 것이다.(65) 추가적인 외생적 역사와 지리적 통제가 주요 변수를 측정하는 데 강한 유인력을 가진다는 것이다. 이는 정책입안자가 부패를 구속하는 규범을 개선하기 위해 제도 개혁에 집중한다는 것을 의미한다.

지금까지 살펴본 바와 같이, 제도의 취약한 구조는 부패를 발생시키고 부패의 순기능을 이끄는 배경이 되기도 한다. 정책입안자를 포함한 제도 개편에 필요한 시스템 변화에는 제도의 변화를 요구하는 결과로도 작용할 수 있다. 다시 말해, 부패에 있어서 제도는 독립변수로서의 역할인 동시에 종속변수의 역할도 담당하는 것으로 해석 할 수 있다. 부패 분석 모델에서 독립변수인지 종속변수인지는 연구의 접근 방법에 따라 다르게 적용될 수 있다. 신제도주의의 이론 중 하나인 역사적 제도주의자들은 부패 분석에 있어 제도를 부패의 종속변수로 보지만, 합리적 선택제도주의자들은 제도를 독립변수로 본다. 합리적 선택 제도주의자들은 제도와 부패 간의 연구에서 전적으로 두 변수 간의 역할을 강조하기보다는 행위자인 개인의 합리적 선택에 기인한다는 것이다. 이는 경제학자들이 주장하는 최소의 비용의

---

64)

$$REGi = \alpha + \beta 1I\ NSTi + \beta 2CORRi + Xi + i \qquad (1)$$

where *REGi* is a measure of country i's regulatory quality, α is a constant, *I NSTi* is measure of country i's institutional quality, *CORRi* is a measure of country i's corruption, *Xi* contains exogenous controls and i is an error term of the usual type.

There is a high likelihood of reverse causality in Eq. 1. Countries with better regulation may have closed the door on a lot of corruption. More business friendly economic policies may also have a direct or indirect effect on institutional quality through the creation of an efficient class of administrators or through a larger middle class, for example.

Thus we utilise the following first stage regressions:

$$INSTi = \kappa + 1DI\ STi + 2FRACi + 3NST\ ATi + Xi + \mu\ i \qquad (2)$$
$$CORRi = \eta + 1DI\ STi + 2FRACi + 3NST\ ATi + Xi + \nu\ i \qquad (3)$$

where *DI STi* is country i's distance from the equator, *FRACi* is the degree of ethnolinguistic fractionalisation in country i and *NST ATi* is an indicator for how "new" the state is.

65) M. Breen, R. Gillanders, Corruption, institutions and regulation, Econ Gov (2012) 13, 2012, pp. 263~285.

최대 효과가 아닌 적당한 수준의 만족할 만한 행동을 선택하는 것을 의미한다. 강력한 통제 기제를 중심으로 돌아가는 사회주의사회인 북한에서 이러한 비사회적인 현상으로 부패 현상이 발생하는 것은 체제의 모순을 드러내는 것이기보다는 자연스러운 현상으로 받아들이는 것이 더욱 나을 것이다. 그러나 이러한 현상이 북한 내부에서 발생한다는 것은 사회주의 체제의 취약함과 모순을 인정하는 것이므로 제도를 포함한 행정시스템의 변화를 가져오는 것을 의미한다.

제3절 부패 분석 모델

1. 일반적인 부패 분석 모델

일반적인 부패 분석 모델은 크게 두 가지로 나뉜다. 부패의 원인에 해당하는 요인을 규명하는 내생적 부패모델과 부패의 결과로 경제 발전이나 체제 변화에 영향을 살펴보는 외생적 부패모델이 그것이다. 부패라는 범주를 정하는 만큼 부패의 원인도 개념화하기 어려운 분야이다. 그러나 본 연구에서는 부패의 범주를 이탈 행위를 수반하는 현상까지 부패의 범위로 정의하였다. 본 연구는 북한 부패의 발생 요인에 관한 연구로서 정치·경제적인 요인인 북한의 제도의 정치경제적 효과와 이 두 변수에 대한 연관성을 통계 기법을 이용해서 설명하고자 한다. 특히, 제도의 등장과 부패의 변화 유형이나 패턴과의 관계는 기존에 배경지식으로 인지하기에 부담이 되지만 북한 연구의 범위 확대가 이루어지는 현재에서는 연구 방법의 진화로 이해하는 것이 적절하다고 판단한다. 최근의 연구들에서 높은 수준의 부패는 낮은 수준의 성장과 연계되어 있음을 알 수 있다. 부패는 산업정책의

효율성을 잠식하며 세법과 규제 관련 법률을 위반하여 비공식적 부분에서 기업이 활동하도록 유도한다.[66]

정치 부패의 원인을 분석하는 내생적 부패모델과 부패로 인한 경제 발전 및 체제 변화에 관한 외생적 부패모델은 일반적인 부패의 분석 기법으로 자리 잡고 있으며 정치와 경제를 제외한 사회문화적 요인에 관해서는 독립 변수로 받아들여질 수도 혹은 조절변수로 인식되기도 한다. 부패라는 것은 일종에 사회적 현상으로 독특한 문화라고 인식하기도 하기 때문이다.

본 연구는 부패의 원인이 제도와 현실 차이에 초점을 맞춘 내생적 부패 모델에 속한다. 그러나 본 연구에서는 사회문화적 요인보다는 정치 · 경제적 제도의 등장으로 부패 현상이 어떻게 변화하는지 원인을 파악하는 데 초점을 맞출 것이다. 이는 북한의 제도와 부패의 두 변수 간에 통계적 기법을 이용한 북한의 정치 부패를 분석하기 위한 통계적 분석틀을 제공한다.

---

66) Paolo Mauro(1995, 1998)는 높은 수준의 부패가 전체 GDP 몫 중 적은 부분을 차지하는 낮은 수준의 투자와 관련이 있음을 입증했다. 부패 지수는 관료적 형식주의(red tape)의 수준, 그리고 사법부의 질(質)과 같은 관료적 효율성의 수준과 고도로 상호 연관되어 있다. 결과적으로 Mauro는 이런 측정치들의 어느 하나만의 한계효과를 측정하는 것은 불가능하다고 본다. 그는 관료제적 효율성의 증가에 따라 부패의 지수를 1~10의 범위로 분할하고 다음과 같이 말하고 있다. "만약 4.7 정도를 받은 방글라데시가 자신들의 관료제의 통합성과 효율성을 6.8점을 받은 우루과이 수준으로 상승시킬 수 있다면 방글라데시의 투자율은 5% 정도 상승할 것이며, 매년 GDP 성장률 역시 0.5% 이상으로 증가시킬 수 있을 것이다"(Mauro, 1998). 또한 Mauro는 높은 수준의 부패를 안고 있는 국가가 오히려 지나치게 과소투자하고 있음을 입증했다(Mauro, 1998). 그는 이런 교육에 대한 소극적인 투자의 이유를 교육에 대한 투자가 공공지출보다 이익이 덜 발생하며 그에 따라 부패의 가능성과 기회도 줄어들기 때문이라고 분석했다.
Alberto Ades와 Rafael di Tella(1997a)는 공격적인 산업정책이 그 정책이 도와준 부패한 이익들에 의해서 부분적으로 동기지워질 수 있음을 주장한다. 이러한 경우에는 정책의 직접적이고 긍정적인 효과는 부패를 증가시키며 투자를 위축시키는 정책 자체의 역할에 의해 침식당할 수 있다. 그들의 경험적 결과들은 부패가 현존한다면 산업정책의 긍정적 영향력은 반감되고 있음을 보여주고 있다. 동아시아 국가들의 경제들도 이러한 효과로부터 자유로울 수 없다. Simon Johnson, Daniel Kaufmann, and Pablo Zoido-Lobaton(1998, pp.389~391)은 높은 수준의 부패가 보다 큰 규모의 비공식 경제(unofficial economy)와 연관되어 있음을 밝히고 있다.

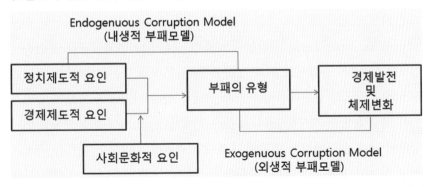

〈그림 2-1〉 일반적인 부패 분석 모델

북한의 정치제도적 요인과 경제제도적 요인이 정치 부패에 어떤 영향을 주는지 어떠한 변수(제도)가 정치 부패를 설명하는 변수로 이어지는지를 기여순대로 볼 수 있다.

　　내생적 부패모델의 경우 가장 중요한 쟁점은 어떠한 요인이 부패와 관련되는지이다. 우선 생각해 볼 수 있는 요인은 사회문화적 요인이다. 문화적 특성이 부패에 미치는 영향을 살펴봄에 있어 각국의 다양한 문화적 특성을 구조화하기 어려움을 고려할 때 40여 개국의 문화적 차이를 실증적으로 분석한 Hofsted의 연구는 시사하는 바가 크다. 그는 각국의 문화적 특성을 4개의 차원으로 나누어 분석하는데 ① 권력거리(power distance)는 사회 내에서 부와 권력이 불평등하게 배분되어 있다거나 혹은 편중되어 있을 경우 어느 정도로 수용하는지를 나타낸다. 권력거리가 큰 문화에서는 권력과 부의 불균등이 점차 확대되는 추세를 보이고 권력 거리가 낮은 문화에서는 권력과 부의 불균등이 점차 가능하면 줄이려는 성향을 보인다. 권력거리가 큰 국가일수록 시민사회의 부패에 대한 아량의 정도는 커질 수밖에 없다. ② 개인주의와 집단주의(individualism vs. collectivism)는 사람들이 얼마나 개인주의적이거나 집단주의적인 성향을 보이는지를 의미한다. 개인주의적 사회에서는 개인 간의 연계가 느슨하며, 개인의 성취와 자유가 높이 평가된다. 반면 집단주의적 사회에서는 개인 간의 연계가 밀접하게 되어 있다.

개인 간의 연계 중시는 규칙의 회피 현상을 가져오게 하며 정실주의의 심화를 가져와 부패 발생의 개연성은 커지게 될 것이다. ③ 불확실성의 회피(uncertainty avoidance)로 사람들이 모호한 상황이나 불확실성을 용인하는 정도를 말한다. 불확실성 회피 성향이 높은 문화에 있는 사람들은 직업안정성이나 직급의 승진패턴에 대해서 상당히 높은 가치를 부여하며 관리자들이 아주 분명한 지시를 내려 줄 것을 기대한다. 그 반면에 불확실성 회피 성향이 낮은 문화에서는 변화에 대해서 두려워하지 않으며 위험을 극복하려는 성향이 높게 나타난다. 불확실성 회피 정도가 높은 문화에서는 부패 개혁에 대한 열의가 낮을 수 있다. ④ 남성스러움과 여성스러움(mansculinity)으로 성의 역할에 관한 이야기다. 남성중심적 문화에서는 남녀 간의 역할 분담이 이루어져 있고 성취감이나 자기주장, 물질적인 성공에 대해서 구성원에 대해 배려해 주는 경향, 삶의 질을 강조하는 면이 강하게 나타난다. 따라서 남성주의적인 성향이 강한 문화에서는 경쟁과 성취에 더 높은 가치를 두고 여성적인 성향이 강한 문화에서는 복지와 화목에 더 높은 가치를 두는 경향이 있다. 즉, 여성적 성향이 강한 문화에서는 정실주의가 커지고, 부패개혁에 대한 열의는 낮아질 것이다.[67]

두 번째 원인은 경제 발전 지상주의이다. 관주도하의 급속한 경제 발전 과정에서 부패를 줄일 수 있는 민주주의의 제도화 정착은 경제적 능률에 뒤로 밀렸다. 세 번째 원인은 부패의 문제를 정책이나 관리의 문제로 접근하지 않고 도덕이나 법의 문제로 접근하는 풍토가 낳은 이중적 가치기준이다. 공식화되고 표면적인 제도의 목적과 비공식적이고 내면의 실제적인 제도 운영 사이에 괴리가 발생하는 경우가 빈번하였다. 내생적 부패 모형의 두 번째 요인으로 논의할 것은 경제체제적 요인이다. 그중 가장 중요한 것은 정부규제이다. 정부규제가 과도하고 복잡한 행정절차(red-tape)가 존재

---

[67] 장세진, 『글로벌 경영』, 서울 : 박영사, 1997, 136~137쪽.

하는 경우 관료들은 중요한 의사결정을 독점하고 규제 운영에 있어 재량권을 가지게 되어 기업이나 일반인들은 이를 피하기 위해 관료에게 뇌물을 주게 되는 유인을 갖게 된다. 독점적 권력을 악용하는 정부 때문에 부패가 경제 발전을 저해한다면, 적정 가격 이상의 공공재의 과소 공급이 일어나게 된다.

부패가 경제에 미치는 결과 또는 영향을 분석하는 것이 부패의 외생적 모델이다. 부패가 일반적으로 경제 발전을 저해하고 소득불평등을 심화시켜 사회내 공동체 의식을 약화시키게 된다.

부패가 체제와 관련해서 긍정적으로 미치는 측면에 대한 논의도 N. Leff(1964) 이래 실증적으로 검증되어 왔다. 부패가 이론적으로 경제 발전에 긍정적 영향을 미치는 경우는 두 가지이다. 첫 번째는 부패가 관료에게 더 열심히 일하게 하는 유인을 제공하는 경우이다. 두 번째는 부패가 급행료(speed money)로 작용하는 경우이다. 이러한 경우는 복잡한 행정 절차(red-tape)가 많은 개도국에서만 나타난다. 부패를 경제 발전에 영향을 주는 제도적 요인으로 보는 외생적 부패모형의 경우 자연히 그 결과는 지대추구적(rent-seeking)인 정부를 가진 경제가 공정한 정부를 가진 경제보다 성과가 나쁘리라는 것이다. 이러한 결과는 Schleifer & Vishny(1993)의 연구와 Mauro(1995)의 실증 연구도 많이 있지만(Levine & Renelt, 1992), 외생적 모형을 가장 필요로 한다는 결과로 귀결된다.

본 연구는 앞에서 언급했듯이, 부패의 내성적 모델에 해당된다. 북한의 반사회주의적 부패 현상이 어떠한 원인에 의해 변형되는지, 이는 부패의 원인을 추론하는 연구와는 시각의 차이가 있다. 부패의 원인은 앞서 기술한 다양한 요인 즉, 사회문화적 요인, 정치제도적 요인, 경제적 요인 등에 의해 오랫동안 생성된 부패를 제도의 등장에 따라 어떤 변화를 가져오는지 그 경로를 파악하는 데 집중한다. 그중 하나가 북한의 국내외 정세와 북한의 통제 기제를 중심으로 이루어진 제도를 그 기준으로 삼는다.

제도의 변화와 부패의 현상을 신제도주의 이론 중 하나인 합리적 선택의 제도주의이론과 경제학에 심리학적 해석을 더해 인간의 비합리적인 행동을 설명한 행동경제학에서의 Prospect theory와 인간의 일탈을 설명한 사회학에서의 Anomie theory가 본 연구의 중심이 되는 이론이다. 이 세 가지 이론은 북한의 제도와 부패에 관한 연구 결과를 해석할 때 적용될 것이다.

2. M. Johnston의 4가지 부패 유형

부패의 형태를 유형화하면서 통합적 부패(integrative[68] corruption)와 비통합적 부패(disintegrative corruption)의 두 가지로 구분하고 있는 Johnston(1986)의 유형을 살펴보고자 한다. 두 유형으로 나뉘는 기준은 부패의 수혜가 정형화되었는지 비정형화되었는지에 따라 나뉘게 되는데 통합적 부패는 안정적 부패(stables corruption)라고 부르기도 하는 것으로 개인과 집단이 오랫동안 지속되는 교환의 연결망이나 공유된 이해관계에 의해서 연결되는 부패형태를 말한다. 비통합적 부패 혹은 불안정적 부패(unstable corruption)는 부패에 참여한 사람들 간에 그리고 거기에 참여한 사람과 배제된 사람들 간에 분열과 갈등을 만들어내는 경우를 말한다.

M. Johnston은 또한 통합적 부패와 비통합적 부패에 부패의 이윤을 나누어 가진 공급자의 수가 다수인가 소수인가, 교환의 이해관계가 관례화되었는가 그렇지 않은가에 따라 부패를 4가지로 나누어 설명하고 있다. 여기서 교환의 이해관계의 관례화가 반복적이어서 가격이 비교적 일정하게 관례

---

[68] M. Johnston의 부패모델에 등장하는 'integrative'란 의미에 대해서 그는 이렇게 설명하고 있다. 부패 교환의 다양성을 비교하기 위한 한 가지 방법은 부패가 'integrative'와 'disintegrative'를 구분해야 한다고 한다. 'Integrative'란 교환의 지속적인 네트워크와 공유된 관심을 가지고 개인과 조직이 연결된 것이라고 한다(M. Johnston, 1984, p.464). 이렇게 'Integrative'한 부패는 부패의 이해관계에 정형화된 부패이다. 이를 '체계화된 부패'와 의미를 같이한다.

적으로 정해져 있는 경우를 말한다. Johnston의 4가지 부패 유형은 다음과
같다.

첫째, 시장 부패(market corruption)는 소련의 상업과 생활 대부분에 만연
한 시장 부패와 거래 및 허위보고 사례에 의해 잘 나타나있다. 그들은 계획
된 할당량을 충족시키기 위해 비즈니스 기업 간의 잘못된 데이터의 광범위
한 불법 적용 및 보고에 선택 물품 교환의 까다로운 추가 지불이나 호의,
이러한 거래범위까지 적용시키고 있다. Katsenelinboigen은 소련에는 그들
의 법적이고 정치적 위치와 교환 방식에서 다양한 "coloured markets"이 많
다고 기술했다. 시장 부패와 같은 곳에서 볼 수 있는 것으로서 판매자와
구매자가 꽤 방대하고 이들이 지속적인 상호 이해관계의 연결망 속에 묶여
있고 공급자들 간의 경쟁과 거래의 반복으로 인하여 상대적으로 안정적인
가격과 교환의 형태를 창출해내는 경우이다.

〈그림 2-2〉 공급자의 수와 수혜 관례에 따른 부패 유형[69]

		부패행위	
		정형화	비정형화
공급자	다수	1. 시장부패 (암시장, 소련의 pripiska) 통합적 매우 정적임	4. 위기부패 (볼리비아; 오일파동 때 멕시코; "탐욕스러운 개인주의" 19세기 뉴욕) 비통합적 매우 비정형적
	소수	2. 후원자 조직 후원자-고객 네트워크 (전국 도시 기구; 멕시코의 PRL) 통합적 정적임	3. 연고주의, 족벌주의 (인도네시아: Sukarno 1970년대 중반 Iran) 내적으로 통합적 외적으로 비통합적

[69] Michael Johnston, "The Political Consequences of Corruption : A Reassessment", *Comparative Politics* Vol.18, No.4, 1986, pp.459~477.

둘째, 후원자 조직(patronage network) 부패는 부패의 교환관계가 안정적이며 소수의 손에 집중되어 있을 때 확장된 후원자－고객 관계를 형성하고 유지할 수 있게 된다. 친족, 지연, 정당 등과 같은 여러 가지 유형의 유대와 중복되어 나타나기도 하는데 이러한 후원자 조직은 통합적이고 안정적이지만 시장 부패에 비해 덜 안정적이고 덜 통합적이다. 이렇게 혜택 및 의무의 집중화된 네트워크는 여러 형태에서 찾을 수 있다. 후원자 조직은 마치 '기계'처럼 통합적이고 정적일 수 있다. 집중화된 조정은 인간이 욕구와 조직이 명확하게 개인의 확장된 네트워크와 정치적 의무에서 많은 것을 그릴 수 있다. 그러나 이 네트워크는 약간 시장 부패의 시스템보다 덜 정적이다. 특히, 교환의 소수가 확장되었을 때, 멀티플렉스보다 더 특화되고 퍼진다.

셋째, 연고주의(cronyism and nepotism)는 한 사람 혹은 소수의 사람들에 의해서 교환의 특수한 이해관계가 통제된다. 이러한 형태의 부패는 참여자들을 의무와 보상의 관계로 끌어들이고 그들 사이에 비밀을 유지하고 외부자를 배제시키면서 집단적인 이해관계를 추구하기 때문에 제한된 의미에서 통합적이다. 즉, '교환'과 교환주체들 간의 '불평등'을 가정하여 주로 물질적인 보상보다는 개인적 인맥 및 연고 관계를 통해 수혜자가 권력자에게 청탁을 하게 되며, 권력자는 불법적으로 수혜자에게 유리한 결정을 내려주게 됨으로써 생기는 부패를 의미한다.

넷째, 위기 부패(crisis corruption)는 특별한 이해관계 속에 많은 공급자들이 다양한 재화나 결정들을 판매하기 위해 참여하기 때문에 불안정하고, 부패한 교환이 사람들이나 집단들 상호 간의 이해관계나 의무의 연결망으로 통합시키지 못하기 때문에 정치적으로 비통합적이다.

이해관계 속에 많은 공급자들이 다양한 재화나 결정들을 판매하기 위해 참여하기 때문에 시장 부패와 같이 경쟁을 통해 안정적인 가격을 형성해내지 못한다. 또 이해관계의 특수성으로 최대한의 이익을 즉각적으로 되었는가 그렇지 않은가에 따라 부패를 Johnston의 부패 유형은 부패의 정치·행정적 통제전략은 크게 둘로 나눌 수 있다. 먼저 정치적 통제는 정책결정자 (policy maker)의 정치적 오류에 대한 의지가 무엇보다 선행되어야 할 것이다. 그것은 최고 통치자의 의지가 우선되어야 할 것이며 정치적 의사결정 과정(political decision making process)에서 신뢰성을 얻어야 할 것이며 그것을 추진할 수 있는 정치지도자 상을 보이는 것이 무엇보다 중요하다.

M. Johnston의 4가지 부패 프레임은 북한의 부패 현상을 4개의 그룹으로 나누는 기준이 된다. 수혜의 정도와 공급자의 규모에 따라 4가지로 나뉘는 부패의 유형은 통계를 통해 자료를 표준화하는 데 기여한다.

제4절 분석틀의 도출

일반적인 부패 분석 모델은 앞에서 언급한 바와 같이 크게 두 가지로 나뉜다. 부패의 원인에 해당하는 요인을 규명하는 내생적 부패모델과 부패의 결과로 경제 발전이나 체제 변화에 영향을 살펴보는 외생적 부패모델이 그것이다. 부패라는 범주를 상정하는 것과 같이, 부패의 원인도 일반화하기 어려운 주제이다. 그러므로 본 연구에서는 부패의 범주를 북한에서 발생하는 이탈 행위를 수반하는 현상을 부패의 범위로 정의하였다.

북한의 부패 발생 요인에 관한 연구로서 정치·경제적인 요인인 북한 제도의 정치경제적 효과와 이 두 변수에 대한 연관성을 통계 기법을 이용해서 설명하고자 한다. 특히, 제도의 등장과 부패의 변화 유형이나 패턴과의 관계 연구는 북한 연구에 범위 확대와 연구 방법의 진화로 이해할 수 있을 것으로 기대한다. 최근 관련 연구들을 통해서 높은 수준의 부패는 낮은 수준의 성장과 연계되어 있음을 알 수 있다. 부패는 산업정책의 효율성을 잠식하며 세법과 규제 관련 법률을 위반하여 비공식적 부분에서 기업이 활동

하도록 유도하기도 한다.[70]

　부패 분석 모델 중에서 부패의 원인을 분석하는 내생적 부패모델과 부패로 인한 경제 발전 및 체제 변화에 관한 외생적 부패모델로 크게 나눌 수 있다. 이 두 분석 기법을 중심으로 자리 잡고 있으며 정치와 경제를 제외한 사회문화적 요인에 관해서는 독립변수로 받아들여질 수도 혹은 조절변수로 인식되기도 한다. 부패라는 것은 일종에 사회적 현상으로 독특한 문화라고 인식하기도 하기 때문이다. 본 연구는 부패의 원인이 '제도의 비현실성'에 있다는 관점에서 출발한 내생적 부패모델에 속한다. 여기서 말하는 '제도의 비현실성'이란 제도가 현실에 맞지 않는다는 의미보다 현실을 잘 반영하지 못한다는 의미로 해석한다. 또한 본 연구에서는 부패 원인에 사회문화적 요인보다는 정치 · 경제적 제도의 등장으로 부패 현상이 어떻게 변화하는지 파악하는 데 초점을 맞출 것이다. 이는 북한의 제도와 부패의 두 변수 간에 통계적 기법을 이용한 북한의 부패 유형을 분석하기 위해 통

---

[70] Paolo Mauro(1995, 1998)는 높은 수준의 부패가 전체 GDP 중 적은 부분을 차지하는 낮은 수준의 투자와 관련이 있음을 증명했다. 부패의 지수들은 관료적 형식주의(red tape)의 수준, 그리고 사법부의 질(質)과 같은 관료적 효율성의 수준과 고도로 상호 연관되어 있다. 결과적으로 Mauro는 이런 측정치들의 어느 하나만의 한계효과를 측정하는 것은 불가능하다고 본다. 그는 관료제적 효율성의 증가에 따라 부패의 지수를 1~10의 범위로 분할하고 다음과 같이 말하고 있다. "만약 4.7 정도를 받은 방글라데시가 자신들의 관료제의 통합성과 효율성을 6.8점을 받은 우루과이 수준으로 상승시킬 수 있다면 방글라데시의 투자율은 5% 정도 상승할 것이며, 매년 GDP 성장률 역시 0.5% 이상으로 증가시킬 수 있을 것이다"(Mauro, 1998). 또한 Mauro는 높은 수준의 부패를 안고 있는 국가가 오히려 지나치게 과소투자하고 있음을 입증했다(Mauro, 1998). 그는 이런 교육에 대한 소극저인 투자의 이유를 교육에 대한 투자가 공공지출보다 이익이 덜 발생하며 그에 따라 부패의 가능성과 기회도 줄어들기 때문이라고 분석했다.
Alberto Ades와 Rafael di Tella(1997a)는 공격적인 산업정책이 그 정책이 도와준 부패한 이익들에 의해서 부분적으로 동기지워질 수 있음을 주장한다. 이러한 경우에는 정책의 직접적이고 긍정적인 효과는 부패를 증가시키며 투자를 위축시키는 정책 자체의 역할에 의해 침식당할 수 있다. 그들의 경험적 결과들은 부패가 현존한다면 산업정책의 긍정적 영향력은 반감되고 있음을 보여주고 있다. 동아시아 국가들의 경제들도 이러한 효과로부터 자유로울 수 없다. Simon Johnson, Daniel Kaufmann, and Pablo Zoido-Lobaton(1998, pp.389~391)은 높은 수준의 부패가 보다 큰 규모의 비공식경제(unofficial economy)와 연관되어 있음을 밝히고 있다.

계적 분석 기법을 사용한다.

북한의 정치제도와 경제제도가 부패 유형 변화에 어떤 영향을 주는지 어떠한 변수(제도)가 북한의 부패 유형을 설명하는 변수로 이어지는지를 기여순대로 살펴본다.

〈그림 2-3〉 본 연구의 부패 분석 모델의 표준화

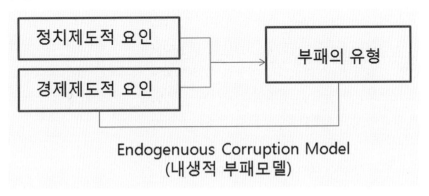

〈그림 2-3〉과 같이 내생적 부패모델을 북한에 적용하면 정치체제적 요인 중에서 북한은 김일성과 김정일에 이르기까지 사상적 정치교육을 시작으로 생활 전반에 통제 기제를 가지고 체제를 유지해 오고 있었다. 강력한 통제 기제는 북한 주민의 체제에 대한 의구심이나 집단이기주의를 사전에 차단하는 데 있다. 그러나 국제정치사에 큰 획을 긋는 사회주의권 국가들의 붕괴로 인한 이데올로기적 모순과 김일성 사망으로 인한 권력승계 과정에서 나타나는 혼란과 폐쇄적인 조직으로의 외부와의 간헐적이지만 지속적인 교류는 북한 주민에게 세계관을 근본적으로 흔들게 만들었고 국제적 관심도 높아지게 하였다. 이러한 현상은 북한의 고질적인 경제난을 해결하기 위한 방법과 맞물려 가속화되었고 북한은 정치적 목적과 경제적 이익에서 갈등을 빚게 되었던 것이다.

정치교육에 의한 사상통제는 자연스럽게 경제 논리를 약화시키고, 이를 통제하기 위한 각종 법적 도구들이 등장하게 되는 원인이 되었다. 장마당을 중심으로 하는 급속한 시장화가 진행되고 2007년에 이르러서는 이탈적 부패 현상이 사회 전체에 퍼지게 되었다.

북한에서 등장하는 제도들은 공식적 제도와 비공식적 제도의 구분이 어렵다. 신년사나 현지지도에서의 담화는 바로 저작집이나 선집으로 기록되고 노작으로 정리되어서 공식적 제도의 역할을 하기 때문이다. 이러한 북한의 특성을 감안하여 본 연구는 북한의 제도와 부패에 관한 분석을 양립하여 진행한다. 본 연구에서 사용할 북한의 공식 제도로는 법과 공식적인 제도를 포함한 김일성, 김정일의 교시와 식량제 붕괴와 같은 공식적 제도의 붕괴까지 포함한다.

〈그림 2-4〉 분석틀 : 북한의 제도와 부패 유형 변화

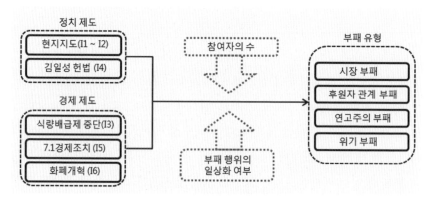

위에 제시한 분석틀은 부패의 내생적 모델을 본 연구에 맞게 변형하여 구체화한 것이다. 그림에서 보듯이, 좌측에 정치제도와 경제제도는 북한의 정치 · 경제 환경 중에서 제도적 측면만을 나타낸 것이고 우측에 부패의 4가지 타입은 M. Johnston의 4가지 부패 유형을 의미하는 것이다. 제도에 따

른 부패 유형을 나누는 기준은 부패에 가담하는 참여자의 범위와 부패 행위의 정형화 여부에 따라 나뉘게 된다. 부패 유형은 제도에 대한 의도하지 않은 결과(Corruption)로 나타나는 현상으로 일종에 북한 부패의 원인을 나타내는 것이다. 즉, 체제를 정통성과 정당성을 확보하고 당면한 문제를 해결하기 위해 등장한 제도의 영역과 행위의 영역 사이에 괴리가 존재함을 의미한다.

본 연구는 정치와 경제가 분리되지 않은 정경 국가인 북한에서 부패의 원인이 사익을 추구라는 미시적인 관점에서부터 체제 유지에 함의를 도출하는 데 기여할 것이다.

제3장

북한의 제도적 요인과
부패 유형 변화에 관한 질적 분석

제3장 **북한의 제도적 요인과
부패 유형 변화에 관한 질적 분석**

　본 장은 북한의 정치 및 경제제도와 부패 유형 변화에 대한 질적 분석
에 해당한다. 본 연구에 독립변수에 해당하는 북한의 6개의 제도(① 김일
성 현지지도, ② 김정일 현지지도, ③ 식량배급제 붕괴, ④ 김일성 헌법,
⑤ 7·1경제관리개선조치, ⑥ 화폐개혁)를 기준으로 본 연구 대상인 22년
을 6개로 구분하여 각 제도의 정치적 경제적 의미와 제도의 영역과 행위의
영역에서의 현상을 설명한다. 각 절은 두 부분으로 나누어, 앞부분은 각 제
도의 정치적 경제적 의미를 기술하고 뒷부분은 탈북자들의 인터뷰를 중심
으로 기술한다. 북한에서 제도의 영역과 행위의 영역의 간접적으로 경험할
수 있는 기회가 될 것이다.

　North는 제도를 "사회 내 게임의 규칙" 혹은 "인간 상호작용에 영향을 미
치는 인간이 만들어 낸 제약 요인"[1]이라고 정의한 바 있다. 그에게 제도란
법과 규정 등을 의미하는 공식적 제약 요인(formal constraints)뿐만 아니라

---

[1] North Douglas C., Institutions, Institutional Change and Economic Performance, Cambridge
: Cambridge University Press, 1990, p.3; Understanding the Process of Economic Change,
Princeton University Press, 2005, p.48.

규범과 관행 등을 의미하는 비공식적 제약 요인(informal constraints)과 함께 거래의 당사자들 사이의 계약이 유지되도록 하는 강제집행 기제까지를 아울러 포함하는 것으로 정의하였다. 이는 환경에 대한 반응인 것이다. 정경이 분리되지 않은 북한의 경우, 정치의 안정화를 위해 경제를 도구로 사용하는 구조에서 정치적 불확실성은 경제 문제에 더욱 직접적인 영향을 미칠 수밖에 없을 것이다. 정치가 경제를 통제하는 과정에서 불거진 문제는 경제의 부작용으로 나타나게 된다. 이와 같이, 정치와 경제가 서로 맞물려진 상황에서 북한의 정치제도와 경제제도는 북한의 현실을 설명하는 주요한 요인이 된다.

제1절 1990년 이래 김일성·김정일 현지지도

김일성·김정일의 현지지도는 북한의 정치사업 중 하나로 직접 현지에서 김일성과 김정일이 지도하는 것을 말한다. 이러한 지도 형태는 다른 사회주의국가 내지는 민주주의국가에서도 현지시찰 형태로 이루어지지만 현지시찰이 가지는 정치적 무게는 비교할 수 없을 만큼 크다. 다른 국가들은 장기간 지속적으로 그 결과가 제도적 제약을 받지 않기 때문이다.

법치주의 국가를 표방하는 민주주의국가와는 달리 김일성과 김정일의 현지지도는 교시라 하여 법보다 상위에 놓임을 공개적으로 표방하고 있다. 그들이 언급하는 것은 바로 '법적 효력'을 지니는 것을 의미하며, 바로 적용되는 것으로 받아들여지고 있다. 이러한 두 지도자의 현지지도가 반사회주의 현상에 대해 어떠한 영향력을 가지는지 탈북자들의 증언과 공개된 언론 자료를 통해서 그 영향력을 유추하고자 한다.

1. 문헌에 나타난 두 리더의 부패인식

Robert Turker은 그의 저서 *Politics as a Leadership*에서 권력은 권력을 중심으로 구현되는 것이 아니라, 권력을 지닌 리더에 의해 구현된다고 했다. 그러나 북한에서 '정치란[2] 계급 또는 공공의 이익에 맞게 사람들의 활동을 통일적으로 조직하고 지휘하는 사회적 기능'을 지닌 리더의 활동이라고 정의하고 있다. 이는 북한의 정치가 보편적으로 널리 퍼진 권력을 중심으로 일어나는 현상이 아니라, 계급이나 공동체에 따른 주어진 조직 활동에 국한된 것으로 그 범위를 좁혀서 적용하고 있다고 할 수 있다. 이러한 구조는 북한의 집단주의에 의거한 통제 수단으로 그 이외에 정치활동은 비사회주의 반동행위로 규정하고 있다. 이러한 맥락에서 보면, 북한에서는 범용적으로 적용되는 '정치'의 범위가 보다 협의의 의미로 받아들인다고 할 수 있다. 조직 간 집단 간 정치활동을 제약하는 정치사업이나 정치투쟁은 계급에 따라 달리 받아들이게 된다. 그러므로 중요하게 고려되는 것이 '조직의 관료화'이다. 북한의 『정치사전』에서 제시하고 있는 관료주의란, 착취사회의 산물로 반동적 통치배들이 근로인민대중을 억압, 착취하기 위하여 쓰는 반인민적 통치 방법으로 발생되었다고 기술하고 있다.[3] 본 절은 제도로서 김일성과 김정일의 현지지도가 북한 부패 유형에 영향력을 가지는지 두 현지지도를 포함한 지시에서 나타나는 부패 관련 언급에 대해 살펴본다.

북한의 대표적인 원전인 『김일성 저작집』과 『김정일 선집』에서 일관적으로 지적하고 있는 것이 '조직의 관료화'[4]이다. 또한 관료들의 부패를 가

---

2) 「온 사회를 주체사상화하기 위한 인민정권의 과업」, 『정치사전』, 4쪽. 여기서 김일성은 정치는 사람들이 생활하는 집단인 사회를 유지하고 발전시킬데 대한 요구에 의하여 발생하고 발전하는 사회적 현상이라며 사람들의 집단생활과 공동생활을 통일적으로 지휘하여야 한다고 한다.

3) 『김일성 저작집』 제7권, 493쪽.

장 우려하고 있는 것이다. 특히 관료주의는 당과 대중을 이탈시키고 전당과 전체 인민의 사상의지적 통일단결을 방해한다며 관료주의를 극복하기 위해 북한 전체를 하나의 당의 명령 체계를 추구하여 직맹이나 여맹과 같이 모든 조직의 일원으로 소속시켜 주기적으로 사상교육을 통한 통제를 강조하고 있다. 이러한 조직관리기법은 마치 종교집단과 같이 세뇌교육을 통해 외부와의 단절을 꾀하고 관리가 수월하도록 모든 조직을 아주 작게 나누어 교차 감시를 한다. 이러한 조직의 특징은 조직 간 교류를 통한 시너지를 내기보다는 개별조직의 성과를 중요시하여 조직구성원이 할당된 조직과제만 달성해 조직의 유효성을 기대할 수 없다. 당 입장에서도 높은 성과를 기대하지 않는다. 시키는 대로 움직이는 조직에서 말하는 정치활동이란, 주어진 과업을 실천하는 정도로 여겨지고 있다. 그러나 이러한 조직은 타성에 빠질 위험이 크다. 조직관리가 느슨해지거나 임금과 같이 통제 수단이 부족하다고 느끼면 조직은 생존을 위한 자구책을 스스로 마련하게 되고 그 위치를 유지하기 위해 각종 편법이 등장하게 되어 조직

---

4) 관료 부패가 과연 한 국가의 경제성장에 어떠한 영향을 미칠 것인가에 대해서는 다양한 연구 결과가 나타나고 있다. 즉 관료부채와 경제성장 간의 관계를 긍정하는 입장, 부정하는 입장, 심지어는 양자 간에 유의미한 상관성이 발견되지 않는다는 등 다양하다. 그리고 이들의 연구의 상당 부분이 경험적인 자료를 바탕으로 제시하고 있다는 점에서, 한 가지 결론을 지을 수 있는 것은 최소한 관료 부패와 경제성장 간의 일관된 관계를 규정하기는 한계가 있으며, 해당 국가의 특수성에 따라 다양성을 보인다. 관료 부패와 경제성장 간의 관계에 대한 연구 결과로서는 다음을 참고할 수 있다.
① 관료 부패와 경제성장 간의 정(+)의 상관관계를 주장하는 연구 : Leff, N. h., Economic development through bureaucratic corruption, *American Behavioral Scientist* 8(3), 1964, pp.8~14; Nye, J. S. Corruption and Political Development : A Cost-Benefit Analysis, *APSR* 61(2), 1976, pp.417~427; Federico Sturzenegger & Mariano Tommasi, The Distribution of Political Power, the cost of rent-seeking, and economic growth, *Economic Inquiry* 32(2), 1994, pp.236~249.
② 관료 부패와 경제성장 간의 부(-)의 상관관계를 주장하는 연구 : Mauro, P., "Corruption and Growth", *Quarterly Journal of Economics* 110(3), 1995, pp.681~712; Murphy, K. M., A. Schleifer, and R. W. Vishny, Why is Rent-seeking So Costly to Growth?, *American Economic Review* 83(2), 1993, pp.409~414; Paul D. Hutchcroft, The Politics of Privilegd :assessing the impact of rents, corruption, and clientelism on Third World development, *Political Studies* 45(3), 1997, pp.639~669.

을 유지하기 위한 수단으로 정당화된다. 조직을 유지하는 편법은 금전적 거래로 이어지고 당의 노선이나 정책을 왜곡·변형시켜 정책집행을 방해하게 된다.

여러 차례 북한 전문가들이 말하고 있는 '북한의 붕괴 가능성'이 이러한 하급 당원에서부터 고위급 당 조직까지 조밀하게 엮여있는 조직의 관료화로 빚어지는 관료 부패와 관련된 정치 부패의 위험성에 기초한다고 하겠다. 행정적 과정에서 등장하는 관료 부패와 대규모 정치 활동에 따른 정치 부패는 정보의 비대칭성과 계급에 의한 주인－대리인과 같이 명령과 복종에 의한 북한에서 등장하는 조건이 된다. 이러한 관계에 가담하는 거래 대상자들은 조직의 목표와 개인의 목표를 수렴시켜 행위의 정당성을 확보한다. 이러한 현상은 1990년대 사회주의국가의 붕괴 원인이 부패인 경우와 다르게 북한의 부패 현상은 체제 위협에 영향을 주지 않는 선에서 일정한 역할을 한다는 점이 특징이다. 그러나 북한의 관료주의에 대해 반부패정책의 일환으로 실시된 것만은 아니다. 전후 복구 시대부터 김일성은 직접 현지지도를 통해서 북한 인민을 지도했으며, 한 지역의 변화를 야기하는 효과를 거두기도 했다. 그러나 현지지도는 실제로 현장을 나가기도 하지만 연설문이나 서류를 이용한 지도도 병행하기도 한다. 이러한 지도 방식은 김정일 시대에 들어 신년공동사설이라는 형태로 자리 잡았으며 관료들의 개인주의와 관련된 부정적인 현상을 경계하는 정치사업도 병행하였다.

1) 김일성 노작에 나타난 반부패 언급

다른 국가와는 다르게 북한에서는 공식적 제도와 비공식적 제도의 기준이 모호하다. 공식적 제도 중 하나인 헌법이나 법률이 통치이념이지만 비공식 제도 형태인 김일성·김정일 현지지도가 더 큰 공식적 제도의 힘을 가지고 있는 것이다. 또한 이러한 현지지도가 공식적 제도로 정착되어 공식적 제도로 여겨지는 것이다. 유형화된 것이『김일성 선집』이나 『김정일 저작집』또는『노작』5)이 그것이다. 주체사상과 선군사상이론으로 만들어진 노작은 북한의 현실과 이념을 동시에 확인할 수 있는 비공식적 제도로 등장해 공식적 제도로 인정할 수 있다. 김일성과 김정일의 현지지도 중에서 언급한 것은 북한 정치·경제적 상황에 맞게 대응해야 할 과업이나 지역적 특성을 고려한 활동은 북한 내부를 간접적으로 경험할 수 있다.

한편 북한 일간지에 나타난 부패나 관료주의에 관한 기사는 거의 찾을 수 없다. 다만 내각의 일부 상들을 해임했다든가 채취공업상을 해임하는6) 등의 기사만 찾아볼 수 있다. 북한의 경우, 해임을 한다는 것은 그 자리를 이용한 사적 이익을 취했다거나 미비할지라도 조직에 해가 된다면 해임이나 좌초로 문제를 해결하는 것으로 볼 때 주민들과 타협 과정에서 발생하는 불법 행위에 대한 응징이나 그것을 빌미로 해임이나 징계를 할 수 있다. 다음은 김일성이 실질적인 리더로서 북한 관료의 역기능적 행태에 대한 지적7)을 표로 정리한 것이다.

---

5) 일반적으로 북한에 대한 원전으로『김일성 선집』이나『김정일 선집』을 든다. 선집은 김일성이나 김정일이 현지지도나 신년공동연설 등에서 구두로 언급한 것을 그대로 적은 것으로 김정일이 1960년대 중반부터 김일성의 선집을 만들었으며, 김정일 또한 자신의 연설문 등을 선집으로 묶게 된다. 이는 구어체의 문장도 등장하고 표준화되어 있지 않거나 일관성이 부족한 것으로 북한의 주체사상과 선군사상을 기초한 이론적 배경을 추가하여 표준화되고 일과성을 부여한 노작을 만들게 된다. 노작은 각 학교나 직장에 배급되어 외우게 함으로써 사상적으로 주민을 통제하는 데 쓰이고 언론사에서 발간하는 신문사설이나 공동사설 등은 이러한 김일성과 김정일의 행적을 중심으로 홍보 수단으로 활용되게 된다.『김정일 선집』은 총 15권으로 이루어져있으며, 각 분야별 사전과 함께 보급되었다.

6) 조선민주주의인민공화국 해임. 〈www.kcna.co.jp.2011_05_28).『조선신보』,『노동신문』. 2000, 새 위원장을 선거/조선민주녀성동맹 제34차 전원회의
1999, 내각 일부 상들을 해임 및 임명함에 대한 정령
1998, 채취공업상을 해임 및 임명함에 대한 정령

〈표 3-1〉 권위주의적 행태의 지적 빈도

괄호 안은 구성비(%) 표시

		『김일성 저작집』	『로동신문』	『민주조선』
당간부 행정관료	당간부-행정관료	77(22.1)	76(21.7)	77(23.7)
	행정관료-당간부	66(19.0)	68(19.3)	65(20.1)
당간부 주민	당간부-주민 주민-당간부	108(31.2)	121(34.5)	87(26.9)
행정관료 주민	행정관료-주민 주민-행정관료	96(27.7)	86(24.5)	95(29.3)
	계	347(100%)	351(100%)	324(100%)

〈표 3-2〉 동조과잉적 행태의 지적 빈도

괄호 안은 구성비(%) 표시

		『김일성 저작집』	『로동신문』	『민주조선』
당간부 행정관료	당간부-행정관료	59(13.4)	99(19)	93(17.6)
	행정관료-당간부	96(21.8)	85(16.2)	85(16.1)
당간부 주민	당간부-주민	82(18.6)	96(18.3)	86(16.3)
	주민-당간부	66(14.9)	87(16.6)	78(14.8)
행정관료 주민	행정관료-주민	77(17.5)	85(16.2)	99(18.9)
	주민-행정관료	61(13.8)	72(13.7)	86(16.3)
	계	441(100%)	524(100%)	527(100%)

〈표 3-3〉 형식주의적 행태의 지적 빈도

괄호 안은 구성비(%) 표시

		『김일성 저작집』	『로동신문』	『민주조선』
당간부 행정관료	당간부-행정관료	78(21.0)	74(17.9)	72(16.5)
	행정관료-당간부	46(12.7)	54(13.0)	66(15.0)
당간부 주민	당간부-주민	75(20.6)	91922.1)	72(16.5)
	주민-당간부	36(10.0)	51(12.3)	65(14.9)
행정관료 주민	행정관료-주민	76(20.9)	79(19.0)	90(21.1)
	주민-행정관료	52(14.3)	65(15.7)	72(16.5)
	계	363(100%)	414(100%)	437(100%)

---

7) 박완신, 「북한 관료의 역기능적 행태 분석 : 부패요인을 중심으로」, 『한국부패학회보』
8권 1호, 2003, 64~86쪽.

〈표 3-1〉, 〈표 3-2〉, 〈표 3-3〉에 나타난 것과 같이, 당 간 당 간부와 행정 관료의 역기능적인 부패 요인과 당 간부와 주민 또는 행정관료와 주민 간의 부패 요인이 비교를 했을 때 비슷하거나 때로는 앞서는 것을 볼 수 있다. 특히 동조과잉적 행태의 지적 빈도와 형식주의 행태의 지적 빈도에서 나타나는 데 김일성 자신도 관료를 중심으로 북한 사회 전반에 역기적 행태를 경계한 것으로 보인다. 이것은 단순히 관료 부패를 넘어 북한 사회에 부패 현상이 관행화되었다는 것을 알 수 있다.

1990년 이래로 김일성 노작에 나타난 내용은 1990년대 사회주의국가의 붕괴라는 국제정치사적 환경 변화에 체제를 유지하기 위해 많은 외국 매체와의 관계에 힘썼다.[8] 당시 김일성은 함경북도당위원회 전원회의 확대회의 (1992년 9월 4일) 개인주의와 이기주의를 경계한다. 그 내용은 다음과 같다.

사상혁명을 수행하는데서 가장 중요한 것은 개인주의, 리기주의를 반대하여 투쟁하는 것 입니다.

사회주의사회에서 개인주의, 리기주의는 자본주의를 조장시키는 병균과 같습니다. 개인주의, 리기주의가 자라나면 자본주의가 되살아나게 됩니다. 지금 어떤 나라들에서는 사람들이 개인리기주의에 물젖어 돈밖에 모르는 인간으로 되여가고있으며 교원들도 수업이 끝나면 돈벌이를 위하여 장마당에 나가 장사를 한다고 합니다. 다른 나라들에 가보고 온 우리 일군들은 한결같이 우리 나라가 제일이고 우리 당 정책이 가장 정당하다고 하고있습니다. 사

8) 제43권 04. 일본『마이니찌신붕』편집국장이 제기한 질문에 대한 대답. 1991년 4월 19일.
　　제43권 06. 에꽈도르좌익민주당대표단과 한 담화. 1991년 5월 3일.
　　제43권 07. 일본 교도통신사 사장이 제기한 질문에 대한 대답. 1991년 6월 1일.
　　제43권 10. 캄보쟈주석과 한 담화. 1991년 6월 18일.
　　제43권 15. 일본『이와나미』서점 사장이 제기한 질문에 대한 대답. 1991년 9월 26일.
　　제43권 23. 일본『아사히신붕』편집국장이 제기한 질문에 대한 대답. 1992년 3월 31일.
　　제43권 27. 미국『워싱톤타임스』기자단이 제기한 질문에 대한 대답. 1992년 4월 12일.
　　제43권 30. 재일본조선인총련합회 제16차전체대회에 보낸 축하문. 1992년 5월 21일.
　　제43권 31. 스웨리예공산주의자로동당 위원장과 한 담화. 1992년 6월 29일.
　　제43권 33. 인도네시아『메디아 인도네시아』신문사 책임주필이 제기한 질문에 대한 대답. 1992년 9월 1일

람이 돈에 맛을 들이면 혁명성을 발휘할 수 없고 혁명적 의리도 지킬수 없으며 나중에는 나라도 팔아먹게 됩니다. 그러므로 당조직들에서는 사람들이 개인주의, 리기주의 사상에 물젖지 않도록 교양사업을 잘하여야 합니다.

2) 김정일 노작에 나타난 반부패 언급

김일성이 언급한 반부패 관련 언급으로 미루어 당시에도 직장, 학교, 혹은 장마당 등에서 공공연히 중하위급 공무원과 뇌물을 통한 부패 현상이 이루어지고 있음을 알 수 있다. 이러한 현상은 김일성 사망 후와 7·1경제개선조치 이후에 급격히 발생하여 계획경제보다 제2경제가 북한 경제를 지탱하는 경제 형태로 자리 잡게 되었다. 특히 이와 같은 현상은 정치적으로 불안할수록, 사회통제가 강화될수록 강화되고 증가되는 특징이 있다. 『김정일 선집』[9]에 나타난 당 조직, 당 일꾼에 실무 수준에서의 조직적 문제 언급은 부록에 잘 정리되어 있다.

김일성 사망한 이후, 등장한 신년공동사설 또한 공식적 제도로 받아들여지고 있다. 2001년 1월 1일 신년공동사설에는 6·15남북공동선언을 이행해야 한다는 것을 기술하면서 다음과 같이 제도적 수단의 중요성을 강조했다.

> 6. 15북남공동선언은 조국통일3대원칙에 기초하고 있는 자주, 평화통일, 민족대단결선언이며 21세기 조국통일의 리정표이다. 북과 남은 력사적인 북남공동선언의 정신대로 조국통일을 우리 민족끼리 힘을 합쳐 자주적으로, 평화적으로, 민족대단결로 이룩해 나가야 한다……
>
> 온 민족이 화합하고 하나로 단결하면 그것이 곧 우리가 바라는 통일이다. 북과 남, 해외의 모든 조선동포들은 사상과 제도, 정견과 신앙의 차이를 초월하여 6. 15북남공동선언을 관철하기 위한 거족적 투쟁에 합류하여야 한다. 민족대단결에 저촉되는 온갖 제도적 법률적 장애가 제거되어야 한다.

---

[9] 1964년 4월부터 2000년까지 정리된 것으로 총 15권으로 이루어져있다.

또한 2002년 공동사설에서도 사회주의제도의 우월성을 강조하며 북한 사회 깊숙이 제도적 영향을 강조하고 있다.[10] 북한을 흔히 '무법지대' 혹은 김일성이나 김정이 곧 법이라는 해석은 사회주의 체제를 근간으로 하는 제도를 위시하는 북한에게는 반드시 맞는 풀이가 아니다. 철저히 법에 의해 짜여진 틀을 만들어 놓고 북한을 통제하기 때문이다. 2003년 신년공동사설에는 정치사상을 내세워 당의 선군혁명사상을 강조하며 반제자주사상을 비판했다.[11] 사상을 강조하는 것은 그만큼 사상적 통제를 다시금 강조한 만큼 사상적 와해를 걱정하는 것이며, 당 관료를 중심으로 하부에서부터 상부에 이르기까지 느슨한 분위기를 감지함을 의미한다.

북한은 철저하게 국가기구에 의한 제도를 수단으로 체제를 유지하고 사상적 통제를 통한 교육 사업에 국가적 역량을 집중하는 것을 알 수 있다. 특히, 조선신보나 노동신문을 통해 인민에게 보급하고 사상교육을 하고 있다. 2004년에는 북한 내 사상과 제도를 좀먹는 제국주의의 책동을 강하게 비판하며 반미정신을 상기시켜 체제 단속을 위해 공공의 적인 미국을 공격하기도 했다. 그 이후로는 강성대국을 실현하기 위한 분야별 과업을 중시하였고 2012년 공동사설에서는 김정일 사망 이후 김일성의 유훈과 정치사상을 강화한 단결을 강조하였으며 고질적인 경제난을 극복하기 위한 경공

---

10) "우리 사회주의제도의 우월성은 인민생활에서 나타나야 한다. 모든 분야에서 인민적인 것, 대중적인 것을 우선시하고 인민생활과 관련된 문제들을 제1차적인 과업으로 풀어 나가야 한다…… 우리 제도제일주의를 구현하자면 과학기술과 교육가업발전에 전 국가적인 관심을 돌려야 한다. 나라의 륭성변영은 과학기술과 인재에 의하여 안받침된다. 우리는 공업의 기술개선과 현대화를 중요하고 절실한 부문부터 하나씩 착실하게 해나가야 한다. 과학기술을 전반적으로 빨리 발전시키면서 특히 정보기술과 정보산업발전에 힘을 집중하여야 한다. 우리 당의 인재중시방침을 철저히 구현하여 실력 있는 첨단 과학기술인재들을 더 많이 키워 내야 한다"(2002년 신년공동사설 中).
11) "우리 당의 선군혁명사상은 가장 철저한 반제자주사상이다. 우리는 제국주의와 끝까지 싸워 이기려는 비장한 각오를 가지고 사회주의사상진지, 계급진지를 금성철벽으로 다져 나가야 한다. 우리는 제국주의의 사상문화적 침투에 혁명적경각성을 높이고 우리의 사상과 도덕, 우리의 고상한 사회주의생활양식을 견결히 지켜 나가야 한다"(2003년 신년공동사설 中).

업부터 CNC공작기계생산에 이르기까지 인민군대를 시작으로 체제의 안정화를 위한 사상통제와 국제환경에서의 입지를 상기시키는 10. 4선언의 5주년을 기념하며 김정은으로의 체제 결속을 강조하였다.

신년공동사설이 앞으로 이루어질 과업의 시작을 알렸다면, 과업을 수행하는 데 목표의 방향이나 과정을 관리하는 것이 현지지도이며 이를 기록한 선집이나 노작이라고 할 수 있다. 공동연설문에서 방향을 제시했다면 선집이나 노작은 중간점검의 성격이 짙다고 할 수 있다. 특히, 선집이나 노작에서 가장 언급이 많은 것이 관료주의의 병폐이다. 일부 학자들에 주장에 따르면, 북한에 존재하는 공식적 제도는 절대권력과 공산주의 이데올로기라는 경직된 이념으로 인해 사회주의 체제가 자본주의에 비해 부패에 취약한 것이 일반적인 현상이라고 한다.

『김정일 선집』 제12권에 나오는 관료주의에 대한 내용을 보면,

> "일꾼들이 아래실정을 모르고 무턱대고 내려 먹이며 틀만 차리고 자기 사업을 면밀히 연구하지 않으며 자기가 맡은 일을 책임적으로 집행하지 않는데서 직권을 가지고 군중을 억누르는데서 군중 속에 들어가지 않고 군중에게 명령, 호령하고 위협, 공갈하는데서 인간성이 없고 인민생활에 무관심한데서 군중의 신소와 청원을 잘 받아들이지 않는데서 개인의 안일과 공명, 출세를 위해 자기의 직권을 악용하며 새도를 쓰는데서 나타난다"[12]

라고 쓰여 있다. 이와 관련하여 북한의 『조선말대사전』에서도 관료주의에 대해 두 가지 표현으로 나타내고 있다. 첫째, 착취사회에서 봉건제도나 자본주의 제도하에서 관료배들이 강권을 휘두르면서 인민들을 억압하고 착취하는 반인민적 통치 방법, 둘째, 인민대중의 의견을 귀담아듣지 않고 아

---

[12] 김정일, 「당사업을 강화하여 우리식 사회주의를 더욱 빛내이자」(조선노동당 중앙위원회 책임일군들과 한 담화 1992년 1월 1일), 『김정일 선집』 제12권, 평양 : 로동당출판사, 1997, 258쪽.

래실정을 알려고 하지 않으며 대중의 의사와 어긋나고 현실에 맞지 않는 것을 무턱대고 내려 먹으면서 인민들의 리익에 대치되는 행동을 하며 호령과 욕설로 사업을 배치함으로써 손실을 주고 당과 대중을 리탈시키는 유해로운 낡은 사업 방법이나 작품13)으로 규정하고 있다.

북한의『정치사전』에 나타난 관료주의 개념은 "군중의 창발적인 의견을 들으려 하지 않고 군중과 이탈하여 사업을 처리하며, 문을 닫아걸고 책상 위에서 계획을 세우며, 결정서와 명령을 내려 먹이고 군중에게 호령만 하는 사업 방법이다"14)라고 기술하고 있다. 이는 바로 권위주의의 일반개념과 동일한 의미로 사용하고 있는 것이라 하겠다. 북한에서도 이러한 권위주의적 행태가 자주 빚어지고 있어 행정의 전개 과정에서 적지 않은 병폐로 지적되고 있음을 간접적으로 알 수 있다.

사실 북한에 있어 주민에 대한 관료들의 권위주의적 형태는 행정의 불합리성을 누적시켜 왔을 뿐만 아니라 관·민 사이의 괴리현상을 심화시킨 요인 중 하나로 지적할 수 있다. 여기서 빼놓을 수 없는 지적은 "관료제 퇴치를 적극 주장하였던 김일성이 왜 권위주의적 관료제를 이용했느냐?"하는 문제이다. 그것은 김일성의 집권과 관련이 있다. 즉, 김일성은 당초 북한 주민 대다수로부터 외면당하는 가운데 오직 냉전정책에 편승한 소련의 힘에 의해 집권하였다. 이런 미약한 지지 기반은 김일성으로 하여금 권위주의적 관료주의를 이용할 수밖에 없게끔 만들었던 것이며 이게 오늘날까지 연장선상에 있다는 것이다.

북한의 공산주의 정치체제가 당면한 가장 어려운 문제 중 하나는 권력이익의 통합을 목표로 하는 정치적 기능인 목표지향주의와 합리적 행정을 추구하는 관료적 기능인 성과지향주의 간의 형평을 이루는 문제이다. 북한에서도 이와 관련 당성, 혁명성 등 정치사상적인 문제를 목표지향주의로, 전

---

13) 『조선말대사전』 1, 평양 : 사회과학출판사, 1992, 512쪽.
14) 『정치사전』, 평양 : 사회과학 출판사, 1973, 191쪽.

문성·기술성 등 관료주의 기능을 성과지향주의로 파악하고 있어, 1980년 대 이래로 오늘날까지 북한 관료 체제 내의 최대의 심각한 고민거리로 부상하고 있다. 즉 당성을 강조하다보면 경제 발전이 둔화되고, 전문성을 강조하다보면 체제의 해가 우려되기 때문이다. 따라서 북한의 권력층은 이것의 조화를 기해야하며 한편으로는 그 한계성을 드러내고 있기도 하다.

김일성은 1966년 10월 18일 조선노동당 중앙위원회 조직지도부와 선전선동부 일군들 앞에서 '당 사업에서 형식주의와 관료주의를 없애며 일군들을 혁명화 할 데 대하여'라는 연설을 통해 형식주의의 실례를 들면서 "왼손잡이를 바른손잡이로 돌려세우기 힘들 듯이 형식주의도 이제는 만성화되고 습관화되었기 때문에 좀처럼 뿌리 뽑기 힘들게 되었다.[15]라고 하여 형식주의의 병폐를 없애는 데 어려움을 실토하였다.

김정일은 간부들의 관료주의와 당세도, 행정 대행과 부정부패 근절을 꾸준히 강조하였다. 김정일 "간부들이 특세를 부리고 관료 행세를 하며 부정부패를 일삼으면 사회주의 집권당은 대중의 지지와 신뢰를 잃게 되며 대중의 지지를 받지 못하는 당은 자기의 존재를 유지할 수 없다. 력사적 교훈이 보여주는 바와 같이 스스로 무덤을 파는 것이나 같다[16]고 지적했다. 이때만 해도 김일성과 김정일은 관료층의 권위주의로 인한 행정의 불합리성이나 계층 간 사적 이익의 추구를 근절하는 데 헌법이나 여러 비공식 제도를 통해 북한의 현실을 인정하고 그 병폐를 없애기 위해 노력했다. 그러나 1990년대에 들어서는 세계주의 국가권의 몰락과 급변, 경제난의 악화, 후계자의 지위 강화, 부자 권력세습의 합리화, 대중 동원의 극대화, 김정일의 카리스마 조작화, 김일성－김정일의 신격화·우상화 등 개인숭배에 따른 복합적인 요인 등과 관련되어 있다. 2009년 4월 최고인민회의에서 새롭게

---

15) 『김일성저작선집』 제4권, 평양 : 조선로동당출판사, 1968, 408쪽.
16) 김정일, 「당 사업을 강화하여 우리식 사회주의를 더욱 빛내자」(조선로동당 중앙위원회 책임일군들과 한 담화, 1992년 1월 1일),『김정일 선집』 제12권, 평양 : 조선로동당출판사, 1997, 258쪽.

개정된 헌법 제10조에서는 이러한 시대적 흐름을 반영하여 "국방위원장은 조선민주주의인민공화국의 최고영도자이다"라는 조항을 신설하여 김정일이 적어도 명실공히 최고지도자로 확실하게 규정하였고 제106조에서는 "국방위원회는 국가주권의 최고국방지도기관이다"라고 명명했으며, 제109조에서는 "선국혁명영도노선을 관철하기 위한 국가의 중요 정책 수립, 국방위원회 위원장의 명령, 결정, 지시집행정형을 감독 및 대책 수립"으로 그 임무를 규정함으로써 새로운 이데올로기인 '선군사상'을 새로운 지도이념으로 격상시켰다.

그러나 이러한 헌법 개정을 통한 권력구조의 전면적인 개편에도 불구하고 북한 사회의 통제는 점차 약화되어, 주민들의 조직 정규 모임에 대한 불참 증가, 생활총화의 형식적 진행 증가, 북한 인민들의 사기 저하로 인한 형식주의의 만연과 당·내각의 정책실행 미이행, 경제 부문에서 관료들의 허위보고 증가, 과다한 개인의 외화보유, 불법적인 텃밭 개간 등에서 찾을 수 있다. 이를 단속하기 위해 '비사회주의그루빠'를 만들어 사회통제를 강화함에도 불구하고 북한 주민의 일탈과 일상적 저항은 생계유지를 위해 타협 및 흥정과 불법행위, 밀수나 마약 등과 같은 강력한 위법행위, 자본주의 문화를 사적으로 향유하는 행위, 정치교육이나 생활통화 등 사상적 통제에 불응하거나 불성실하게 임하는 행위 등으로 나타나고 있어 체제 위기의 '변수'로 작용하고 있다.[17]

『김정일 선집』은 1966년부터 2005년까지 작성된 것으로 북한의 현상에 대한 경고와 정치적 목적을 달성하기 위한 내용이 그대로 투영되어있다. 선집에 나타난 북한의 부패인식은 처음에는 관료주의를 경계하기 위한 사상적 교육의 필요성을 피력하지만 1990년 이후에 선집에서는 부정이나 부패라는 단어를 직접 사용하여 관료 부패뿐만 아니라 청년의 옷차림이나

---

17) 조정아 외, 『북한주민의 일상생활』, 서울 : 통일연구원, 2008, 279쪽.

행실에 대해 언급하는 것과 같이 현상에 대한 통제를 직설적인 화법을 사용하여 관료주의와 부정부패에 대해 언급하고 있다.

김일성·김정일 노작에 나타난 관료주의 행태나 수정주의, 교조주의 및 사대주의를 경계하는 내용에서 사용된 용어에 개념적 차이가 존재한다. 북한에서 말하는 수정주의[18]란, 19세기 말에서 20세기 초에 등장한 것으로 부르주아에게 매수된 혁명운동의 타락분자, 변절자들이 자본가들의 비위에 맞게 마르크스주의를 수정한 기회주의를 일컫는 말로서 밖에서 들어온 것을 자신에 이익에 따라 수정한 것을 말한다. 또한 교조주의[19]는 다양하고 끊임없이 변화하는 구체적 현실 속에서 진행되는 혁명운동의 창조적 성격에 어긋나는 도식적인 사고방식이며 사상 관점으로 낡은 것을 배척하고 새로운 것을 끊임없이 만들어 계속적인 변화를 사는 태도라고 한다. 이와 더불어 사대주의, 개인주의 기관본위주의 등을 경계하는 것은 북한의 당 정책을 관철하는 데 방해되는 요소라고 인식하기 때문이다. 새로운 것을 받아들여 나에게 맞게 바꾸거나 당 간부들의 관료화로 인한 개인의 이익을 추구하는 것은 주체사상교육을 통한 사상투쟁이 약화되고 있음을 가장 경계하는 것으로 보인다. 북한에서 가장 무서워하는 것은 단순히 체제 유지를 위한 합리성을 확보하는 것이기보다는 북한 사회에 대한 사상통제 이완으로 인한 체제 당위성을 상실하는 것이다. 그들이 주장하는 사대주의, 관료주의, 수정주의와 교조주의는 북한 사회의 이탈적 현상을 막기 위함이며 그 대상으로는 당 간부의 역할을 강조하는 것이다. 부패는 이러한 사상투쟁 과정에서 나타나는 인간의 본질적인 이익을 추구하는 욕망에서 출발한다. 조직의 목표와 개인의 목표 간 충돌, 내지는 조직의 목표를 달성하기 위한 개인의 비합리적인 이탈 행동들이 거대한 관행으로 자리 잡는 동인이 되는 것이다.

---

[18] 『김일성 저작집』 제25권, 348쪽.
[19] 『김일성 저작집』 제10권, 141쪽.

2. 부패의 통제 정도와 사회현상

북한 부패에 관해 언론에 알려지기 시작한 것은 구소련을 비롯한 공산국가들의 체제 붕괴 원인이 공산품 품귀 현상으로 대표되는 심각한 인플레이션과 정지된 경제시스템을 의심하게 하는 국가의 역할에 있음이 증명되기 시작한 시점부터이다. 또한 당시 김일성의 사망은 북한에게 큰 충격이었으며 1995년을 전후 북한에게 다가온 시련은 '고난의 행군'이라는 이름 그 자체였을 것이다. 당시 북한 상황은 지금만큼은 아니겠지만, 한국 내 북한 전문가들 사이에서는 인지된 것으로 보인다. 유호열[20]은 김일성 생존 시에도 각급 관료들의 부정 및 부패 행위가 성행하고 있었으며 경제난 등으로 인한 각종 범죄도 끊이지 않고 있음을 감지하였다. 당시 이 같은 범죄행위를 일소하기 위해 일반 주민은 물론 엘리트들에 대한 사상적 통제를 강화했으나 정권이양기에도 사회적 일탈 행위는 한층 증가되었으며 김일성 사망 이후 벌목공들을 중심으로 집단적 탈출 현상도 있음을 지적하였다. 이러한 북한의 일탈 행위는 전형적인 관료 조직에서 발생하는 일련의 현상으로 인식되었지만, 김정일 사망 이후 김정은으로의 통제 기제를 강화하는 가운데에서도 감소하지 않음을 간과해서는 안 될 것이다.

리더십에 대한 공통된 탈북자들의 증언은 북한 주민이 김일성에 비해 김정일에 대한 신뢰성이 낮다는 것이다. 그 이유로는 김정일이 영화를 비롯한 문화 예술에만 관심이 많았으며 여흥을 즐기는 사람으로 인식하기 때문이다. 인민에 대한 관심보다는 체제 유지에 필요한 국방위원회를 비롯한 노동당에 대한 힘을 유지하는 데 집중하기 때문으로 풀이된다. 김정일의 사치품과 고위직에 줄 수입품은 국가 재정에 적자를 강화시켰고 이러한 루트는 관련된 조직에서 발생하는 부패의 원인이다. 러시아 벌목공을 비롯한

---

[20] 유호열, 『북한체제변화 전망과 한국의 대북 정책』, 한국전략문제연구소, 1999, 57쪽.

외국에 파견된 대사들은 각자 할당된 체제 유지비를 조달하기 위해 현지에서 각종 밀매와 불법행위를 조장하거나 동참하는 구조를 자리 잡게 하였다. 이러한 만성적인 경제난의 시초에 대한 증언은 재미있는 사실을 확인시켜 주었다. 1984년 우리나라에 홍수로 인한 물난리가 서울을 중심으로 전국에 심각한 피해를 입었다. 당시 북한은 구호물품으로 담요와 옷을 보내왔다. 서울의 초등학교를 중심으로 모인 서울 시민들에게 모포 1개와 옷가지를 나누어주는 장면이 방송에 공개되었다. 당시 북한에서는 우리나라에 보내 줄 구호물품을 북한 인민들에게 착취하면서 시작되었다고 한다. 또한 1989년 7월 1일부터 8일까지 개최된 제13차 세계청년학생축전준비로 심화되었다고 한다. 각종 국가의 재정뿐만 아니라, 동원을 포함한 모든 국가 경제활동이 각 조직에게 할당되어 사상통제와 경제적 착취가 원인이 되었다고 한다. 당시 축전을 위한 북한 당국의 수탈은 경제난을 가중시켰으며 북한에서는 임수경을 이용한 정치적 선전과 체제의 우위를 선전하기 위한 수단으로 사용하였다. 임수경의 존재를 보면서 체제에 대한 신뢰를 높일 수 있었고 당시의 경제적 어려움은 견딜 수 있었기 때문에 식량배급의 양이나 횟수의 제한은 큰 문제가 되지 않았다고 한다. 축전을 전후로, 직장이나 학교를 포함한 조직에서 당원에 의한 주체사상 교육은 극에 달했고 월요집회를 포함한 수요일에 이루어지는 생활총화는 정치지도사업으로 견고화되었다고 한다. 그러나 이 시기에도 조직구성원 간의 반사회적인 현상들이 종종 발생했다고 한다. 같은 조직구성원 간의 사정에 따라 담배나 농산물을 대가로 고이는 것은 비사회주의 현상으로 인식하지 않았다고 한다. 이는 사회문화적 접근법에 의한 부패인 것이다.

현지지도는 극비로 이루어지기 때문에 언제 어디로 현지지도가 이루어질지 예측할 수 없다. 현지지도 하는 지역이 바로 알려지게 되면 일대 주민들은 집으로 들어가야 한다. 언제 어떠한 명목으로 책잡히는 것을 방지하기 위해서다. 이러한 상황에서 1991년 8월 27일(탈북자 중학교 4학년 때)

김일성이 회령에 현지지도 한 회상에 따르면, 지프2대, 트럭3대, 벤츠3대로 이루어진 무리(group)가 줄을 잇고 들어와 어느 차에 김일성이 타고 있는지 모른다고 한다. 그들이 도착한 회령시 담배공장은 군인에게 납품하는 담배를 생산하는 곳으로 당시 대기자 중 김일성을 접견한 사람은 바로 입당을 했다고 한다. 담배 만드는 종이(수입건지)와 기계(체코산)는 모두 수입산이었다. 수입건지 한 다발이면 당시 4인 가족의 15일치에 해당하는 식량비이다. 현지지도는 계획하고 극비로 실시하는 만큼 심적 부담은 컸지만, 1991년 당시에도 수입건지를 빼돌리지 못하게 단속은 심했다.

'당과 수령을 위해 목숨 바칠 인민이 500명이 필요하다는' 뽄트[21]가 내려오면 실제로 존재하는 것은 400명이라는 것이다. 나머지 100명은 허수로 뽄트를 만들어 식량배급량을 맞출 수 있다. 이렇게 이루어지는 현지지도는 수행원들에 대한 김일성·김정일의 평가를 대신하기도 한다. 1970년대 중반부터 김일성은 현지지도에서 김정일을 동반했다. 1964년 대학을 졸업한 김정일이 정치에 첫발을 디딘 곳은 노동당 중앙위원회 비서처 참사실이다. 당 중앙위원회 비서처는 당이 어떤 식으로 움직이는지 종합적으로 파악할 수 있는 곳으로 당 중앙위원회 산하 전 부서의 업무가 이곳을 거쳐 노동당 중앙위원회 위원장(현 총비서)인 김일성에게 보고한다. 당시 중앙당 조직지도부장이었던 삼촌 김영주는 김정일을 당 중앙위원회 내부 사업에 참여시키는 등 당 사업에 대한 전반적인 교육을 담당했다. 중앙당 조직지도부는 북한 사회 전반에 당의 영도와 통제를 실현하는 부서로 고위간부에 대한 인사권과 각급 조직에 대한 검열권을 행사하는 막강한 권력을 가진다. 사상교육을 관장하는 선전선동부와 함께 당의 최고 핵심부서인 것이다. 따라서 조직지도부와 선전선동부를 장악하게 되면 사실상 당권을 잡은 것과 같다. 그중 조직지도부가 우위에 있으며 중앙당 조직지도부는 북한 사회

---

[21] 북한에서 말하는 '뽄트'라는 용어는 우리말로 'T.O'인 셈이다. 일할 수 있는 인원의 수나 정도를 표현이다.

전반을 지도 통제하는 핵심부서이다. 1년 동안 당에서 근무한 김정일은 내각 제1부수상(당시 김일) 참사실로 자리를 옮겨 정부 행정의 전반적인 업무를 파악하게 된다. 그는 대략 2년간 당정 업무 파악 기간을 거친 후 '조선노동당 중앙위원회 조직지도부 중앙기관 지도와 책임지도원'의 직책을 맡게 된다. 1980년 10월 제6차 당대회 정치국 상무위원은 김일성·김일·오진우·김정일·이종옥이었다. 1988년 12월 당 중앙위원회 6기 12차 전원회의에서는 김일·이종옥이 탈락하고 상위위원 김일성·김정일·오진우 이상 세 명이었다. 이후 1994년 김일성이 1995년 오진우가 사망한 이후 2003년 7월까지 정치국 상무위원은 김정일 혼자였다. 이러한 구조는 과거 스탈린 시절의 소련과 중국공산당 정치국 상무위원회를 감안하면 공산권 국가 중 정치국 상무위원을 독식한 경우는 김정일이 유일하다. 이는 김일성이 사망한 후 북한을 지도하는 기관으로 오로지 김정일만 있을 뿐 사회주의국가의 전통적인 정책결정 기구인 정치국 상무위원회와 같은 공식적인 회의체가 아무런 힘을 발휘하지 않았음을 뒷받침하고 있다.[22] 그러나 정작 이

---

[22] 그러나 재미있게도 평양에서 발간되는 월간 여성잡지 『조선여성』은 2002년 8월호에서 '지난 1998년 8월 당 중앙위원회 정치국 상무위원회에서는 장군님께서 삼복 기간에 다만 며칠간이라도 휴식하실 것을 토의·결정하고 당과 국가의 명의로 여러 차례 제의했다'고 보도했다. 이 보도에 의하면 정치국 상무위원회가 가동되고 있으며, 김정일 이외에 다른 상무위원이 있다고 해석할 수 있다. 정치국 상무위원에 변동이 있다면 언론을 통해 당연히 보도되었을 법도 한데 그러한 기사는 없었다. 북한은 1993년 12월 당 중앙위원회 제6기 21차 전원회의 이후 정치국 상무위원을 선출하는 당 중앙위원회 전원회의조차 열지 않았다. 그렇다면 김정일 혼자 상무위원회를 열어 자신의 휴식 문제를 스스로 토의·결정하고 자기 자신에게 휴식할 것을 여러 차례 제의했다는 이야기이다. 이는 무슨 의미일까? 『조선여성』의 편집 내용은 당 선전부의 지도를 받는다. 따라서 1995년 이후 정치국 상무위원회가 이름만 남았을 뿐 유명무실해진 것은 사실이나 적어도 대외적으로는 정치국 상무위원회가 가동되고 있다는 것을 보이고 싶은 듯하다. 또한 4년이 지난 뒤인 2002년에 와서 1998년 일을 보도한 것으로 보아 당 선전부에서 '장군님'의 1998년도 행적을 기록하는 가운데 '김정일 장군님은 삼복더위에도 열심히 일하신다'는 사실을 선전하기 위해 '새롭게 인용한 자료'를 만드는 선전 기법으로 볼 수 있다. 〈http://search.naver.com/search.naver?sm=tab_hty.top&where=nexearch&ie=utf8&query=%EA%B9%80%EC%A0%95%EC%9D%BC%EC%9D%98+%EC%A0%95%EC%B9%98%EC%88%98%EC%97%85〉 정리 인용함. 2012년 6월 2일.

러한 사실은 당시 북한 주민인 탈북자들은 인지하지 못했다고 한다. 고위 간부들의 이동이나 숙청은 시간이 꽤 지난 후에 회자되거나 북한 인민생활에 큰 변화를 가져오지 않으므로 무감각했다고 한다.

김정일은 1966년 24살에 맡았던 '당 중앙위원회 조직지도부 책임지도원'은 직급은 낮지만 중앙기관을 담당하는 최고의 부서였다. 책임지도원은 직제상 과장 아래지만 김일성의 자식인 김정일에게 직위는 문제되지 않았다. 이 무렵 '책임지도원 동지 김정일'은 자기 밑에 여러 명의 지도원들을 거느리며 중앙기관과 평양시 당 조직을 장악하기 시작했고 1964년부터 1966년까지 김일성의 현지지도에 장기출장 15회를 포함하여 총 31회나 동행하며 정치수업을 착실히 쌓았다. 김일성에서 김정일로의 세습은 정체성을 확립하고 유지하는 데 상대적으로 안전하며 저비용에 효율성을 확보할 수 있다. 이러한 지배구조는 기업에서 흔히 찾아볼 수 있다. 장자 혹은 자식에게 세습되는 구조는 통제를 유지하는 역할을 담당하고 정치구조를 발전시키는 데 유용하게 쓰여 반사회적인 현상이 나타나지 않게 방지할 수 있다. 그러나 당시 김정일에 대한 일반 인민들의 충성도는 식량배급제가 원활하게 이루어지지 않으면서 시작되었다. 따라서 현지지도가 주민의 행위 영역에 큰 영향을 주지 못한 것으로 보인다. 낮은 보수와 더불어 부족한 식량배급은 인민에 대한 국가의 역할과 김정일 체제에 대한 불신을 키우게 했고 노동시장을 중심으로 하는 노동시장과 시장 부패 형성에 동인이 되었다.

김일성의 현지지도와 김정일의 현지지도에서 오는 충성도의 차이는 보수와 식량배급에 있다. 김일성은 풍족하지는 않지만 적당한 보수와 일정한 식량배급을 실시해서 당의 충성도를 끌어낸 반면, 김정일은 김일성보다 낮은 보수와 식량배급제를 붕괴시켰다는 비난을 받아 국가의 충성도와 신뢰도를 떨어뜨렸다고 평가받고 있다.

이렇듯, 북한에 있어서 현지지도는 사회주의 체제를 움직이는 김일성과

김정일의 정치사업인 것이다. 북한과 같이 폐쇄된 국가에서 국가수반의 현
지지도는 바로 법으로 인식한다. 그러나 그것이 변화와 통제에 대한 주민
에 행위 영역에는 다르게 전달된다. 국가의 역할이 자신에게 이익 정도에
따라 다르게 나타나는 상황에서 강력한 통제 수단만으로는 행위 영역을 변
화시키는 데 한계가 존재한다.

제2절 김일성 사망과 식량배급제 붕괴

정책을 추진하는 데 있어서 국내외 환경은 중요하다. 환경에 따라 국가
의 이익에 영향을 미치기 때문이다. 이러한 점에서 1970년대 후반 중국의
경제개혁 초기의 국제환경과 북한의 상황은 비교할 만하다. 대외적 환경은
개혁개방에 필요한 자본 조달과 관련이 있다.

지난 1989~1991년에는 현대국제정치사에 한 획을 긋는 사회주의국가의
몰락을 경험했다. 동서독의 통일, 소련공산당 몰락, 동구의 소련 위성국가
들의 탈공산화 선언, 미·소의 새로운 데탕트(new detent) 정책이 그것이
다. 또한 이 시기에 혈맹국가인 중국과 한국과의 수교는 북한에게는 새로
운 국제환경에 커다란 변화인 동시에 정체성을 비롯한 생존위기를 가져왔
다.

동구와 소련의 붕괴 중 특히 루마니아에 24년 독재자 차우세츠크 체제가
불과 3시간 만에 몰락되는 것을 보면서 개혁과 민주화의 '도미노 현상'으로
궁극적인 인간의 존엄성과 가치를 존중하며 자유와 평등 그리고 인간다운
삶의 질을 보다 높여주는 자유민주주의의 우월성을 재확인하는 계기가 되
었다.

〈그림 3-1〉 북한의 국내외 환경과 제도

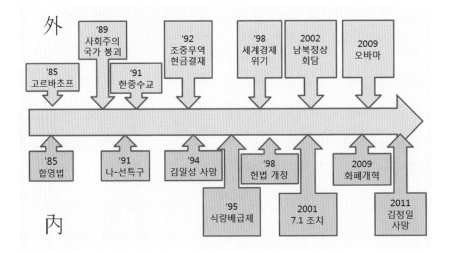

　본 절에서는 1990년대 중반에 북한의 모습을 식량배급제 붕괴라는 제도를 중심으로 살펴본다. 식량배급제라는 공식적 제도의 붕괴 자체가 새로운 식량배급제도로 인식하는 북한 사회를 중심으로 인민들의 생활상에 나타난 부패 행위를 조명한다. 이에 대한 노동 시장의 확대와 불법 행위를 비롯한 부패 유형을 탈북자의 증언을 기초로 살펴본다.

1. 식량배급제 붕괴의 제도적 역할

　북한의 분배 형태[23]는 1차적 분배 형태와 2차적 분배 형태로 나뉜다.

---

23) 식량배급제 붕괴는 북한의 제2경제에 직접적인 영향을 미쳤다. 2차 경제라는 용어는 2차 경제에 관한 체계적 연구의 선구자로 평가되고 있는 그로스만(Gregory Grossman)이 「The Second Economy of the USSR」이라는 논문에서 2차 경제의 개념을 첫째, 직접적인 사적 이익을 위한 것인가? 둘째, 실정법 위반이라는 사실을 같이 인식하는가? 라는 2가지 기준 가운데 적어도 한 가지 기준을 충족하는 모든 생산과 거래활동이라고 정의하면서 널리 사용되기 시작하였다.

1차적 분배 형태란, 노동의 질과 양에 따른 분배로 임금 형태로 지불되는 분배 형태이다. 북한의 계층별 임금 수준을 보면, 일반 사무직과 노동자들의 임금 수준은 60원에서 100원 정도이고, 당·정무원·군간부·인민 배우들의 임금 수준은 최저 200원에서 최고 500원 정도로 계층별 임금 격차가 최고 10배를 보이고 있으나, 2002년 7월 이후 계층별 임금 수준은 20~30배 인상되었다. 일반 주민들의 임금 수준은 대체적으로 경노동보다 중노동이, 중노동 중에서도 위험한 직종의 노동이 높고 또 사무직보다 일반 노동직의 보수를 높게 책정한 것으로 나타나 나름대로 노동 강도를 고려하여 임금을 차별화했다는 것을 알 수 있다.

한편 2차적 분배란, 국가 세출을 통하여 보조금 지불 형태로 각 개인에게 최종적으로 부여되는 사회적 소비 수단을 제공하는 것으로서 교육, 주택, 의료, 식량 등에 대한 지불을 말한다. 북한은 "노동자들은 먹고, 입고, 집을 사는 데만 한 해 동안에 매 세대에 1,300~1,500원의 추가적 혜택을 받고 있는데, 이것은 월평균 100~125원에 해당되는 엄청난 돈을 국가로부터 받고 있는 것이다"라고 주장하고 있지만 이것은 과장된 것이다.

영국의 경제조사 기관인 EIU(Economist Intelligence Unit)에 따르면, 북한의 1인당 GNP 중 이 부분은 1/3 정도만 차지한다고 한다. 2차적 분배가 갖는 적극적 의미는 소위 '능력에 따라 일하고 필요에 따라 분배한다.'라는 사회주의적 분배 원칙에 입각하여 소득격차를 축소하고자 하는 의도가 있다.

실제로 북한은 제도적으로 300원의 임금을 받는 부부장급 배우자는 가사 노동에만 종사하게 하고, 70원의 소득을 받는 일반 노동자의 배우자에게는 70원의 임금을, 190원의 임금을 받는 대학교원의 배우자에게는 65원의 임금을 지불함으로써 소득의 평준화를 유도해 왔다. 그 결과 제도적 측면에서는 가계 총소득(가장 소득 + 배우자 소득 + 미분가 자녀 소득)의 계층 간 소득 격차가 그리 크게 나타나지 않는 것처럼 보인다. 그러나 북한 주민들의 소득수준이 이렇게 제도상 평준화된 양상을 보인다고 해서 경제생활 수준 자체도 현실적으로 평등하다고 보아서는 안 된다. 왜냐하면 주민의 모든 의식주와 관련된 재화들이 국가의 배분에 따라, 심지어 최고 통치자의 '시혜적 기준'에 따라 계층별로 차별적으로 배급됨으로써 실제로는 극심한 소비생활 수준의 차이를 보이기 때문이다. 북한에서는 당의 유일 영도에 따라 모든 것이 서열화되어 사회적 지위와 경제적 부유함 정도가 정확히 일치되어 있다.

북한은 "국가는 인민의 생활을 전적으로 책임을 지고 있으며, 인민 생활을 골고루 급속히 향상시키면서 생활수준의 격차를 없애는 데 힘을 쏟고 있다"라고 주장하지만, 의식주 및 생필품의 배급 체계를 처음부터 차별적으로 시행하고 있다. 주민들을 계층에 따라 중앙 공급 대상과 일반 공급 대상으로 나누고, 물자 공급 등급을 매일 공급 대상자, 1주 공급 대상자, 2주 공급 대상자, 인민반 공급 대상자로 세분화하여 차별적으로 배급한다. 평양을 비롯한 대도시와 지방 도시, 농촌 등 지역에 따라서도 차별적으로 배급하고 있다. 전반적으로 평양 등 대도시에 거주하는 특권층에는 필요한 양만큼 매일 또는 수시로 배급하지만, 일반 주민들에게는 식량 배급표에 따라 월 2회 또는 매주 단위로 배급한다. 배급하는 식량은 유상으로 국정 소매가격을 적용하고 있다. 부식도 역시 배급제로 공급되는데, 가구별로 가족 수에 따라 정해진 배급량을 할당받아 국정 가격으로 구입하게 되어 있다. 주요 공급 품목은 간장, 고추장, 된장 등 장류와 식용유, 계란, 육류, 당과류 등이고 나머지 품목은 자유 판매품으로 되어 있다. 당·정 간부들은 간장, 된장, 고추장, 식용유와 같은 필수 부식을 수시로 배급받지만, 일반 주민들의 경우 1년에 한 번 12장으로 되어 있는 배급 카드를 받아 매달 지정된 분량(간장의 경우 월 1ℓ, 된장의 경우 500g, 식용유의 경우 월 400g)만큼 국영 상점에서 구매하도록 되어 있다.

그러나 탈북자들의 증언에 의하면 실제는 배급 할당량의 50~70% 정도만 공급받아 생일잔치나 특별한 기념일에는 대부분 장마당에서 국정 가격 이상의 가격(시장가격)을 주고 구입한다. 평양 이외의 대부분 지방에서는 제대로 배급이 이루어지지 않아 일부 지역별·계층별·연령별로 많은 어려움을 겪었다.

전통적 사회주의국가에서 2차 경제의 발생 원인은 중앙계획경제 자체의 내재적 불완전성에 기인한 '부족의 경제'(shortage economy)[24] 때문이다. 즉, 2차 경제의 발생과 역동성의 원인이 되는 사회주의국가의 중앙계획경제가 가지고 있는 몇 가지 특징은 첫째, 생산수단의 국가 및 협동단체 소유, 둘째, 중앙계획의 엄격함과 경직성, 셋째, 억제된 인플레이션 등이 있는데 이는 '부족 경제'의 원인이 되어 2차 경제 부문의 행위를 유발한다는 것이다. 구소련과 개혁 전의 동유럽 국가들과 마찬가지로 전통적 사회주의 체제 국가인 북한도 동일한 원인과 결과를 초래하였다. 전통적인 사회주의 국가의 중앙계획경제에서 생산설비는 전부 국가 소유로 놓이게 되어 국가의 통제를 받게 된다. 이러한 생산설비에 대한 국가 소유는 결국 소유권의 결여로 인해 국가자원의 오용 및 절취의 화산으로 이어진다. 심지어 중앙계획경제에서 국가재산의 절취 현상은 국가재산만큼 만연해 있다고 평가될 정도이다. 사회주의사회에서 개인들은 국가재산을 그들 자신의 것으로 여기는 경향이 있으며, 개인들은 거의 무의식적으로 그들 자신을 위해 국가자원을 유용해 왔다.[25]

사회주의 체제의 중앙계획경제는 정치와 경제가 제대로 구분되지 않은 데서 계획경제 전반의 관료화와 문제, 즉 관료제적 지배특성(bureaucratic dominance)을 나타냄으로써, 계획경제에서의 참여자인 관료적인 공무원과 대리인이 가지고 있는 권력을 사적 이익을 위한 뇌물수수, 횡령, 독직 등과

---

[24] Janos Kornai, The Socialist System : The Political Economy of Communism, Princeton University Press, 1992, pp.233~234.
[25] 최수영, 『북한의 제2경제』, 서울 : 민족통일원, 1998, 3~8쪽.

같은 부패의 조건을 만든다.[26]

　사회주의 체제 시스템의 자체적인 모순에 의해 인민과 관료, 관료와 관료 사이의 정보의 비대칭성이 존재하게 되고, 응집력이 강해야 하는 폐쇄조직일수록 부패 현상은 일반화된 것이다. 특히, 정치와 경제가 구분되지 않아 정치적인 원인에 의한 경제적 부패 현상은 사회주의 계획경제의 모순을 그대로 드러내는 것이라 할 수 있다.

　북한은 2011년에 접어들면서 예년에 비해 유난히 식량 조달에 집중하는 모습을 보이고 있다. 지난 3월 28일에서 31일까지 영국을 방문한 최태복 북한 최고인민회의 의장이 영국의 국회의원들에게 식량을 요청했다. 북한은 식량 조달을 위해 세계식량기구의 현지조사를 받아들였을 뿐만 아니라, 이례적으로 원하는 대부분 지역을 시찰할 수 있도록 허용하였다. 중국지역에서는 동북3성의 중국지방정부나 한국의 민간단체들을 대상으로 식량지원을 요청하였다. 내부적으로는 북한 주민들로부터 애국미를 걷기도 하고, 해외에 나가 있는 북한 사람이나 기관들에게는 강제로 일정량의 식량을 할당해서 모으는 방식을 취하고 있다.

　이런 현상들을 보게 되면 북한의 식량 사정이 예년에 비해 안 좋은 것만은 분명해 보인다. 특히 지난해 여름에 발생한 수해는 신의주 지역을 비롯한 북한의 주요 곡창지대의 수확량을 떨어뜨린 것으로 추정된다. 유난히 춥고 길었던 겨울로 인해 겨울 보리나 감자농사 등에 악영향을 주었을 것이다. 그러나 북한의 식량문제는 어제 오늘의 일이 아닐 뿐만 아니라, 자연재해는 연례행사처럼 여겨질 정도 매년 발생하고 있다. 예년에도 식량은 항상 부족했음에도 불구하고 유난히 올해 2011년 식량을 모으려는 움직임이 많은 이유는 무엇일까? 지난해 수해와 냉해로 인해 주민들에게 배급할 식량이 부족해서인지, 2012년 3대 세습의 마무리와 사회주의

---

26) J. Kornai, Ibid., pp.91~109.

강성대국 진입이라는 큰 행사를 위한 것인지에 대한 의견은 분분하나 예년과는 달리 북한당국이 적극적으로 나서서 식량을 모으는 점을 미루어 봤을 때 북한 내에서 예년과는 다른 상황이 발생한 것만은 분명하다는 점이다.

① 250만 톤의 공백; 2008년 UN에서 실시한 북한 인구센서스에는 북한인구가 약 2,400만 명 정도로 추산했다.

〈표 3-4〉 남북 주요 도시 인구

단위 : 1,000명

주요 도시 인구별	2007	2009	2010	2015
남한 : 서울	10,026	10,036	10,039	10,007
북한 : 평양	-	2,828	2,833	2,859

1.남한은 통계청의 장래 인구 추계 자료임.
2. 평양은 UN 세계도시화 전망(2009) 자료임.
출처 : 통계청, UN; http://www.kosis.kr/bukhan/

단순 계산으로, 하루에 필요한 곡물이 1.2만 톤이며, 1년이면 438만 톤이 필요하다. 여기에 종자, 사료 및 손실량 등을 포함해서 약 100만 톤을 추가하면 538만 톤으로 WFP가 추정하는 수요량 538만 톤과 대략적으로 일치함을 알 수 있다. 그렇다면 북한이 실제로 부족한 양은 88.6만 톤이 아니라 약 250만 톤이다. 종자, 사료 및 손실로 추정되는 100만 톤을 제외하더라도 약 150만 톤이 부족한 셈이다. 이는 북한 주민들이 약 125일 동안 먹을 수 있는 양이므로 결국 1년에 4개월은 전혀 배급을 받지 못하는 상황임을 알 수 있다. 하루 세끼 기준으로 볼 때 두 끼밖에 못 먹는 셈이다. 만일 북한 당국이 제시한 자료에 기초해서 추정한 WFP의 생산량 통계가 맞는다면 북한 주민들은 특별히 식량이 부족할 이유가 없다는 결론도 나온다. 즉 150~250만 톤에 달하는 차이를 설명할 수 있는 것이 북한식량문제를 보는 중요한 포인트이다.

② 정상적으로 배급을 받지 못하는 북한 주민[27]; 많은 탈북자들의 증언을 되새겨 볼 필요가 있다. 이미 배급을 못 받은 지 오래이며, 이제 배급을 기대하기보다 장마당에서 돈을 벌어 식량을 구입하는 것이 일반화되었다고 한다. 정리하면, 이미 1990년대부터 평양을 제외한 지방 주민들은 배급의 혜택을 제대로 받지 못했으며, 시장의 존재가 250만 톤에 식량공백을 설명할 수 있는 근거가 될 수 있다. 또한 현재 북한에서 생산되는 280만 톤의 곡물 중 협동농장 농장원들에게 돌아가는 것을 제외한 국가수매 가능물량은 농장원 및 가족들(전체 인구의 30%)에게 돌아가는 물량 약 130만 톤(500g/day * 365 기준을 경우)을 제외하면 150만 톤 정도이다. 즉 북한 당국이 배급 곡물로 활용할 수 있는 물량이 150만 톤 정도임을 의미한다. 이 물량은 하루 500g 기준으로 820만 명에게 1년 동안 배급할 수 있는 양이다. 따라서 농장원 및 가족들 720만 명을 포함해서 1,540만 명에게 배급할 수 있기 때문에 나머지 약 820만 명은 정상적인 배급을 받을 수 없다는 결론이다. 그러므로 지난 20년 가까이 850만 명의 북한 주민은 사실상 배급을 받지 못했음을 알 수 있다.

③ 기득권층만 챙기려는 북한 당국; 2008년 인구센서스 기준으로 나머지 군인, 공공기관 근무자 등이 74만 명, 광산 및 채석장 등의 근로자 72만 명, 건설노동자 37만 명 등 우선적으로 배급을 받는 주민들이 약 180만 명이다.

---

[27] 탈북자 인터뷰에서 이와 유사한 상황에 대한 증언이 나왔다. "90년대 그때 평양도 배급을 준다고 하지만 배급양은 작았어요. 배급을 한 달에 두 번 갈라서 주는데 상순배급, 하순배급(1일 15일 혹은 2일 16일)이 존재했다. 평양는 다준다고 해고 어른 남자 700g으로 되어 있어요. 배급표를 보면 700이라고 써 있거든요? 그다음에 중학교 600, 초등학교 500, 400, 300 이렇게… 힘든 일 하는 사람은 800, 기관사한테 900까지 주고… 그런데 실질 배급하는 것은 700g이라고 하지만 560g인가밖에 안돼요. 그 쌀 가지고 애들도 마찬가지거든요. 변심하는 분들도 밥 적게 먹으려고 안하잖아요? 그 사람들도 300g 가지고 안돼요. 감수한 게 있습니다. 나는 쌀을 구입해서 먹고 중국산 밀가루가 들어오면 먹었다. 배급 탄 게 모자라도 어느 정도 먹었어요. 그런데 그 당시 자식이 많은 일반 사람들은 쌀이 모자라서 죽을 먹는 사람들, 진짜 여유가 없어서 식량 구할 수 없고 지방에도 친척이 없는 사람들은 진짜 쌀을 구할 수 없습니다. 그 상황에서 장사를 못하고 직장만 나오다 보니까 여유가 없어요. 그런 사람들은 집에 가면 한 끼는 죽을 먹었어요."

〈표 3-5〉 남북 군사력 비교

단위 : 명

군사별	2008 남한	2008 북한	2009 남한	2009 북한	2010 남한	2010 북한
병력						
육군	52만 2천여	102만여	52만 2천여	102만여	52만여	102만여
해군	6만 8천여	6만여	6만 8천여	6만여	6.8만여*	6만여
공군	6만 5천여	11만여	6만 5천여	11만여	6.5만여	11만여

출처 : 통계정보국 정보서비스팀.
* : 해병대 27,000여 명 포함.

　　그런데 군인들의 숫자를 보면 일반적으로 알려져 있는 110만 명의 정규군이라는 수치보다 훨씬 적음을 알 수 있다. 즉 배급을 받고 있는 계층이 이 숫자보다 많음을 의미한다. 평양 주민들 200만 명을 포함할 경우, 대략 추정한 인구에 근접한다. 그렇다면 북한 당국에서 협동농장으로부터 수매할 수 있는 양이 줄어드는 등의 변화가 북한 내에서 발생함으로써 비교적 안정적으로 배급을 받아온 계층들에게 배급을 하기 어려운 상황이 발생했음을 알 수 있다. WFP보고서에는 이들이 만일 배급을 받지 못할 경우 시장에서 식량을 구매해야 하는데 시장 가격은 워낙 높기 때문에 문제가 발생할 수 있음을 지적하고 있다. 문제는 북한 당국이 국제사회에 식량을 요구하면서 그동안 배급을 제대로 하지 않았던 계층들에 문제가 발생할 수 있다는 점을 들고 나왔다는 점이다.

　　최근 나타나고 있는 식량문제가 지난 90년대와 사뭇 다른 양상으로 나타나고 있다. 90년 중반의 식량난은 배급제 붕괴 이후 이를 대체할 수 있는 시스템이 없는 상태에서 발생한 것이기 때문에 대량 아사자 발생으로 이어졌다. 비록 당시에도 장마당은 존재하고 있었지만 현재와 같이 광범위하게 확산되어 있지 않은 상태였고 거래도 쉽지 않았기 때문이다.

2. 식량배급제 붕괴로 인한 북한 사회 변화

'고난의 행군'을 거치면서 북한 주민들은 더 이상 배급을 기대하지 않게 되었다. 배급이라는 것은 아주 저렴한 가격에 식량을 구매할 수 있는 일종의 보너스 정도로 인식하고 있으며 시장에 가면 언제든지 식량을 구할 수 있게 된 것이다. 지난 10여 년 동안 식량을 수급할 수 있는 시장 메커니즘이 형성된 것이다. 남한에서 식량을 지원한다는 소식이 전해지면 시장에서의 식량가격은 떨어진다. 왜냐하면 보너스(배급)를 받을 수 있기 때문에 식량을 위해 시장을 찾는 발걸음이 줄어들기 때문이다. 미국이나 한국으로부터 쌀을 지원받으면 북한 당국은 국정 가격(80원)으로 배급을 해주고 이를 다시 시장에 내보내 시장가격을 낮추는 것이다.

〈그림 3-2〉 대북 쌀 지원으로 인한 북한의 변화

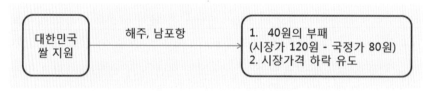

반면에 식량지원이 지연된다는 정보가 입수되면, 시장가격은 점점 상승하게 된다. 경제학적으로 보면 수요-공급에 의한 가격 결정에 있어서 일종의 합리적 기대가설이라고 할 수 있다. 이러한 현상으로 미루어 식량배급에 대한 국가의 역할은 상실한 것으로 보인다. 탈북자의 증언에 따르면, 당시에도 화폐에 의한 거래가 자리 잡아 식량을 사기 위한 모든 것을 채취하거나 도굴했다고 한다. 채취하거나 도출한 것은 중국 상인에게 달러를 받고 팔았다. 그들은 달러를 중국 인민폐로도 환전해주는 역할도 했다고 한다. 한번은 회령시 영수리라는 곳에서 고려시대 장군복(갑옷)이 출토되

었다. 그 장군복을 당시에 큰 돈(달러)를 받고 파는 것을 본 뒤, 영수리 사람들은 밤만 되면 불탄 산에 묘지를 파헤치는 것이 유행처럼 성행했다. 도자기에서부터 집안의 족보[28]에 이르기까지 중국 상인들이 헐값을 주더라도 모두 돈으로 지급했다. 탈북자 본인도 언니와 함께 묘지를 팠더니 화살촉만 나와 밤에 웃었다며 그때를 회상했다. 또한 1990년대 말에는 산속의 동물까지 잡았다. 국경 근처에는 가축들을 데리고 국경을 넘어 중국에서 팔아서 들어왔다는 이야기, 탈북을 위해 장사를 가장한 국경수비대와의 거래는 이미 일정한 금액으로 불문율이 존재했다. 당시에도 회령, 신의주, 청진은 큰 시장이 형성되었다. 거래 물량도 꽤 커져 도매상도 등장하고 장사를 이용한 신흥부유층도 생겨났다고 한다. 경제활동이 자유로워지는 만큼 각 행정조직에서 부패는 극에 달했다고 한다. 기차가 가다가 이유 없이 멈추어도 돈을 주면 다시 갔을 정도였다.

1990년 초부터 이미 통행권은 유명무실해졌고 화폐경제와 마찬가지로 돈만 가지면 무엇이든지 할 수 있는 물질만능주의가 성행했다. 국경수비대마저도 돈만 주면 업어다 국경을 넘겨주며 '남한만 가지마세요. 저는 죽습니다.'라고 말하며 강을 건너줬다. 탈북자 가족의 증언을 보도한 당시 자료에도 북한 사회상을 그대로 볼 수 있다. 북한은 '3부가 잘산다'라는 말이 유

---

[28] 북한은 족보가 없다. 1946년 3월 5일 북조선임시인민위원회가 발표한 「북조선토지개혁법」에 의해 무상몰수 · 무상분배 원칙에 따라 실시된 토지개혁에서 빈농 · 머슴을 중심으로 한 농촌위원회를 각지에 조직하고, 그 주도하에 실시되었다. 일본인 · 민족 반역자 · 5정보 이상의 토지를 소유한 대지주의 땅을 무상몰수하여 토지가 없거나 부족한 농민에게 가족 수에 따라 무상분배했다. 분배된 토지는 일체의 채무나 부담액 등이 면제되었고, 매매 · 소작 · 저당이 금지되었다. 지주 중에서도 항일독립운동에 공헌한 경우에는 특별한 혜택이 부여되었고, 토지개혁에 우호적으로 스스로 땅을 포기하는 경우에는 가옥과 일정한 토지를 소유하고 고향에서 사는 것이 허용되었다. 이로 인해 북한 농촌의 계급 관계는 크게 달라졌으며, 지주계급이 청산되고 부농이 위축되는 반면, 소작농 · 빈농 · 농업노동자들이 농촌의 주요 계층으로 등장, 당과 정권의 지지 기반이 되었다. 이때 신분제 철폐를 위해 족보의 존재를 공식적으로 인정하지 않았다. 그러나 탈북자 증언에 따르면, 1990년 이후에 학교 성적을 공시할 때 학생 이름 옆에 아버지 이름을 기재한다고 한다. 족보의 존재를 인정하지 않는 북한에서 성적을 가족 단위의 성과로 인정하기 시작했음을 의미한다.

행한다고 한다. 3부란, 간부·어부·과부를 지칭하는 말로 간부는 '주민들로부터 뇌물을 받아 제 뱃속을 채우니 잘 살고', 어부는 '당의 간섭이 없는 바다에서 고기를 잡아 쌀로 교환해 배를 불리니 살만하고', 과부는 '몸을 팔아 돈을 벌어 잘 산다'는 것이다.

북한은 1996년부터 인구정책을 '하나만 낳기 운동'에서 '자녀 많이 낳기 운동'을 벌이고 있다. 10자녀 이상을 출산하면 '모성영웅'이라는 칭호를 수여한다고 하는데 정작 주민들은 '나하나 먹고 살기도 바쁜데 모성영웅이 대수냐'며 비밀리에 낙태수술을 한다고 탈북가족은 전했다. 이와 같이 1995년 6월까지만 해도 10일 간격으로 서던 합법적 장마당(시장)이 거의 매일 열리게 되었으며 이 곳에서 남의 호주머니를 노리는 소매치기가 득실거린다는 점도 새롭게 증언했다.[29]

장마당에서 거래되는 물품도 과거에는 생활필수품이 주종이었지만, 요즘은 중앙국가 창고에서 새어나오는 것들도 많고 때로는 기계장비 중 중장비들도 눈에 띈다고 한다. 탈북자 김씨 가족은 또 대부분 여성들이 예전에는 직장에 나갔으나 일을 해도 배급표만 받을 뿐 일당이 없자 1996년 당시에는 가사에만 종사하거나 시장에서 장사를 하면서 생계를 꾸려가고 있다고 설명했다.[30]

〈그림 3-3〉 식량배급제 붕괴로 인한 북한 경제구조 변화

---

29) 당시 북한 사회는 상당히 불안정한 상태인거 같다. 탈북자의 증언에 따르면, 직장을 배치하거나 외화상 판매상으로 들어갈 때도 일종에 고이는 돈의 액수가 매뉴얼처럼 존재했다고 한다. "외화상에 판매상으로 들어갈 때는 150달러, 여자가 간부와 지도원한테 몸까지 바쳤을 때는 저렴해지는데 평균적으로 150달러 정도 되어야 한다".

30) 「북 간부·어부·과부 「3부」가 잘 살아/탈북가족이 밝힌 생활상」, 『경향신문』 1996년 12월 18일자, 26쪽.

이상의 정리한 내용을 정리하면, 90년대 이전에 식량난은 배급제를 대체할 시스템이 없는 상태에서 갑작스럽게 내부 생산물량이 줄어들면서 발생한 것이라면 현재는 배급제를 대체할 수 있는 시장의 존재로 수요와 공급에 따라 문제가 발생한다.

제도로서 식량배급제 붕괴는 인민들에게는 북한 주민에게는 의식주를 해결할 수 있는 국가의 대체제이고 북한 당국에게는 경직된 경제로 인한 문제를 해결해주는 보완책인 것이다.

사회적 동기부여 혹은 정치 참가의 동기부여를 해석할 때 쓰이는 A. H. Maslow에 동기부여론[31])에 의하면, 인간은 욕구 중 의식주와 관련된 생리적 욕구의 충족은 인간이 사회 활동하는 데 필연적으로 충족되는 요인이다. 북한의 식량배급제 붕괴로 인한 북한의 변화는 이러한 인민 한 명, 한 명의 생리적 욕구에 대한 절박함으로 시작된 것이다.

이와 더불어, 1994년 7월 8일 김일성의 사망은 당시 북한 경제뿐만 아니라 정치구조에 큰 쇼크를 주었다. 북한 인민은 김일성의 부재는 곧 국가의 멸망을 의미하는 것으로 받아들였고 이에 대한 움직임에 대비하기 위한 김정일은 3년 동안 사상교육을 포함한 통제를 강하게 실시했다. 이 시기를 북한 스스로 '고난의 행군 시기'로 명명하며 김정일을 중심으로 하는 정치 개혁을 단행했다. 이러한 정치적 변화는 경제를 등한시하는 결과를 낳았고, 학교를 중심으로 세뇌교육을 다시 강화하였으며 그나마 간헐적으로 이루어지던 식량배급제는 붕괴하였다. 국가 배급을 기초로 이루어지는 북한 경제는 본격적인 제2경제를 자생시켰다. 당시의 북한에 대한 기사를 살펴보면, 북한 당국이 시장 부패에 세금을 징수하기 위해 매대를 설치한다. 이러한 풍경은 사회주의 경제에서 흔히 볼 수 없는 현상

---

31) Maslow의 '욕구 5단계설'은 인간의 욕구는 단계를 이루고 있는데 1단계 : 의식주의 욕구, 2단계 : 안전의 욕구, 3단계 : 소속의 욕구, 4단계 : 자존의 욕구, 5단계 : 자아실현의 욕구로 나뉘며 저단계의 욕구가 실현되어야 상위의 욕구의 필요성을 느낀다는 이론이다.

으로 노동당의 하위 공무원과 북한 인민 간의 거래가 일정하게 유지된 것으로 보인다.

증언에 따르면, 집안의 남자는 직장에 나가 출근해서 시장 부패에 팔 재료를 직장에서 조달한다. 자전거 바퀴나 유리나 천을 조달해 가내수공업 형식으로 물건을 시장에 팔아 물물교환 형식으로 쌀과 같은 식거리(음식)을 조달한다. 종종 판매상 사이에 싸움이 있을 때는 서로의 허물을 빌미로 식권을 거래한다.

공식 제도와 더불어 비공식적 제도와 이데올로기 등은 기존에 존재하던 제도의 모습이 새로운 상황에서 행위자가 선택할 수 있는 대안을 제약하기 때문에, 행위자가 보다 효율적인 제도를 원한다 할지라도 새롭게 형성된 제도의 모습이 구제도와 근본적으로 달라질 수 없다. 다시 말해, 1998년 김일성 헌법은 김정일이 북한의 최고 권력자로 등장하게 되는 제도적 기반을 제공한 것으로 기존의 김일성 통치와 연계된 법적 구속력과 권력을 이양시키는 결과를 가져왔다. 기존의 제도가 존재하는 상태에서 제도가 변화하고 새로운 제도가 만들어지기 때문에 제도 변화의 과정은 경로의존적인 성격을 보이는 것이다. 결국, 제도는 North가 말했던 것처럼, 제도 변화의 점진적인 측면과 경로의존성을 다시 한 번 증명하게 된 것이다. 이러한 맥락에서 7·1경제관리개선조치와 화폐개혁의 경제적 제도는 실패를 할 수 밖에 없었던 것이다. 기존에 존재하지 않던 거시경제적 특성을 지니는 제도가 수반되지 않은 경우, 새로운 제도의 등장은 현재 사회적 현상을 인위적으로 막기 위한 의도로 결국 혼란만 가중시킬 뿐이다. 특히, 동유럽이나 구소련의 체제 전환과 같이 행위의 결과에 대한 정보가 부족하고 미래가 불확실한 상황에서는 비용과 편익이 어떻게 나타날지를 판단하기가 대단히 어렵기 때문에, 제도 변화의 과정은 사회적으로 적절하다고 인정되는 제도를 모방하는 과정을 밟아야 한다.[32]

북한은 국내외 상황의 중요도에 따라 국제적인 이슈를 만들거나 국내적

이슈를 만든다. 북한 내부의 문제가 더 중요하다고 판단되면, 외부의 이슈를 만들어 체제결속을 다졌고, 내부에서 해결할 수 없는 문제는 동북아 주변국이나 미국과의 협상테이블을 이용하였다. 이는 1990년 이후부터 시작된 사회주의 경제체제의 모순인 고질적인 경제난이 스스로 해결하지 못하는 상황이며, 정치를 먼저 안정화시키는 것에 초점이 맞추어져 경제난을 더욱 가속화되었던 것이다. 경제난은 체제와 관련이 없다는 판단에 의한 것으로 보인다. 그러나 정치적으로 통제된 북한 내 문제를 해결하여 북한 주민을 안정시키는 것보다 미국이나 중국과 같은 경제적 지원을 받을 수 있는 정치적 협상 도구를 마련하는 것을 더 중요하게 여기기 때문이다.

이러한 북한의 구조는 시장 부패를 시작으로 하는 제2경제를 경제적 제도만으로 해결할 수 없었고 결국 7·1경제관리개선조치와 화폐개혁으로 제2경제를 수용하게 된 것이다. 이는 우연한 사건에 의해서 시장이 어떤 경로를 택하게 되면, 다른 대안들의 존재와 우월성에도 불구하고 처음의 선택이 '고착화(lock-in)'되는 현상으로 나타나는 것이다. 일단 한번 제도가 정착되면 지속적으로 그 제도를 활용하게 되는 현상으로 이어져 마치 어느 기술이 시장에서 독점적으로 사용되면 다른 기술이 등장해도 사장되는 것과 같은 논리이다. 이러한 현상은 한 제도가 시행되면서 얻게 되는 편익의 증가도 동반한다. 제도가 등장하면 그 제도하에서 자신의 상황에 맞게 행동을 선택하고 그것이 시장에서 통한다면 여러 가지 부수적인 효과로 이어지게 되어 적은 비용으로 학습(learning effects)되어 다른 사람들도 같은 선택을 하게 되었을 때 더 커지게 되는 현상(coordination effects)으로 나타난다. 이러한 안정된 상태의 지속은 다름 아닌 경로의존성의 패턴이라고 할 수 있다.

---

32) Campbell, John L. and Ove K. Pedersen, "Theories of Institutional Change in the Post-communist Context." in John L. Campbell and Ove K. Pedersen (eds.), Legacies of Change, New York : Aldine de Gruyer, 1996, pp.3~26.

제3절 김일성 헌법과 행정 개혁

1. 헌법 개정의 의미와 행정구조 변화

북한은 1998년 9월 5일 최고인민회의 제10기 1차 회의에서 '주석'과 '중앙인민위원회'를 폐지하고 '최고인민회의 상임위원회'를 신설하는 한편 '정무원'을 '내각'으로 변경하는 권력구조 개편 내용을 골자로 하는 제8차 개정을 단행하였다.[33]

현행 헌법 개정의 배경은 정치적으로 김일성 사후 김정일 권력승계 절차의 공식적인 마무리라는 점과 경제적으로는 경제난 극복을 위한 그동안의 경제활동의 변화를 반영하는 실용주의적 정책의 필요성에서 기인한다. 구체적인 배경을 보면, 첫째, 권력구조에 있어 '김정일 시대'의 개막에 따라 김정일 중심의 권력구도에 입각한 통치 체제의 틀을 제도화한 조치이다. 그리고 북한이 여전히 '위대한 수령'의 영도 체제의 기본 틀을 유지하고 있다는 점을 고려할 때, '김일성 유훈'이 지도적 치침으로 재확인되고 '유훈통치'의 연장선상에서 김정일 통치기반의 형성과 강화를 위한 법적 토대의 구축을 위한 것이기도 하다

둘째, 경제 부문에서 소유구조 등을 조정하고 채산성 원칙(독립채산제 실시, 원가·가격·수익성 개념 도입 등)을 중시하고 '자유경제무역지대'와 같은 경제특구 설치를 위한 법적 근거를 마련하는 등의 시장경제원리의 부분적 도입을 통해 변화를 시도하고 있음을 보여주고 있다. 이는 결국 북한의 경제난 극복을 위한 것으로서 기존의 폐쇄적 민족경제의 틀에서 벗어나 '실리'와 '효율'에 바탕한 실용주의적 경제정책을 추구할 필요가 있었다.[34]

---

33) 북한에서는 이를 김일성의 국가건설사상과 업적을 법화한 '김일성 헌법'이라고 한다.
34) 장명봉, 「6·15 이후 북한공법의 변화와 전망」, 아시아사화과학연구원 학술회의 발표논문, 2003, 21쪽.

내용을 보면 개정 헌법에서는 종전의 7장 171조 166조로 축소 조정한 가운데 전에 없던 '서문'을 신설하여 '김일성을 영원한 주석으로 높이 모실 것'을 강조하면서 '김일성 헌법'임을 명문화하였다. 또한 권력구조상에서는 최고인민회의 상임위원장이 '국가를 대표하며 다른 나라 사신의 신임장을 접수한다'고 규정(제111조), 대외적으로 '국가 대표'로서의 기능을 부여하였다. 국방위원회에 대해서는 '국가주권의 최고군사지도기관'으로 '국방 부문의 중앙기관 설치·폐지권'까지 부여하였으며 내각총리를 '정부 대표'로 명시하고 행정 집행에 대한 지도 권한을 부여(제120조)하는 등 권한을 강화하였다.

한편 경제관련 분야에서는 '합법적 경리활동 수입의 개인소유'(제24조)를 허용하여 사적 소유범위를 확대하고 '독립채산제 실시 및 가격 수익성 같은 경제적 공간을 옳게 이용토록 한다'고 규정(제33조)함으로써 기업들의 자율권을 증대시키고자 하였다. 특히 '공민은 거주, 여행의 자유를 가진다'(제75조)는 조항을 신설하여 형식적으로나마 거주이전의 자유를 보장, 주민들의 기본권 신장을 부각하였으며 구 헌법의 '조국과 인민을 배반하는 것은 가장 큰 죄악이며 법에 따라 엄중 처벌한다'는 조항을 삭제하여 인권탄압에 대한 국제적 비난을 의식한 것이라고 하겠다.

〈표 3-6〉 북한헌법 개정 내용

연도	개정 횟수	주요 내용
1948.9.8	제정 헌법 (10장 104조)	-1947.11. 북조선인민회의 3차 회의에서 '조선임시헌법제정위원회'구성 -1948.9.8. 최고인민회의 제1기 1차 회의
1954.4.23	1차 개정	-지방행정구역 중 면 폐지, 읍·노동자구 신설
1954.10.30	2차 개정	-최고인민회의 대의원 임기가 3년→4년으로 연장 -지방 주권기관인 '인민위원회'를 '인민회의'와 '인민위원회'로 분리
1955.3.11	3차 개정	-최고인민회의상임위원회 권한 중 '외국과의 조약 비준'→'비준 및 폐기'로 수정
1956.11.7	4차 개정	-선거권 및 피선거권 연령을 20세에서 18세로 수정

1962.10.18	5차 개정	−대의원 선출기준을 '인구 5만 명당 1인' → '인구 3만 명당 1인' 으로 수정
1972.12.27	사회주의 헌법 제정 (11장 149조)	−최고인민회의 제5기 1차 회의 −노동당 우월 지위 명시 −주체사상의 헌법 규범화 −국가 주석제 도입 및 권한 강화
1992.4.9	7차 개정 (7장 171조)	−최고인민회의 제9기 3차 회의 −마르크스−레닌주의 퇴조 −국방위원회 분리 격상 등 국방조항 강화 −권력기관 재조정으로 후계 체제 강화
1998.9.5	8차 개정 (서문, 7장 166조)	−최고인민회의 제10기 1차 회의 −주석·중앙인민위원회 폐기, 내각 부활 −최고인민회의 상설회의를 상임위로 개칭 −지방행정경제위원회를 인민위원회로 흡수 −주석제와 중앙인민위원회 폐지, 최고인민회의 상임위원 신설
2009.4.9	9차 개정 (7장 172개조)	−제12기 최고인민회의 1차 회의 −'주체사상' 외에 '선군사상'을 새로 추가 −국방위원회와 국방위원장의 권한을 공식적으로 강화 −'인민 인권 존중' 명시 −포스트 김정일시대의 권력구조의 변화 의도 −'공산주의'문구 삭제
2010.9.28		−제3차 당대표자회의 −당의 주요기구에 성원 보충 등 당의 기능을 상당히 복원 −당중앙군사위원회 부위원장의 직책 부여 −'군인'을 특별히 강조

북한은 2009년 4월 9일 최고인민회의 12기 1차 전체회의에서 국방위원장을 최고영도자로 규정하는 등 국방위원장의 지위·임무·권한을 강화해 명문화하고, 북한의 지도지침에 기존의 '주체사상'외 '선군사상'을 새로 추가하는 등의 헌법 개정을 단행했다. 특히 1998년 이후 11년만의 헌법 개정에서 '조선민주주의인민공화국(북한) 국방위원회 위원장' 관련 절을 신설하는 등 김정일 국방위원장과 국방위원회를 축으로 기존의 '선군정치·선군혁명노선'에 헌법적 지위를 부여해 '제도화'를 꾀한 것으로 풀이된다. 이 개헌은 북한 건국 이래 9차 개정에 해당하는 것이며, 7장 166개조이던 기존 헌법(1998년 9월)을 7장 172개조의 새 헌법으로 바꿨다.

북한 개정 헌법 전문을 보면, "국방위원장은 조선민주주의인민공화국의 최고령도자이다"(100조), "국방위원장은 전반적 무력의 최고사령관으로 되면 국가의 일체 무력을 지휘통솔한다"(102조) 등의 조항이 신설됐다. 또 1998년 헌법에서 불분명하게 처리됐던 국방위원장의 임무와 권한으로·국가의 전반사업 지도·다른 나라와 중요조약비준·폐지·국가 비상사태, 전시상태, 동원령 선포권 등을 새로 명시했다. 기존 헌법에서 조약비준·폐지권은 최고인민회의에, 전시상태 및 동원령 선포권은 국방위원회에 속했던 권한이다. 또한 개정 헌법은 국방위원회가 "선군혁명로선을 관철하기 위한 국가의 중요 정책을 세운다"는 조항을 신설해, 국방위원장의 아래에 있는 국가기구로서 국가의 중요 정책을 입안·감독하는 기관으로 규정했다. 또 국방위가 국방위원장의 명령과 국방위의 결정, 지시의 집행을 감독하고 대책을 세우며, 명령·지시에 어긋나는 국가기관의 결정·지시를 폐지할 수 있다고 새로 명시했다. 국방위원회 결정에 어긋나는 국가기관의 결정·지시 폐지 권한은 기존 헌법에서는 최고인민회의 상임위원회에 속했다.

국방위원장과 국방위원회의 헌법적 권한이 현실을 반영해 강화·확대된 만큼 최고인민회의와 최고인민회의 상임위원회 등의 권한은 축소됐다.

북한이 2009년 개헌을 통해 '조선민주주의인민공화국의 지도적 지침'에 기존 '주체사상'과 함께 '선군사상'을 새로 명기한 것은, 김정일 위원장의 '선군사상'을 김일성 주석의 '주체사상'과 함께 같은 위상으로 끌어올린 것으로 해석할 수 있다. 반면에 기존 헌법에 3차례 명기됐던 '공산주의'라는 용어를 모두 삭제해 '북한식 사회주의 건설'에 집중하겠다는 의지를 드러냈다. 교육의 목적과 '공산주의적 새 인간으로 키운다.'는 기존 규정을, '주체형의 새 인간으로 키운다'로 바꿨다. 특히 개정 헌법은 8조에서 '근로인민의 인권 존중·보호'를 국가의 임무로 새로 명시해, 당시 큰 주목을 받았다. 하지만 북한은 경제 관련 조항엔 눈에 띄는 변화를 주지 않았다. 이는 '7·1

경제관리개선조치' 및 장마당 확산, 남북경협 등과 관련해 경제 관련 조항
의 변화가 있을 것이라는 전문가들의 예상을 빗나갔다.

선군노선에 헌법적 지위를 공식적으로 부여해 공식 이념화하는 것은 위
기관리 체제의 제도화·장기화를 꾀한 것으로 김정일의 후계 관리에 주도
적인 역할을 할 수 있는 기반을 다졌다.

이는 1972년 김일성의 사회주의헌법에서 자신을 '주석제'를 도입하여 자
신의 권한을 강화한 것과 같이 김정일 자신의 건강상의 문제로 인해 후계
체제에 주도적인 역할을 하고 당 지도부의 반발을 비롯한 반하는 행동을
미연에 방지하기 위해 체제 유지를 위한 국가전략의 일환으로 2009년 개정
헌법을 해석할 수 있다.

〈표 3-7〉 2009년 북한 개정 헌법 권력구조 신설 규정

구분	개정 헌법
국방위원장	100조 국방위원장은 조선민주주의인민공화국의 최고령도자 102조 국방위원장은 전반적 최고사령관, 국가의 일체 무력 지휘 통솔 103조 국방위원장은 다음과 같은 임무와 권한을 가진다 　1. 국가 전반사업 지도 　2. 국방위 사업 직접 지도 　3. 국방 부문 중요 간부 임명, 해임 　4. 다른 나라와 맺은 주용 조약 비준 폐기 　5. 나라의 비상사태와 전시상태, 동원령 선포
국방위원회	109조 국방위원회는 　1. 선군혁명로선을 관철하기 위한 국가 중요 정책을 세운다 　3. 조선민주주의인민공화국 국방위원회 위원장 명령, 국방위원회 결 　　정, 집행을 감독하고 대책을 세운다 　4. 조선민주주의인민공화국 국방위원회 위원장 명령, 국방위원회 결 　　정, 지시에 어긋나는 국가기관의 결정, 지시를 폐지한다

2. 정치제도의 변화와 사회현상

김정일은 1993년 4월 처음으로 국방위원장에 추대된 후 1998년 9월 헌법

개정을 통해 국가주석제를 폐지하고 국방위원장에 재추대되어 본격적인 '김정일 시대'를 열었다. 그리고 2003년 9월 최고인민회의 제11기 제1차 회의를 통해 김정일의 2기 체제가 시작되었고, 2009년 4월에는 자신의 3기 체제를 공식 출범시켰다.

김정일의 3기 체제에서 주목할 것은 국방위원회의 구성이다. 먼저 인원의 수를 제11기 때 9명에서 13명으로 늘렸다. 그리고 북한의 실질적 2인자인 장성택 당 행정부장이 국방위원에 선임되었다. 국방위원회에 새롭게 진입한 오극렬 당 작전부 부장은 국방위원회 부위원장에 선임되었고, 주규창 당 군수공업부 제1부부장, 주상성 인민보안상, 김정각 총정치국 제1부부장, 우동측 국가안전보위부 수석 부부장은 국방위원에 선임되었다.

이러한 구성은 명실상부한 북한의 최고 권력기관으로서 국방위원회의 위상 및 권한이 한층 강화된 결과라고 볼 수 있다. 1998년에서 2003년 2009년의 헌법 개정은 국방위원회의 선군혁명 노선 관철을 위한 국가의 중요 정책을 수립하는 임무와 권한을 가짐에 따라 최고 정책결정 기관의 기능을 수행하고 있다.

특히 2009년 개정 헌법에서 국방위원장의 지위와 권한을 강화한 것이 1972년 사회주의헌법상 국가주석과 2009년 개정 헌법상 국방위원장의 전반적 무력의 최고사령관, 일체 무력의 지휘통솔권, 조약의 비준 및 폐기권, 특사권, 명령제정권 등의 권한을 공통적으로 가지게 되었다는 점이다.

이는 이른바 국방위원장의 정치에서부터 군사, 경제에 이르기까지 총체를 지휘하는 국가의 최고직책, 국가의 수반이라는 지위를 1998년 김일성 헌법에서 누려온 것을 2009년 헌법에서 명문화한 것으로 보인다. 이로써 1972년 사회주의헌법상 국가주석제의 일부가 부활했다는 해석도 가능하다.

〈표 3-8〉 주석과 국방위원장의 헌법상 지위 및 권한 비교[35]

	1972년 사회주의 헌법(주석)	2009년 사회주의 헌법(국방위원장)
지위	국가수반, 국가주권 대표(제89조)	최고영도자(제100조)
권한과 임무 (공통점)	−전반적 무력의 최고 사령관, 일체 무력의 지휘통솔(제93조) −조약의 비준, 폐기(제96조) −특사권(제95조) −명령 제정권(제94조) −최고인민회의 앞에 책임(제98조)	−전반적 무력의 최고사령관, 일체 무력의 지휘통솔(제102조) −중요조약의 비준·폐기(제103조 4호) −특사권(제103조 5호) −명령 제정권(제104조) −최고인민회의 앞에 책임(제105호)
권한과 임무 (차이점)	−중앙인민위원회 직접지도(제91조) −정무원의 소집, 지도(제92조) −최고인민회의 법령, 중앙인민위원회 정령, 최고인민회의 상설회의 결정을 공포(제94조) −외국 사신의 신임장, 소환장 접수(제97조)	−국가의 전반사업 지도(제103조 1호) −국방위원사업을 직접 지도(제103조 2호) −국방 부문의 중요간부 임명, 해임(제103조 3호) −나라의 비상사태와 전시상태, 동원령 선포(제103조 6호)

① 선군정치의 제도화 과정 : 북한에서 선군정치는 김정일 위원장의 지도밑에 선군정치 원칙을 구현한 강력한 국방위주의 국가기구 체계가 확립되는 과정을 통하여 하나의 체계화된 사회주의 정치 방식으로 전면적으로 완성하게 되었다고 설명한다.[36]

하나의 완성된 정치 방식이 되려면, 그에 맞게 국가기구 체계를 갖추어야 하며, 새로운 사회주의 기본 정치 방식인 선군정치가 사회적으로 완성된 정치 방식으로 되기 위해서는 필연적으로 그에 맞는 국가기구 체계를 가져야한다고 한다. 그러나 지금까지 어느 나라에서도 선군정치와 같은 독특한 국가 운영 정치 방식은 처음이다.[37]

② 사회주의 법치국가 : 북한에서도 헌법은 국가의 '기본법'이라고 한다. 그러면서 헌법과 보통법들과의 본질적인 차이로는 국가의 기본법으로 입

---

35) 장명봉, 2003, 125쪽.
36) 『우리 당의 선군정치』, 조선로동당출판사, 2006, 89~92쪽 참조.
37) 장명봉, 「북한의 2009헌법개정과 선군정치의 제도적 공고화」, 『한국헌법학회』 Vol.16 No.1, 2010, 14쪽.

법의 법률적 기초라는 점, 최고의 법률적 효력을 갖는 점, 그 채택 및 수정에 있어 특별한 절차를 부여한 점 등을 들고 있다.[38] 이러한 점은 현재의 제도와 정책을 정당화·합법화하고 앞으로의 정책방향을 제시해 주는 중요한 문건이라는 의미이기도 하다. 북한에서 사회주의국가는 법으로 나라를 다스리는 법치국가로 되어야 인민의 복무자로서의 자기의 사명을 훌륭히 수행할 수 있으며, 사회주의적 민주주의를 원만히 실현하여 인민대중을 위해 훌륭히 복무할 수 있다고 한다. 또한 사회주의법치국가로 되어야 강성대국건설도 성과적으로 수행해나갈 수 있으며 강성대국건설도 치밀하게 짜인 법률제도와 질서를 전제로 하며 그에 의하여 담보된다고 한다.

이처럼 북한에서 공민들의 자각적인 국가의 법 존중과 준수를 강조하는 것은 국가사회생활의 모든 분야에서 법적 통제를 강화하여 법질서를 철저히 세우는 것과 관련된다. 1998년 9월, 2003년 9월, 2009년 4월에 걸쳐 북한의 법제정사업은 강화된 것으로 보인다. 선군정치 실현을 법적으로 담보하고 있으며, 특히 2009년 4월 헌법은 더욱 철저히 선군정치 실현의 법적담보를 마련하였다고 할 수 있다. 그런 면에서 북한의 사회주의헌법 개정의 큰의미는 1998년 9월 김일성 헌법이 그 시작임을 볼 수 있다.

③ 헌법에 의한 체제 계승 : 1947년 11월 북조선인민회의 3차 회의에서 '조선임시헌법제정위원회'를 구성하고 1948년 9월 8일 최고인민회의 제1기 1차 회의에서 북한의 최초의 헌법(10장 104조)이 제정되었다. 그 이후, 1954년 4월 23일(1차 개정), 1954년 10월 30일(2차 개정), 1955년 3월 11일(3차 개정), 1956년 11월 7일(4차 개정), 1962년 10월 18일(5차 개정), 1972년 12월 27일(사회주의헌법), 1992년 4월 9일(7차 개정), 1998년 9월 5일(8차 개정), 2009년 4월 9일(9차 개정)과 2010년 노동당 대표자회의 결과까지 김일성에서 김정일, 김정일에서 김정은으로의 체제 계승을 위한 제도적 도구가 마

---

38) 장명봉, 「북한 개정헌법, 국가주석제 일부 부활」, 『통일한국』, 2009, 14~15쪽.

련되는 과정에서 사회주의의 체제적 모순을 제도의 정비를 통해서 실현하고자 하는 것으로 해석된다.

〈그림 3-4〉 북한의 권력 이양 과정과 헌법 개정 과정[39]

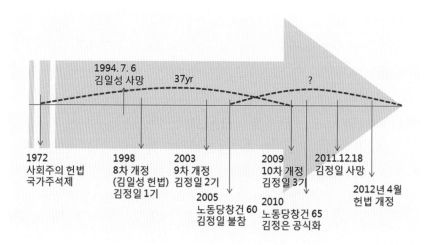

김일성에게서 김정일로의 계승 작업은 1972년 사회주의 헌법 개정부터 37년 동안 체제 이양과 공고화 작업을 실행되었다. 2005년 노동당 창건 60주년 행사에 김정일이 불참함으로써 김정일의 건강설이 불거졌고, 2008년 뇌경색 이후, 2009년 사회주의 헌법 9차 개정을 통해 제2의 국가주석제인 '국방위원장'의 권한을 강화하면서 노동당의 권한 및 역할을 배분하였다. 이는 사회주의국가 건설을 위한 후계 체제를 위한 당의 역할을 의미하는 것으로 풀이된다. 김정일은 군을 앞세워 정치엘리트를 장악하고 노동당의 역할을 수행할 수 있는 믿을 만한 사람들[40]로 구성한 것으로 보인다. 결국 김정일 사망 이후 현재까지 장성택과 김경희를 비롯한 리영호와 김영남을

---

39) 관련 자료를 보고 정리함.
40) 만경대혁명유자녀학원, 김일성대학 출신 및 빨치산 후예들. 대표적으로 최현 아들 최태복, 김책 아들 김국태, 이용무, 주규창(빨치산), 김경희(여동생).

중심으로 김정은 체제를 공고히 하고 있다. 이들은 김정일이 권력을 이양했을 때와 같이 북한군을 장악해야 하는 과제를 안고 있다. 군 경력이 없었던 김정일이 군을 장악하기 위해서 선군사상을 앞세워 군수통치권자인 국방위원회 위원장으로서 장악을 했을 것이라는 김정남의 증언도 이를 뒷받침하고 있다. 김정은도 김정일과 마찬가지로 군 경력이 없어 북한군을 장악하는 데 있어 리영호의 역할이 일정 부분 주어졌을 것이다. 김일성 사망한 후 3년 후인 1998년에 김일성 헌법이 등장하여 본격적인 김정일의 친정체제를 구축한 것과 같이 김정은도 3년상을 치르는 2015년 전후로 김정일 헌법이 등장하여 김정은 체제를 완성시킬 것으로 보인다.

1999년 당시 행정기구의 개편은 외화벌이 사업을 총괄하는 전문행정기구인 '44부'를 신설하였다. 이 조직은 인민무력성 직속기관을 설치하는 등 외화벌이 기구 체계를 개편한 것으로 1995년 귀순한 전 북한군 상과 최주활 씨는 통일정책연구소가 발간한 『북한조사연구』에서 '노동당 군사부가 1995년 2월 김정일의 지시에 따라 인민무력부(현 인민무력성)를 감사한 뒤 전면적으로 조직을 개편했다'고 밝혔다. 이같은 조치는 인민군내에 설치된 각 무역회사들이 외화를 밀반출하는 등 비리행위의 증가에 따른 것으로 김정일이 무력성에 '44부', 해·공군사령부 및 군단급 부대에 '34부'를 각각 설치해 외화벌이 사업을 총괄토록 했다는 것이다. 당시 인민무역성 이병욱 부부장의 지휘 아래 있는 44부는 외화벌이 사업계획을 수립해서 매몽무역총회사 등 인민군 산하 각 무역회사에 하달하고 실적을 평가하는 기구이다. 게다가 각 회사들의 수출입 품목을 규정하고 수출허가증을 발급하는 등 막강한 행정지도 권한을 행사하는 것으로 알려졌다. 각 군단 34부에서는 '군중 외화벌이'와 '충성의 외화벌이' 두 형태로 외화벌이를 하고 있다.

'군중 외화벌이'는 매봉무역총회사의 지휘하에 있고 '충성의 외화벌이'는 사금을 캐서 김정일에게 상납하고 있다고 전한다. 후방총국 34부는 산하

종업원이 1,500여 명 정도인 군 최대 외화벌이 융성무역회사를 비롯해 신진합작회사 모란봉 스키다회사 아시아동방합작회사 등 여러 회사를 가지고 있다. 공−해군 사령부 34부는 각기 무역회사와 외화벌이 부대를 두고 있는데, 공군 및 반항공 사령부 산하의 2월 6일 무역회사는 항공석유 등 공군에 필요한 물자를 들여오고 있다. 무력성 각 국도 무역회사를 소요해 정찰국은 비로봉−해바라기 무역회사, 적공국은 칠성무역회사, 보위사령부는 수정무역회사, 운수관리국은 단풍무역회사를 갖고 있다고 보고하고 있다. 무역회사는 융성과 같은 1,000여 명의 대형회사부터 5~7명으로 구성된 회사도 있는데 수규모 회사는 주오 일본산 중고 승용차−냉장고−컬러TV 등을 중국과 러시아에 파는 중계무역을 하고 있다. 또 일부회사는 러시아 마피아조직과 연계해 군용헬기 탱크 등 군수물자를 사서 제3국에 팔아넘기는 형식으로 외화를 벌고 있다고 한다. 각 무역회사에서 벌어들인 대금은 무력성 유일은행인 금성은행에 입금된다. 이 은행은 마카오와 중국 광저우에 지사를 두고 있는 회사로 대부분 무역회사들은 벌어들인 자금을 금성은행에 입금한 후 자유롭게 인출할 수 없어 믿을 만한 민간은행에 2중 계좌를 두고 있다고 한다.[41]

김일성 사망 이후, 김정일은 헌법을 개정하고 북한군을 선군사상이라는 정치이념으로 군을 장악하고 각종 행정구조를 1인 독재 체제로 집중·강화시켰다. 북한의 모든 변화를 정치지도부로 하여금 보고하도록 하고 노동당 각 부처별 외화벌이 회사를 개편해서 상납구조를 간소하게 했다. 이러한 정치구조를 개편하여 국가 경제를 장악하는 것은 러시아의 행정 체제와 많이 닮아 있다. 정치(당), 행정, 군사가 서로 분리되어 있지 않는 완전통합모델은 제도 간의 기능분화가 미흡한 수준의 소비에트 모델이 그 근간을 이루는 것이다.[42] 그래서 러시아와 같이 정치와 경제가 완전통합모델인 북한

---

41) 「외화벌이기구 전년 개편」, 『세계일보』 1999년 5월 26일자, 45쪽.
42) 임도빈, 『비교행정강의』, 서울 : 박영사, 2005, 465쪽.

의 체제도 서구의 권력분립 모델과는 다른 시각에서 연구되어야 한다. 제도화란 개인 행위자들이 사회적으로 규정된 현실을 바꾸는 연속적 과정, 혹은 어느 한 시점을 기준으로 볼 때 한 '행위'에 대해 사회구성원에 의해 즉정 의미가 자동적으로 의미가 부여되는 현상이라고 한다.[43]

사회구성원에 의해 의미가 부여된 제도는 곧 자체적인 구속력을 갖는다. 다양한 행위자에 의해 다양한 방식으로 특정 의미가 존재한다면 그 행위를 포함한 이해범주는 제도화되었다고 볼 수 있다. 민주주의국가에서는 민주주의라는 이념을 실현하기 위해 권력분립이라는 취지에 맞게 분권화된 조직에 의해 운영된다. 이렇듯 행위가 제도화되는 수준은 그 나라의 행위자 포함하여 정치행정 체제에 의해 결정적인 영향을 받는다. 어떤 공식적 직위를 점유한 개인의 행위가 일정한 범위를 벗어나지 못할 때 제도화된 행위로 규정될 수 있다. 즉, 안정된 제도화는 지속성을 가지는데 체제 전환을 경험한 러시아의 경우 정치적 불안정성에 의한 변화를 겪게 되는 것을 볼 수 있다. 이와 같이 체제에 변화를 가져오는 것이 아니라, 일정한 정책적 방향에 의한 제도의 변화만으로도 북한 사회는 요동치기도 한다. 국가의 행사라든가, 지도자에 의한 저시를 비롯한 일시적인 행정 개혁을 비롯한 지도자의 사망 등에 의해 민감한 반응은 그만큼 북한 사회의 불안정성을 내재하고 있다고 판단한다. 제도화된 행위에 제재나 제약이 발생할 때는 탈제도화가 진행된다.[44] 탈제도화(de-institutionalizing)란, 집단사고와 조직적 기억이 구성하는 정치제도가 약화되는 현상으로, 정치적 갈등과 위기를 유발하여 종국적으로 체제의 지속을 위협하는 요인으로 작용하는 것을 의미한다.[45] 이는 아이러니하게도 제도의 제약과

[43] Zucker Lynne G., "The Role of Institutioalization in Cultural Persistence", *American Sociology Review* No.42, 1977, pp.726~743.

[44] Zucker Lynne G., Ibid., 732쪽.

[45] 임도빈, 「러시아의 행정개혁 : 제도화, 탈제도화의 재제도화의 관점에서」, 『러시아연구』 Vol.21 No.1, 2011, 235쪽.

통제가 강화될 때, 정치제도가 약화된다는 것이다. 정치적 갈등이나 위기를 유발하여 체제의 지속성을 저해하는 요인으로 작용한다고 한다. 이를 북한에 적용시키면, 김일성 사후 3년이라는 유훈통치 기간에 김정일 체제로 행정구조를 바꾸고 1998년 김일성 헌법을 출범시킴으로써 선군사상에 의한 정치를 실현했다. 당시 사상통제를 비롯한 감시는 강화되었고 그럴수록 정치제도가 약화되었다는 것은 2002년에 당시 북한 사회에 존재했던 비공식적 제도를 수용한 7·1경제관리조치의 등장 배경을 설명하기에 충분하다.

구소련 체제에서 벗어난 러시아를 포함한 현상에 의한 정치적 민감도가 높은 북한[46]은 헌법과 같은 법조문에 명시된 제도 변화인 공식적 제도화 관점에서 법치주의적 기반이 약한 나라에서 공식적 제도화가 갖는 의미는 서구의 다른 나라에서보다 약한 것이 사실이다. 그러나 그것은 선언적 의미가 있기 때문에 제외시킬 수 없다. 북한은 정치구조의 변화라든가 행정 조직의 개편이나 새로운 정책을 입안할 때 헌법에 명시하거나 헌법에 명시된 것을 근거로 발표하기 때문이다. 김일성 헌법에 조문을 규정하여 앞으로 나아갈 정책적 방향을 제시한다거나 새로운 경제협력사업을 위한 정책을 수립하는 데 법 조항을 신설하거나 수정하는 과정을 거친다.

이러한 제도의 변화를 통해 체제를 정비하는 과정에서 탈제도화가 진전되는 것은 제도의 영역에 일정한 영향을 미치게 되고 자신의 이익에 부합하는 이탈적 부패 현상이 자생하고 뿌리내리게 된다. 이렇게 형성된 부패 현상은 게임의 룰인 제도를 변형시킨다 할지라도 방법상에 변화를 가져올 뿐, 행위를 근본적으로 근절시키지는 못한다. 이와 관련해 군에게 공

---

46) 북한은 자신들은 법에 의한 통치, 사회주의를 표방하는 인민민주주의국가라고 선전하고 있으나, 공식적인 제도로서 그 역할을 담당하기 위해서는 김일성과 김정일의 허락이 떨어져야만 가능하다. 1인 지배 체제하에서 북한을 법치주의 국가라고 할 수 없다.

급된 배급된 쌀의 불법 유통과 각종 환각 제품의 생산과 거래로 알 수 있다.

1999년 항주항으로 미국의 '밀'지원을 접수하러 갔던 탈북자 증언에 따르면, 중대가 10일 동안 먹을 수 있는 양을 3번 공급하는데 사복을 입은 군인에 의해 밀매로 노동시장으로 흘러들어 간다. 국정 가격과 시장가격의 시세 차이를 얻으려는 목적인 것이다. 또한 1994년 7월 8일 황해제철소에서 주철과 동을 밀매했다가 잡힌 사건들은 제도를 아무리 강화해서 통제하더라도 행위의 변화를 가져오지 못한 예이다. 마약의 생산과 거래도 마찬가지이다. 김정일 지시에 따라 평성에서 생산되었던 아편은 군에 의해 수출이 진행되고 거기에서 나오는 일부의 아편이 시장으로 유통된다. 이에 대해서 보안원과 그루빠 등으로 이루어진 마약타격대와 보위부가 직접 단속을 하지만 북한 내 유통47)은 함흥지역에서 개인이 필로폰을 생산하는 결과를 낳았다. 이렇게 생산된 필로폰은 중국과 맞닿은 지역에서는 100g당 100원이지만 중국으로 넘어가게 되면 120원으로 올라가게 되고 연길이나 상해로 옮겨지면서 가격은 상승하게 된다. 북한은 이렇듯 필로폰 제조에서부터 유통과 수출에 이르기까지 체제의 정치적 목적을 달성하기 위해 수행된다. 정치제도와 행정 조직의 변화를 통해 체제를 정비하고 체제의 정당성 확립으로 북한 내부를 단속하고 외부 세계와의 협상의 도구로 인공위성을 포함한 군사력에 집중하는 것이다. 1998년 인공위성을 쏘아 올리기 전에도 북한에서는 함흥을 포함한 평성지역에서 아편 재배가 활발히 이루어졌다. 아편 생산으로 체제 유지를 위한 자금을 동원하는 과정에서 북한 내 보편화를 가져오는 이중적인 현상은 제도가 행위를 변화시킬 수 없다는 것을 의미한다.

---

47) 2006년 이후에 북한에서는 필로폰이 보편화되는데 환각증상을 '물란왔다'고 표현한다. 필로폰이 '밭농사꾼에게는 꼬리없는 손', '나그네에게는 말없는 당나귀'로 표현하며 마르고 창백한 사람은 대부분 필로폰 중독자로 인식하고 있다.

제4절 7 · 1경제관리개선조치(이하 7 · 1조치)

1980년대 말 사회주의권 국가들의 붕괴와 1990년대 들어선 이후에는 자연재해에 의한 식량난까지 북한 경제는 심각한 경제난을 견뎌야 했다. '고난의 행군'이라고 부를 정도로 심각했던 북한의 경제난은 99년을 기점으로 회복기로 접어들었고 이러한 경제 회복을 가속시키기 위해 북한 경제 관리 제도 전반에 대한 수정을 시도하였다. '7 · 1조치'는 이러한 시도의 핵심에 해당한다.

이 제도는 북한 경제뿐만 아니라 사회 전체적으로 많은 변화를 가져왔다. 이전에 등장했던 계획경제의 수정은 북한 사회에 초기 형태의 시장경제가 자리 잡는 동인이 되었다.

1. 7 · 1조치의 정치 · 경제적 효과

북한의 계획경제에 대해 정책 변화의 실험은 1970년대 이후 그 내용과 범위에서 제한적으로 추진되었지만, 현상유지전략 시기에 들어 표면화되기 시작했다. 대표적인 것이 기관 및 기업소의 독립채산제와 관련이 있는 '분권화 확대', 집단적 혹은 개인적 차원의 동기 유발을 통해 생산성 향상을 꾀한 '물질적 자극 확대', '시장의 청산' 경제안정화를 위한 '가격 및 임금 현실화' 등이다. 그러나 현상유지전략 시기 북한의 경제정책 변화 시도는 소기의 성과를 올리지 못했다. 우선 중간관료집단의 개혁에 대한 이해 부족으로 경제계획 및 관리 분권화는 실질적인 진척을 보지 못했으며, 자본의 절대적 부족이 해소되지 않아 노동에 대한 동기 유발에도 실패했다. 결국 2000년대에 들어서도 북한 경제는 침체를 극복하지 못했으며 생산이 장기적으로 침체되어 공급 부족의 경제 상태가 지속되었다.[48] 이같이 악화된 경제위기 상황을 극복하기 위한 새로운 국가 발전전략과 정책 도입이 필요했던 2001년 초 김정일 위원장의 중국 상하이 방문으로 드러내기 시작한 신사고 강조는 전형적인 대내경제관리 방식의 개선과 대외개방정책을 모색하게 하는 중요한 동기로 작용했다.

북한은 2001년 김정일의 경제개선관리에 대한 개선 의지를 담화를 통해 피력한 후 2001년 최고인민회의 제10기 5차 회의를 통해 '사회주의사회의 본성적 요구에 맞게 경제관리를 개선·강화하기 위한 획기적인 조치'를 채택했다. 또한 2002년 7월 1일에 7·1조치를 발표하며 본격적인 신경제전략을 모색하게 된다. 7·1조치 이후 신의주 특별행정구, 개성공단특구, 금강산 관광특구지정과 같은 적극적인 대외 관계 개선의지는 국내적으로 '부족의 경제'와 '공유의 비국'을 극복하고, 국제 경제체제에 적극적으로 참여하겠다는 의지를 표현한 것이다.[49] 이와 같은 점에서 이번 조치는 과거의 계획효율화 조치와 나진·선봉의 제한적 개방과는 질적으로 달랐다. 특히 이른바 신경제전략은 7·1조치 이후 발표된 신의주 특별행정구, 개성공업특구, 금강산관광특구로 이어지는데, 여기서 주목할 만한 사실은 이러한 변화들이 각각 분절되어 있는 사건들이 아니라, 서로 밀접하게 유기적으로 연결되어 있다는 점이다. 그리고 이 변화의 밑바탕에는 경제 발전과 대외관계 개선을 하나로 묶는 북한의 신전략이 자리 잡고 있다는 것이다.[50]

북한의 경제조치는 기본적으로 공급증대를 통해서만 성공이 가능한데, 현실은 내부자원의 고갈과 외부 자본유입의 제약이라는 심각한 난관에 부

---

[48] 김영훈·최윤상, "7·1경제관리개선조치와 북한의 농업", 「7·1경제관리개선조치의 평가와 향후 전망」, 제4회 국제학술세미나, 고려대학교 북한연구소, 2003, 116~117쪽.

[49] 우리가 사회주의강성대국을 건설하기 위하여서는 경제건설을 힘있게 다그쳐 나라의 물질경제적 토대를 결정적으로 강화하여야 합니다. 지금 사회주의경제건설을 제일 걸린 것이 경제 관리문제입니다. 김정일, "강성대국건설의 요구에 맞게 사회주의경제관리를 개선강화할데 대하여"(담화, 2001년 10월 3일자)

[50] 이종석, 「북한의 신전략과 한반도 정세변화」, 『정세와 정책』 통권 75호, 성남 : 세종연구소, 2002, 2쪽.

딪혀 있었다. 이 난관을 극복해야만 성공과 실패를 운운할 최소한의 조건을 마련할 수 있다는 것이 북한 경제의 현실이다.[51] 이는 성공적인 개혁이 되기 위해서는 정치적·경제적 현실을 고려해야 함을 의미한다. 왜냐하면, 개혁 이행에 있어서 현실적 어려움은 일부 개혁들의 연속성을 피할 수 없다는 이유 때문이었다.[52] 그러나 북한의 대내외적 정치·경제적 조건을 개혁정책의 성과를 얻기에 많은 한계점을 갖고 있다고 볼 수 있다. 이것은 개혁의 내용과 범위에 있어서 각 국가의 특수성이 존재한다는 것을 의미한다. 그럼에도 불구하고 북한의 7·1조치는 이전의 개혁·개방조치가 갖는 중요성은 '변화의 주도권'을 북한이 적극적으로 행사하기 시작했다는 점이다.

이와 같이 7·1조치가 갖고 있는 의의와 한계점이 있지만, 그 성격과 개혁으로 보는 시각이고, 둘째는 체제내적 계획효율화 조치로 보는 시각이다. 셋째는 양자의 속성을 동시에 갖고 있는 과도기적 성격을 갖고 있다는 시각이다.[53]

7·1조치의 핵심적 특징은 계획 및 가격 제정의 분권화, 가격 및 임금 현실화, 화폐임금제의 도입 등으로 특징지을 수 있다. 이 중 가격 체계와 개혁이 핵심적 내용이라고 할 수 있는데, 가격 체계의 변화는 기존의 가격 조정 방식으로 혁신적으로 바꿈으로서 과거와는 상이하게 모든 생산물 가격을 그 가치재로 반영한다는 점, 그동안 운용해 온 가격들을 생산비뿐 아니라, 수급 상황과 국제시장가격의 변화에 따라 앞으로 조정될 수 있는 가능성을 열어 놓았다는 데 큰 의미가 있다. 이와 같이 가격 체제의 개혁과 그에 따른 가격 및 임금 현실화 조치는 사회주의 경제계획 및 경영의 기초가 되는 경제계산의 핵심 요소이기 때문에 지금까지 추진된 북한의 경제시책 중 가장 큰 의미를 갖는 것 중 하나라 할 수 있다.[54]

---

51) 이종석, 2002, 7쪽.
52) Gros and Steinherr, op. cit., 1995, p.93.
53) 이찬우, 「북한의 7·1경제관리개선조치와 1980년대 중국개혁비교」, 『7·1경제관리개선 조치의 평가와 향후 전망』(제4회 국제학술세미나), 서울 : 고려대 북한연구소, 2003, 76쪽.

또한 분권화는 계획작성, 가격제정, 자재 공급 전반에 걸쳐있으며, 쌀 가격을 기준으로 물가와 임금이 시장가격을 반영하여 현실화되었다. 소비재 할당 공급 체계가 폐지되는 등 배급제의 제도적 기초가 변화되었으며, 북한의 전통적 경제운영 원리인 대안의 사업 체계, '계획의 일원화－세분화 조치' 등의 변화가 불가피해졌다는 것이다.[55] 이들 조치의 실시는 여전히 계획경제와 집단화를 전제로 추진함에도 불구하고 계획경제의 근간인 배급제를 건드렸다는 것, 국부적인 실험이 아닌 사회 전반에 영향을 미친 조치로서 그 변화가 개개인의 생활과 직결된 '사활적인 문제'로 부상하였다는 것, 국가의 부담을 줄이고 실리가 개개인의 피부에 닿게 하여 경제적 타산을 앞세우게 하고 생산 의욕을 증진시켰다는 것, 돈으로 무엇이나 충족할 수 있다는 새로운 가치관을 불어넣었다는 것이다.[56]

마지막으로 생필품을 포함한 소비품과 원자재 유통구조를 바꾸기 위한 것으로 배급제의 단계적 폐지와 물품의 직접 구매가 그 핵심 내용이다.

물가는 쌀값을 550배 인상하여 44원(1kg당)으로 결정한 다음, 이를 기준으로 모든 판매가격과 생활비를 재조정하였다. 이런 물가 재조정 과정에서 임금도 평균 18배 인상되었고 '실적에 따른 분배 원칙에 따라 차등 지급'하기로 하였다. 이를 통해 북한에서 표현하듯이 '평균주의'의 피해를 없애고 '건달군'이 생겨나지 못하게 하며, 노동자의 노동 의욕을 더 높이고 국가는 국가대로 재정적 지출을 줄이기 위함이었다. 여기에 북한 주민들이 기존의 농민시장 등을 이용할 필요가 없도록 함으로써 지하경제를 공식적인 경제유통구조 안으로 흡수하고자 하였다. 또한 그동안 고평가되어 오던 환율을 나진선봉지

54) 성채기, 「김정일 시대의 신경제노선 평가와 전망」, 『KDI북한경제리뷰』 제4권 제10호, 2002, 16~17쪽.
55) 김연철, 「북한 신경제 전략의 성공조건」, 『국가전략』 제8권 4호, 성남 : 세종연구소, 2002, 7쪽.
56) 김경일, 「북한의 경제관리개선조치의 의의와 향후 전망」, 『7·1경제관리개선조치의 평가와 향후 전망』(제4회 국제학술세미나), 고려대학교 북한연구소, 2003, 60~61쪽.

역 지역 수준으로 현실화(달러당 2.2원에서 150원)시키고 '외화바꾼돈표'를 폐지함으로써 대외무역을 효율화 할 수 있는 기반을 마련하였다.

기업의 독립성·자율성 확대를 통한 효율성 제고를 목적으로 독립채산제를 확대, 강화하겠다고 하였지만, 기업에 대한 집단 지도 방법인 대안사업 체계와 국가계획위원회에 의한 국가경제 계획화라고 하는 사회주의 관리원칙은 계속 유지되었다. 하지만 국가가 계획하는 것은 국가경제의 선행부분과 기초공업 부문을 비롯한 전략적 지표, 중요한 지표들로 제한되었다.[57]

이런 조치를 통해 거둔 가장 큰 효과는 임금의 평균주의를 없애고 원래 사회주의 '일한 만큼 분배한다'는 원칙에 따라 임금을 차등 지급함으로써 노동자들의 의욕과 열의를 높였다는 것이다. 또한 북한 노동자들과 기업인들이 수익/이익에 대한 개념이 확실해지고 있어 이윤을 중심으로 움직이는 자본주의 기업과 협력할 수 있는 지점이 생기게 되었다. 자본주의와 경제적 교류협력을 할 수 있는 환경이 크게 개선되었다고 한다. 그러나 북한은 각종 경제 관련법을 제·개정하며 국가주도의 계획경제를 대폭 강화했다. 대북 소식통은 이에 대해 "북한이 지난 2002년 7·1조치를 통해 임금 및 물가 현실화, 배급제의 단계적 축소 등 시장주의적 요소를 도입했다가 실패한 뒤 2005년부터 국가통제를 강화하는 방향으로 전환했다"고 말했다.[58]

북한은 전향적인 개혁·개방화 조치로써 7·1조치와 신의주 특별행정구, 개성공단 특구, 금강산 관광특구 등의 과거에 비해 전향적인 대외개방정책을 추진하였다. 이 같은 개혁·개방화 조치는 과거 부분적 개혁·개방화 조치와는 대별되는 것으로 그 성격에 대한 여러 논의가 있지만, 사회주의 체제 내부 모순을 극복하기 위한 체제 내적 상황에서 진행되고 있다고 본다.[59]

---

57) 〈http://contents.archives.go.kr/next/content/listSubjectDescription.do;jsessionid=4hyHMNbM
   pzfPJ22tkJFRXPp14qGfgVnZGFyHtx8VmPG0gWypgt2G!29909538?id=007180_2012_04_13〉.

58) 「쿠바의 개혁과 북한의 개혁」, 『아시아투데이』, 2011년 4월 17일자.

59) 본스타인은 대부분의 중앙계획경제체제 국가의 지도자들은 조정 기제가 중앙계획경제
   에 의해 만들어진 기본적 문제를 해결하는 데 비효과적이고 바람직하지 않은 결과가

중앙계획경제가 제대로 작동하지 않아, 이를 통제하기 위한 방안으로 사후적으로 농민시장과 종합시장으로 승인하는 양상이 나타날 가능성이 높다. 또한 경제에 정치논리를 배제하여 경제적 실효성을 담보할 수 있는 실리주의적 경제 관리 방식이 적극 도입되고 있는 것은 이를 단적으로 대변해 준다고 할 것이다. 즉 분조관리제의 변화와 물질적 인센티브의 강화 등이 그것이다. 따라서 7 · 1조치와 그 후의 개방정책은 김정일 정권이 체제 유지와 경제체제의 내부 모순을 극복하려는 분명한 정치적 목적을 갖고 추진했다는 것이다. 이것은 1998년 이후, 북한 지도부의 개혁 · 개방정책이 초래할 정치체제에 대한 대내외적 위협에 대해 지도부의 정치권력 안정화에 대한 자신감의 표현일 뿐만 아니라 장기화된 경제난이 체제 위협 요인으로 작용할 가능성을 내포한 이중적 구조의 딜레마에서 선택일 가능성도 있다. 때문에 김정일 정권은 정치체제의 안정화 작업이 진척되었다는 인식을 통해 체제 유지에 대한 자신감을 갖고 적극적인 개혁 · 개방정책을 추진했으며, 장기간 방치된 경제난 극복을 위해 전향적 개혁 · 개방정책을 추진했다고 할 수 있다. 이 같은 위기에서 북한은 점증하는 외부의 위협상존, 경제난 심화, 지배담론의 약화, 당의 통제가 약화되어 이를 극복하기 위한 수단으로 정치적으로는 '강성대국론'과 '선군정치'와 같은 이데올로기의 변용을 강조하였다.

특이할 만한 사항은 이 시기 북한이 추진한 국가 경영전략의 정치적 구호인 강성대국론인 정치강국과 경제강국을 병행하는 이중 전략이라는 점이다. 또한 경제적 위기 상황에서 선군정치는 위기 상황을 돌파하는 데 있어서 군이 갖고 있는 정치적 역할과 경제적 역할을 동시에 중시하는 양면성을 갖고

심각하다는 것을 발견하게 된다고 주장한다. 그들은 중앙계획경제가 "전천후 모델이 아니다'라는 사실을 알게 된다는 것이다. 이때 중앙통제경제의 핵심 요소(명령, 압력, 우선 경제뿐만 아니라 확대 발전과 폐쇄경제)는 역효과를 초래한다고 주장한다. 만약 체제 지도자들이 중앙통제경제하에서 발전 과정 동안 발생하는 중요한 변화를 무시한다면, 결국 그들은 의도하지 않았던 체제 변화에 직면하게 될 것이라고 언급하고 있다 (Bonstein, Comparative Economic System: Models and Cases, Michigan: Library of Congress Cataloging-in-publication Data, 1989, pp.279~280).

있다는 것이다. 이는 정치권력 안정화와 경제난 극복을 동시에 추구하는 것은 개혁·개방에 따른 외부 위협에 대한 국가개입의 내성에 변화를 보인다는 것이다. 따라서 북한은 정치체제에 대한 자신감의 표현과 경제난 심화라는 이중성이 국가개입의 내성 심도를 변화시키는 요인으로 작용했다고 볼 수 있다. 또한 정치 중심의 경직된 지배담론에 대해 이데올로기의 변용을 시도하였다는 것이다. 이러한 변화는 경제적 실리주의를 강조했다는 측면에서 사회 전체에 새로운 이념적 토대를 제공하는 변화 요인으로 작용했다는 점이다. 결국 국가주도로 경제 부문에 대한 적극적인 개혁·개방정책을 추진하여도 그 자체가 기존 체제의 부정을 의미하지 않는다는 정당성 기제로 작동하면서 정치권력이 주도적으로 개혁·개방조치를 추진할 수 있는 기회를 제공했다.

2. 수용에 의한 경제제도의 통제 이완

2002년 이후에 북한 사회는 국가 모든 곳에서 '체계화된 부패'가 국가에 재정의 원천으로 보인다. 인터뷰 자료에 따르면, 1990년대부터 집을 사고 팔거나 좋은 직장에 배치받기 위해 일정 수준의 뇌물을 고여야 한다.[60] 상급학교에 올라갈 때나 대학에 입학하기 쓰이는 뇌물은 달러로 정해져있다. 선호하는 학부에 따라 미화 2,500달러 정도까지 고이고 적어도 500달러 정도로 입학한다. 졸업할 때도 졸업 배지는 $1,000~$2,000에 거래된다. 이러한 증언을 기초한다면, 북한 경제는 고질적인 경제난보다는 정치구조에 따른 자본의 편중 현상이 심한 구조에 부패가 양산되는 것이다. 평양에 거주

---

[60] 북한에서는 '부패'나 '뇌물'이라는 말 대신 '고이다', '고인물'이라 한다. 1980년대부터 특정 조직이나 담당 업무에 따라 고이는 현상이 있었는데, 당에서 간부사업을 하는 인사 업무를 보는 간부인 경우는 업무에 따라 고이는 수준(level)이 정해졌다고 한다. 조총련 출신이 김일성 종합대학을 뇌물로 갈 때는 50,000엔 혹은 10,000엔을 내고 들어온 사람을 봤다고 한다. 일례로, 러시아를 100달러를 내고 다녀온 사람도 봤다고 한다. 외화 상이 판매상으로 들어갈 땐 150달러, 여자가 간부나 지도원에게 몸로비를 하는 경우는 좀 저렴해지고 평균 150달러에서 간부로 갈 때는 두 배로 올라간다고 한다.

하는 간부들은 평양 시내에 집을 마련해서 애인(첩)을 두기도 한다.

1990년 이후부터는 뇌물을 이용한 부패 현상이 확대되었다.[61] 치아를 뽑으려 고이는 담배는 뇌물로 인식하지 않고 거래되어 담배가 '고인물'의 척도가 되었다. 일반 노동자 한 달 원급에 해당하는 일명 '고양이 담배'라고 불리는 영국산 담배를 가장 선호한다. 뇌물로 받은 담배를 다시 시장에 판매한다. 매매 과정에서 다시 뇌물을 고이는 순환구조는 화폐의 유통으로 이어진다. 달러를 북한 돈으로 환전하는 과정에서 뇌물로 받은 담배가 매개체가 된다. 받은 뇌물로 다시 뇌물로 쓰면서 나머지는 현금화해서 집안에 현금(달러)을 쌓아두는 것이다.

직장 배치의 경우, 보위부나 도당 부부장이 퇴직을 하면 뇌물을 많이 고이는 사람이 그 자리에 오르게 된다. 그 이유는 아랫사람한테 받은 고인물을 가장 많이 먼저 고이는 사람이 되는 구조로 상납을 많이 한 사람에게 기회가 가기 때문이다. 이러한 뇌물 구조는 뇌물이 상층부로 이동하는 효과를 얻게 되

---

61) 이와 관련된 일들이 언론기사에서도 확인할 수 있다. 1997년에는 장마당이 성행했다는 기사-세금징수 노려 '장마당' 활성화(『서울신문』 1998년 4월 6일자)라는 기사에 보면, 북한은 시, 군 등 지역별로 1개 지역을 지정하고 장마당을 열어 일정수의 판매대를 설치한 후 모든 상인들에게 세금을 징수하고 있으며 특히 국경지역 장마당에서는 조선족 등 외국상인들에 대해서만 세금을 징수한다는 보도 기사가 있으며, 농민시장, 암거래 감소 등 본래 모습 회복(『세계일보』 1999년 11월 1일자)에는 북한의 검열단이 들어와 매대를 정리하고 불법적인 상행위를 정리했다는 기사, 그로 인해, 개인주의가 팽배해졌다는 기사(『국민일보』 2000년 1월 10일자)까지 1990년대 말부터 시작된 시장경제는 점차 비공식적 제도가 공식 제도의 역할을 하는 기초가 되었다. 2000년대 초 당시, 한국의 언론은 남북경협에 따르는 한국 정부에 대한 해외 언론의 따가운 기사도 실었다. 2002년 10월 2일의 WSJ에 따르면, 김정일이 남한을 우려먹는 데 한계에 부딪혀 신의주특구를 개방했다고 했으며, 미 국무부 보고서에 따르면, 북한이 마약 밀매에 관여해서 해외로부터의 통치 자금을 조달하고 있다는 기사(『세계일보』 2003년 1월 3일자 재인용). 이 시기에 미국 국무부는 북한의 인권에 관한 보고서(『세계일보』, 『경향신문』 2005년 3월 2일자)를 통해 북한의 인권문제를 공식적으로 거론하였다. 이 시기 국내 언론은 북한 사병들이 군수물자를 빼돌려 장사(『동아일보』 2003년 8월 16일자), 북한에 시장경제 확대의 부작용은 살인적 인플레이션과 빈부격차가 심해졌다(2002년 11월 22일자)를 기사와 보위부 안내원이 '안마비 좀 대주시라요'라며 노골적으로 뇌물을 요구하여 부패가 심각하다(『동아일보』 2006년 12월 15일자)는 기사로 미루어보아 뇌물을 주고 상행위를 비롯한 경제활동이 보장되었던 정치·경제 환경이 반사회적 부패 현상이 구조화된 것으로 보인다.

고 결국 체제 유지 수단으로 귀결된다. 당의 충성심을 화폐로 바꾸는 셈이다.

식량배급제의 붕괴가 체제에 대한 불신을 가져왔다면, 7·1조치는 뇌물이 확산되어 체제 유지를 위한 수단이 된 셈이다. 결국 뇌물의 수준이 충성심을 가늠하는 척도가 되었다. 김일성 종합대학이나 김책대학 같은 경우는 달러만 거래가 되어 그 금액은 출신 성분이나 부모의 직위에 따라 달라진다. 일본인이나 중국인인 경우는 좀 비싸고 북한 주민 중 반동분자가 없는 집안의 자제는 좀 저렴하다. 김일성 종합대학은 정원이 1,500명 정도인데 50%는 뇌물로 들어온 사람이란 소문도 있다. 그것도 입학과 담당자를 직접 찾아가 말하기도 하는데 그것을 북한에서는 '옆구리치기'라고 한다. 소위 자기 추천 방식이라고 할 수 있다. 집을 개인이 지을 때 뇌물로 해결할 수 있다. 회령제지공장은 김일성이 현지지도 한 공장으로 집 앞 제지공장에 다니는 집 딸과 결혼한 한 탈북자는 뇌물로 국토관리자에게 양주를 고여서 집을 지었다. 그 후, 국토관리국에서 사람을 파견한 사람에게 식사만 제공하는 것으로 해결한다. 그렇게 지은 집 한 귀퉁이에 옥수수 두부를 만들거나 술을 만들기도 한다. 그러면 상품이 거래되는 가게가 생기게 되는 것이다. 두부비지나 술 만든 재료를 이용해 돼지 사료로 쓴다. 두부를 제공하기 위해 두부 틀(25원), 콩, 석탄을 구입해서 두부 1kg 틀에 5모씩 두부를 만들어 판다(개당 5원 * 5개 = 틀 당 25원 매출). 두부가 맛있다고 소문이 나면 간판도 걸고 장사를 한다. 이렇게 장사를 하다가 검열이 들어오면, '우리집안에 누가 보위부 누구고 내가 누구 동생이다.'라고 말하면 '죄송하다'며 인사하고 나간다.

결국 7·1조치로 북한은 정경유착을 더욱 공고히 하고 자생적인 경제활동을 용인하는 결과를 낳았다. 돈과 권력만 있으면 북한에서는 반사회주의 행동이나 경제활동이 가능한 것이다. 그러한 활동이 결국은 체제를 유지하기 위한 뇌물성 상납으로 이루어진다. 일반 주민들은 생계를 위해 시장에서 얻은 이익을 분배한다. 인센티브나 가격제를 용인한 7·1조치는 아래부터 존재하고 있는 비공식적 방식(rule)을 인정한 대표적인 제도인 것이다(통제 이완 방식).

이외에도 2000년 이후 북한 제도의 성격 변화에 큰 영향을 준 것은 2000년과 2007년에 있었던 두 번의 남북정상회담이다.[62] 두 회담의 결과로 6·15공동선언과 10·4공동선언이 채택되어 남북경제협력이 이루어져왔다. 개성공단사업을 비롯한 금강산 관광 및 개성관광사업은 양국에 경제협력의 끈을 유지할 수 있게 되었고, 이러한 정치·경제 환경에 대해 북한의 제도적 변화에도 영향을 주게 되었다. 남북경제협력은 북한에게 외부와의 교류를 의미했고, 북한 사회 전역에 시장화가 급속히 퍼지는 계기가 되었다. 경제 협력 사업은 북한에게는 중국의 경제적 의존도를 사상적 와해와 바꾸는 결과를 낳았다. 사상적 와해는 각종 이탈적 부패로 이어졌고 하급 관리와 주민 간에 이루어지는 행정적 관료 부패부터 대규모 정치 부패에 이르기까지 이어지게 되었다. 특히 남북경제협력에 참여한 북한의 관료들

---

[62] 특히 2007년에는 북한에 많은 이유로 경질을 하게 된다. 2007년 2월 5일 국민일보기사에 따르면, 마카오 조광무역 책임자를 김정일의 측근 김철로 교체했다는 것이다. 박자병 전 조광무역 총지배인은 2006년 공금횡령 혐의로 평양으로 소환된 뒤 조사 과정에서 사망했다는 것이다. 2007년 4월 6일 기사(『국민일보』)에서는 평양시 인민위원장(평양시장)인 방철갑(당시 71세)을 경질하고 후임에 박관오(당시 78세) 정 김일성대 총장을 임명했다는 것이다. 이 시기 많은 부패와 비리로 경질은 7·1조치에 의해 북한 당국이 반부패 조치를 편 것으로 보인다. 가정교사 금지령(『daily NK』 2008년 6월 5일자), 군부의 부패를 막기 위해 장마당 식량유통을 통제(『daily NK』 2008년 5월 16일자), 7·1조치 이후에 살인적인 인플레이션으로 쌀값이 58배 상승(『daily NK』 2008년 6월 30일자)했으며, 新부유층 '돈주', 고급 아파트 세워 매매(『daily NK』 2008년 8월 4일자) 등의 7·1조치로 북한의 생존 방식마저 바꾸었다는 기사(『daily NK』 2008년 7월 1일자)와 이에 대한 북한 당국의 반부패 정책—39호실의 자금을 착복한 고위간부 경질(2008-02-08: 『daily NK』), 군부 부패를 막으려 장마당 식량유통 통제(『daily NK』 2008년 5월 16일자)—을 폈으나, 모두 실패로 돌아갔다(장성택 신의주 검열, 용두사미로 끝나(『daily NK』 2008년 7월 30일자), 주민의식, 이념에서 돈으로(『daily NK』 2008년 9월 1일자). 특히 신의주 지역은 탈북자의 증언에 따르면, 김일성이 현지지도하면서 김정일을 포함한 북한 당 관계자에게 신의주 관리를 특별히 지시했다고 한다. 신의주 주민들은 의식이 깨어있고 눈빛이 다르다는 이유에서 있다. 이 지역은 1980년대부터 자생적인 시장이 생기고 중국과의 교류가 진행된 곳으로 후에 김정일이 신의주특구를 지정해서 중국과의 협력사업을 지시할 만큼 주민들이 깨어있음을 김일성은 지적했다고 한다. 이렇게 북한 경제가 정치와 상호협력적인 구조를 가지고 있어 7·1조치 이후, 시장주의를 차단하는 데 한계가 있었던 것이다. 이렇게 전반적으로 정경구조는 화계개혁을 하는 배경으로 작용한다.

이 개성공단과 같은 북한 내 운영하는 합자기업으로부터 뇌물을 이용한 기업 활동과 관련한 통제할 수 있다. 개성공단 내 식당에 근무하는 아내는 한국기업에서 월급을 받고. 남편은 당으로부터 월급과 배급권을 받는 것이다. 식당에서 남은 식자재를 밖으로 유통하기도 한다. 또는 개성공단에 출근하는 사람들은 차통이나 자전거에 쓰는 플래시(휴대용 랜턴) 등과 같은 가정제품을 회사에 가져와 충전기도 한다. 이러한 현상으로 개성공단은 북한 주민에게 일터이자 생활에 필요한 일을 처리할 수 있는 유일한 창구인 것이다. 점심으로 나오는 밥이나 간식(초코파이, 요구르트)을 차통에 넣어서 가족들과 나눠먹거나 생산되었지만 팔지 못하는 제품들을 가져와 시장에 내다 팔아 또 다른 생계 수단을 확보하기도 한다.

1990년대 이후 만연된 부패 현상은 비단 사회구조에서 발생하는 구조적 순환 과정이 남북경제협력사업과 더불어 시장경제가 자리 잡는 데 기여했다. 더 이상 배치된 직장에 나가 출근도장을 찍어 배급권을 받지 않아도 가족 중 한 명만 시장에서 장사를 하거나 개성공단에서 일을 하게 되면 월급의 적고 많음에 관계없이 스스로 경제력을 확보하게 되는 것이다. 사회주의적 경제에 국가경제가 시장에 의한 시장경제로 대체되는 현상인 것이다. 이러한 시장경제화는 상층부로 이어지는 뇌물성 상납구조와 연결되어 쉽게 사라질 수 없다.

Zucker(1988)[63]는 제도화란 행위에 대한 의미가 사유화된 상태를 벗어나 객관화되는 과정 내지는 객관화할 수 있는 구조를 구비하는 과정이라고 정리하였다. 이 제도화는 상대적으로 불안정한 체제의 경우, 탈제도화와 재제도화가 반복되는 과정을 겪게 된다.[64] 다시 말해, 안정된 제도화는 지속

---

[63] Zucker, Ibid., 1977, p.236.
[64] 탈제도화(de-institutionalizing)는 집단사고와 조직적 기억이 구성하는 정치제도가 약화되는 현상으로 정치적 갈등과 위기를 유발하여 종국적으로 체제의 지속을 위협하는 요인으로 작용한다. 재제도화(re-institutionalizing)는 개인적 기억과 연결망에 의존하는 정치구조가 약화되고 조직적 기억과 집단사고가 강화될 때, 체제 내에서 정치제도가 강화되는 현상을 의미한다(임도빈, 2005, 234~235쪽).

성을 가지는데 불안정한 경우, 제도화된 행위에 제재나 제약이 발생할 때는 탈제도화가 진행된다는 것이다. 이러한 논리라면, 북한에 제도의 등장 배경에는 통제 강화 방식과 통제 이완 방식의 성격을 가지고 있는 것이다.

1998년 김일성 헌법에 의한 행정 개혁은 김정일의 통치 구조를 확립한 것이고 2002년 7·1조치는 현재 북한 경제를 이끌고 있는 시장의 방식을 공식 제도로 수용한 '통제 이완된 제도'의 출현인 것이다. 수용 방식의 공식 제도는 통제 방식의 공식 제도에 비해 탈제도화된 제도라고 볼 수 있다.

특히 공식적 절차와 상존하거나 이를 대체하는 비공식 규칙 및 관행이 강하게 작동하는 개발도상국에서는 이러한 제도화, 즉 탈제도화가 강화된다.[65] 이러한 현상이 나타나는 이유는 정치제도의 제도화 과정이 국가기관 및 그 기저를 이루는 지배계급의 상호작용의 결과로 나타나기 때문이다. 민주적인 정치제도를 입헌한 후에도 아직까지 법치보다 인치가 주요 정치적 기제가 되어 온 신생민주국가, 혹은 강한 권위주의 체제 국가에서는 공식적인 제도화를 통해 민주주주의의 형식적인 요소는 갖추었어도 실제로 국가수반을 구심점으로 한 권력 엘리트들이 공식적인 제도를 우회 혹은 대체하는 탈제도화 혹은 비공식 제도화를 형성하게 된다.

제5절 화폐개혁

화폐개혁[66]은 크게 한 나라의 화폐를 가치의 변동 없이 모든 은행권 및

---

65) Riggs, Ibid., 1964, p.78.
66) 화폐개혁에는 Denomination과 re-Denomination이 있다. Denomination의 사전적 의미는 '명칭', '이름'이지만 경제에서는 화폐액면 절하(切下) 즉, 기존의 화폐단위를 1/1,000 또는 1/100 등 낮은 단위로 바꾸는 것을 뜻한다. 디노미네이션은 화폐의 실질가치(實質價値)의 변동 없이 호칭만 변경시키는 것이므로 원론적으로는 소득, 물가 등 국민경제 내의 실질변수에 중립적인 영향을 준다. 그러나 디노미네이션을 실시하면서 예금의

지폐의 액면을 동일한 비율의 낮은 숫자로 표현하거나 이와 함께 새로운 통화단위로 화폐의 호칭을 변경시키는 조치를 디노미네이션(denomination)[67]과 '화폐의 호칭단위의 절하'라는 의미로 쓰이는 '디노미네이션 변경 혹은 리디노미네이션(re-denomination)을 의미한다. 이 두 방법은 국가가 장기적인 경기 침체로 인해 부양할 목적으로 하거나 화폐 정책에 개선을 요할 때 안정적인 국제 시장을 담보한 상태에서 실시한다. 이러한 정책을 북한은

지급정지, 보유자산에 대한 과세(課稅) 등의 조치를 동시에 시행하는 통화개혁의 형태를 취할 경우에는 국민재산권의 변동 등으로 인해 경제 내 실질변수의 변화가 초래된다. 〈http://webcache.googleusercontent.com/search?q=cache:7KX-_RCCdwUJ:cc.kangwon.ac.kr/~kimoon/et/et-002/project/1-01/Denomi.htm+%EB%94%94%EB%85%B8%EB%AF%B8%EB%84%A4%EC%9D%B4%EC%85%98&hl=ko&gl=kr&strip=1_2011_09_17〉.

반면, re-Denomination은 '리디노미네이션(redenomination)' 또는 '디노미네이션 변경'이란 '화폐의 호칭단위의 절하'라는 의미로 쓰이고 있다. 한 나라의 화폐를 가치의 변동 없이 모든 은행권 및 지폐의 액면을 동일한 비율의 낮은 숫자로 표현하거나 이와 함께 새로운 통화 단위로 화폐의 호칭을 변경시키는 조치를 말한다. 〈http://terms.naver.com/entry.nhn?docId=67431._2012_09_17〉.

denomination은 인플레이션의 진전에 따라 경제량을 화폐적으로 표현하는 숫자가 많아서 초래되는 국민들의 계산, 회계 기장 또는 지급상의 불편을 해소할 목적으로 실시된다. 그러나 일부 선진국의 경우에는 경제의 안정적 성장의 기반 위에 자국 통화의 대외적 위상을 재고할 목적으로도 디노미네이션을 실시하고 있으며 과거 중남미 제국과 같은 나라에서는 급격한 인플레이션의 과정에서 국민들의 인플레이션 기대심리를 억제할 목적으로 실시하기도 했다. 이는 전체 국가경제는 물론 국민 개개인에게도 엄청난 파급효과를 가져오는데 특히, 정책의 실시에 따른 국민의 불안감 및 부작용을 최소화하기 위해 몇 가지 충족시켜야 한다. ① 물가가 안정된 시기에 실시해야 한다. 물가가 급격히 상승하는 기시에는 이에 편승한 부당한 가격 인상이 초래되기 쉽고 이는 디노미네이션 효과를 반감시키기 때문이다. ② 국제수지가 안정적인 시기에 실시해야 한다. 경상수지가 적자 행진을 계속할 경우에는 환율의 안정을 유지하기 어려우며 디노미네이션의 실시로 인한 경제 상황의 불확실성으로 인해 환율의 불안정이 더욱 확대될 우려가 있기 때문이다. ③ 국가 전반의 산업구조가 좋고 기업의 수익이 양호한 시기에 실시해야 한다. 디노미네이션이 실시되면 이에 수반하여 각종 장부와 전표의 변경, 컴퓨터 프로그램의 수정 등 기업의 비용 부담이 크게 늘어나게 되기 때문에 이러한 부담을 손쉽게 흡수할 수 있는 경제 여건이 필요하기 때문이다. ④ 국내 정치·사회 정세가 안정된 시기에 실시해야 한다. 디노미네이션이 실시는 논란의 소지가 많고 실시 결정에서 완료시까지 오랜 시일이 소요될 뿐만 아니라 국민의 신뢰가 긴요하기 때문이다.

[67] 외화사용 금지, 종합시장 폐쇄 등 물리적 강제력을 앞세운 보수적 경제정책과 병행해서 추진되었다는 점이 큰 특징이다. 외화 사용 및 시장에 대한 통제 강화 조치를 함께 추진했다는 점이 이색적이다. 정책의 무게만으로 보면, 2002년 7·1경제개선조치에 비견되는 새로운 경제 관리 조치라 할 수 있다.

2009년 11월말에 아무런 예고 없이 전격적으로 단행했다. 그리고 후속 및 관련 조치의 내용에 따라 화폐 액면절하(redenomination)에 따라 신·구 화폐 교환에 그치지 않고, 교환의 한도를 설정했다. 이러한 개혁으로 인해 언론에 보도된 기사에 따르면, 북한에 물가 및 환율의 폭등, 물자 부족의 심화 등 후유증이 심각한 상태여서 북한정부가 외화사용 및 시장에 대한 통제를 철회했다는 소식도 있었다.[68] 게다가 북한에 경제 분야의 최고 책임자인 박남기 당 계획재정부장이 화폐개혁 실패의 책임을 지고 총살당했다든지,[69] 김영일 내각 총리가 화폐개혁의 후유증에 대해 주민들에게 사과했다는 미확인 보도와 함께 화폐개혁은 실행 초기부터 성공할 수 없는 정책이었다. 화폐개혁가 실시한지 2년여 가까이 북한은 그 후유증에서 벗어나지 못하고 있으며 90년대 고난의 행군 이후로 이어진 누적된 경제난을 가중시키는 효과를 가져왔다.

---

[68] 화폐개혁을 중심으로 북한에 대해 언론에 공개된 기사는 북한의 경제난에도 일본 담배 수요가 증가(『daily NK』 2009년 10월 6일자)하고 있으며 북-중 국경 밀무역이 점차 활기를 잃어 당시에는 북한의 경비대가 직접 밀무역을 하며(2009년 11월 17일자), 정치범 수용소가 경제사법 수용소로 변질되어 뇌물을 강탈하는 곳으로 변했으며 당시 돈만 주면 핵정보도 군부에서 유출할 정도라는 기사(『daily NK』 2009년 11월 18일자), 북한에는 달력이 뇌물(『daily NK』 2009년 12월 4일자)라는 기사가 많았다. 화폐개혁을 한 뒤에는 국내에 화폐개혁의 정치적·경제적 해석이 줄을 이었고, 북한에 대한 기사로는 북한의 집결소 감금자 75%가 처형되었는데, 뇌물제공에 의한 약탈적 만연한 부패를 끊기 위함(『daily NK』 2009년 12월 8일자)이라는 기사, 1990년 이후 성매매가 급증하여 전국적으로 성병검사를 했다는 기사(『daily NK』 2009년 12월 11일자)가 줄을 이었다.

[69] 지난(2011년) 6월 '임꺽정'을 쓴 벽초(壁初) 홍명희 전 북한 내각 부수상의 손자로, 북한의 경제 사령탑 역할을 해 온 홍석현(75) 노동당 계획재정부장 겸 경제비서가 숙청된 것으로 10월 5일 알려졌었다. 조선중앙통신은 지난 6월 '북한 당중위 정치국 확대회의에서 홍석형 동지가 다른 직무에 조동(전보)되는 것과 관련하여 그를 당중앙위원회 비서직에서 소환했다'고 밝힌 바 있다. 다만 정치국 위원은 유지된 상태이다. 정치국 위원이 유지되고 있는 것으로 홍석형은 숙청되었다고 볼 수 없다. 홍석형은 홍명희의 손자로 지난해 9월 노동당 대표자회서 당 계획재정부장에 중용됐다. 당시 홍부장은 2009년 11월 단행된 화폐개혁 실패의 책임을 지고 작년 초 총살된 것으로 알려진 박남기의 후임으로 작년 7월 당 계획재정부장에 기용됐다. 같은 해 개최된 제3차 당대표자회에서 노동당의 핵심인 정치국 위원과 경제비서에 동시에 오르며 김정은 시대의 북한 경제를 이끌 인물로 평가받았다.

1. 화폐개혁의 정치적 효과

17년 만에 단행된 북한의 화폐개혁은 경제적 목적인 인플레이션의 억제와 그간의 시장 운용과 개인에 의한 활동의 여파로 형성된 신흥 중산층의 현금을 국가재정으로 환수하고 그 세력을 핍박하려는 정치적 목적이 함께 어우러져 있다.

이데올로기에 대한 누수 현상이 체제 붕괴와 직결된다는 인식에서 북한에서 싹트고 있는 중산층은 체제 내부의 적으로 제거 대상이 아닐 수 없다. 또한 정통 사회주의로 복원과 경제의 통제력을 재장악하려는 의도 또한 뚜렷하다. 신화폐 2,000원권은 김정일만의 상징으로 생가인 양강도 삼지연군의 백두산 밀영의 통나무집과 장수봉(1,791m)을 김정일의 이름을 따서 명명한 정일봉을 앞면에, 그리고 고향이라 일컫는 백두산 전경을 뒷면에 담고 있다. 지금껏 김정일의 이름을 붙인 곳이 없는 것을 미루어, 신화폐를 통해 김정일의 상징적으로 내세우는 정치적 의도는 다가오는 권력의 승계와 체제의 공고화를 위한 정치 행위에 도구적 유용성을 강화하려는 의도로 해석할 수 있다.[70]

김정일은 동구권 사태가 사회주의의 붕괴가 이데올로기의 붕괴에서 비롯되었다는 것을 잘 알고 있다. 즉, 이데올로기의 주장이 현실과는 점점 동떨어지면서 국내 질서는 혼란하고 어수선하며 선전은 더 이상 분위기를 상기시키지 못하고 있었다. 이러한 상황에서 화폐개혁은 근본적으로 새롭게 등장한 중산층을 제거하기 위함이다. 그래서 돈이 없으면 거래도 없다고 해석한 정책의 실행이었던 것이다. 그러나 과연, 그렇게 될까? 신흥중산층들은 중국과의 중개무역과 기업 활동을 통해서 부를 축적한 사람들로 모두

---

[70] 루디거 프랭크(Ruediger Frank) 빈 대학교 동아시아경제 및 교수는 이 화폐개혁으로 단기적인 정권의 목적 달성은 가능하겠지만, 동독 정권의 몰락을 연상케 하는 정권 붕괴의 요인도 함께 잉태되고 있음을 강조한다. 〈http://www.pressian.com/article/article.asp?article_num=40091206132445&section=05〉.

안전한 외화인 유로나 달러 그리고 중국 위안이나 일본 엔으로 환전했을 것이다. 가장 많은 피해를 입은 사람은 신 중산층의 말단들이다. 이 사람들은 중간 상인들과 거래하며, 거래는 국내 화폐로만 해서 정보망도 엉성하고 돈을 경화로 바꾸는 기회 또한 한정되었다. 돌이켜 보면, 2009년 12월 화폐개혁은 김정일 정권의 단기적 승리일 수 있으나, 결코 개인의 경제활동을 근절할 수 없고, 장기적으로는 체제의 정통성에 큰 위험 요인이 될 것이다.

화폐개혁은 큰 틀에서 해석하면, "시장에 대한 국가의 지배력 확보"이다. 만성적 경제위기의 해소를 위한 북한은 그동안 일부 시장의 기능을 암묵적으로 인정해왔다. 그 결과 북한의 시장은 지하경제와 생존경제가 혼합된 형태이지만, 계획경제의 문제를 일부 해결하며 확장해왔으며, 북한 주민의 생활경제에서 없어서는 안 될 중요한 위상을 차지하고 있다.

북한 경제의 위기가 생산 및 공급 부족이라는 근본적 요인에서 비롯되었음에도 불구하고 근본적인 처방을 도외시한 채 배급 체제와 유통회사의 문제에 주목해왔다. 배급과 유통 분야에 국한된 조치들은 단기적 충격 효과 이후에 생산과 공급 부족에서 비롯된 문제들이 다시 재현될 것이다. 또한 이 제도는 북한 당국의 의도하지 않은 정치적·사회적 파급력을 지닌다. 화폐개혁을 통한 북한 당국의 시장에 대한 본격적이고도 강제적인 개입은 북한 주민들에게 좌절과 체제에 대한 근본적인 회의를 가지게 한다는 점이 위험하다. 이 조치로 인해, 북한 주민들에게 잠재해 있던 체제에 대한 은유적 저항이 점차 증가하는 배경이 될 것이다. 특히, 시장과 연계된 당 간부들 및 큰 손들 그리고 비호세력은 미리 감지하고 대응책을 강구했을 가능성이 큰 만큼 일반 인민[71]을 중심으로 형성된 불만은 북한 사회의 갈등과

---

71) 사회구성원들의 심리적 상태가 혁명과 사회 변화의 중요한 원인이라는 데이비스(James C. Davis)의 이론을 상기하게 한다. 사회 변동은 절대적 빈곤이나 위기의 상황보다는 기대가 상승하는 국면이 좌절될 경우 발생할 개연성이 있다는 것이다.

양극화로 표출될 것이다.

화폐개혁 이후 김정일에 대한 반감이 커졌다는 탈북자의 증언이 이를 증명하고 있다. 남자 고등학생들이 학교의 부당한 요구에 대해 불만을 토로하거나 반기를 드는 원인이 화폐개혁 이후 더욱 강화된 규율에 대한 불만으로 표출되는 것이다. 시장에 나가 장사를 하는 학생들은 장사를 나가지 않고 청소한다며 집으로 돌아갔다고 한다. 당시 시장에서 번 돈으로 사온 과자나 사탕을 다락에 숨겨놓고 밤에 식구들과 먹다가 다시 땅에 파묻었다는 증언은 주어진 제도적 환경에서 인지하지 못하는 반사회주의 행동을 하는 것이다. 민심이 흉흉[72]해진 당시 다시 직장으로 나가는 사람들이 늘었고 뇌물로 여권을 발급하거나 옆 동네를 갈 때도 비교적 자유로웠던 행동에도 더 많은 뇌물을 요구하여 통제받았다. 그럼에도 불구하고 북한 장마당 경제가 돌아갔던 이유는 탈북자 가족이 대북송금으로 식량 등 필요한 생필품을 장마당을 통해 구입하면서 북한의 비공식 자유시장인 장마당의 활성화에 기여했다는 기사[73]가 이러한 증언을 뒷받침하고 있다.

2010년 10월 6일자 언론기사(자유아시아방송)에 따르면, 신의주에서 외화사용 금지령이 내렸다고 한다. 신의주에는 큰 시장도 형성되어 있고 김일성이 현지지도하면서 지적했던 것처럼 인민들이 깨어있어 국경무역으로 경제적 자유구역을 형성하고 있었기 때문이다. 당시에는 탈북자들도 상당히 줄었으며,[74] 통제도 강화되었다고 한다. 그러나 그러한 통제는 더욱 반사회적인 부패 현상을 가중시키는 결과를 낳았다. 성매매를 하는 '8·3부부'들의 퇴폐 행각과 환전꾼들이 가짜 달러를 유통시켜 시장 부패를 통한

---

72) 『daily NK』, 2010년 6월 24일자.
73) 『daily NK』, 2010년 9월 17일자. 이와 관련하여 미국평화연구소(USIP)의 존 박(John Park) 선임연구원은 장마당이 늘어날수록 북한 주민은 더욱 안전하다는 것이다. 그에 따르면 북한의 장마당이 북한 경제에 근간을 이루고 있음으로 뇌물에 의한 상납구조는 북한 체제를 시장에 의존하게 만든다는 것이며 북한 인민들에게 안정적인 생계수단이 되기 때문이라고 평가하였다(『daily NK』, 2010년 9월 1일자).
74) 『daily NK』, 2010년 10월 19일자.

제2경제가 팽창하게 하는 결과를 초래하였다.[75]

이러한 불안정한 북한 사회는 간부들의 불만으로 이어졌으며, 체제에 대한 불만으로 인한 불안정성을 드러내게 되었다. 극심한 인플레이션으로 인한 화폐가치가 요동쳐 안정 통화인 달러에 더욱 의존하여 북한 화폐의 가치를 하락을 촉진시키게 되었다. 20011년 12월부터 언론에 보도된 북한 사회는 그야말로 부패의 온상이었다. 2012년 2월 13일에 보도된 기사에는 '김정일 훈장'도 팔았으며 김정일 사망 이후 혜택을 미끼로 조의금을 요구하기도 했다.[76] 그밖에도 간부에서부터 인민에 이르기까지 수탈과 불법행위는 극에 달하게 된다.[77]

2. 경제제도의 재제도화와 시장의 파급효과

디노미네이션은 인플레이션의 경우, 민간 보유 화폐량의 축소, 주민들의 구매력 감축은 어느 정도 가능하고, 이는 일시적으로나마 인플레이션 억제 요인으로 작용할 수 있다. 주목해야 할 것은 북한의 화폐개혁이 북한원화의 기피 및 외화 선호 현상, 달러화 수요가 급증한다는 것이다. 또한 대외 의존도가 높은 국가에서 환율상승은 국내 물가에 즉각 반영되며 시장 억제

---

75) 『daily NK』, 2011년 10월 11일자.
76) 『daily NK』, 2012년 12월 27일자.
77) 「평양 10만호 건설, 자재 부족으로 부실공사 심각」, 『daily NK』, 2011년 11월 11일자; 「현장 간부들, 장마당에 자재 빼돌려 팔기도」, 『daily NK』, 2011년 11월 11일자; 「北 '낱알 타격대' 검문 강화… '걸리면 몰수' 일부 장사꾼, 타격대에 뇌물 주고 버젓이 장사」, 『daily NK』, 2011년 11월 15일자; 「북 군부 산하 무역회사 '마약 밀매' 성행」, 『daily NK』, 2011년 11월 18일자; 「北, 내년 강성대국 국제행사 사람—돈 총동원령」, 『daily NK』, 2011년 11월 30일자; 「김정일, 군수물자 착복 등 軍기강해이 질타」, 『daily NK』, 2011년 12월 6일자; 「북한, 과거 파키스탄 군부에 뇌물」, 『daily NK』, 2011년 12월 12일자; 「北 간부층 마약 · 불륜… 기강 와르르」, 『daily NK』, 2011년 12월 16일자; 「北 연탄 값 한 달 새 30%나 급등」, 『daily NK』, 2011년 12월 17일자; 「북 주민, 조선민주여성동맹에 불만 폭주」, 『daily NK』, 2012년 1월 9일자; 「북한 상류사회 전자담배 유행… 바치는 뇌물로 가장 좋은 게 전자담배」, 『daily NK』, 2012년 2월 9일자.

또한 마찬가지이다. 시장은 표면적으로 다소 위축, 억제되는 것 같이 보이지만 오히려 시장 부패를 더욱 확대시킬 가능성이 짙다. 식량배급의 공급제가 유명무실한 상황에서 주민들의 생존을 위한 시장경제활동은 결코 근절시킬 수 없다.

한편, 부익부 빈익빈 현상은 더욱 심해질 것이다. 북한 원화 신화폐 확보, 외화로의 대체, 시장 부패의 팽창 등의 과정에서 각종 부정부패가 기승을 부릴 가능성이 크다. 반면 일반 주민, 특히 빈곤층의 생활은 더욱 열악해질 것이다. 현재의 조건하에서 시장에 대한 통제는 통제를 넘어설 수 있는 권력을 보유한 사람들과 직간접적으로 연계된 계층을 더욱 지원해 부익부 빈익빈 현상을 심화시킬 것이다.

결국, 체제의 불안정성을 가속화시켜 빈부격차의 확대, 간부들의 부패 심화, 빈민층의 확대 및 사회범죄 증가 등으로 주민들의 원성은 높아지며 당국과 주민들의 갈등[78]이 증폭될 것이다. 그러나 증언에 따르면, 북한의 부패를 근본적으로 막지는 못했다는 것이다. 여전히 북한 보위부들은 탈북자 가족을 협박해서 갈취가 급증하고,[79] 군인들은 도로·뱃길을 막아 돈을 갈취하는 행위가 심각해졌으며,[80] 장마당을 통한 경제활동의 통제에도 불구하고 시장화가 확대되었다.[81] 현재에도 그 탈북자는 일주일에 한 번 이나 한 달에 두 번 정도는 북한에 있는 이모와 안부를 교환한다. 삼성 핸드폰을 사서 보내주기도 하고, 한국에서 방영하는 드라마에 여자 배우의 옷을 동대문에서 사서 부치기도 하는데, 장마당에서 한국 상표가 붙으면 북한에 있는 친척이 더 많은 돈을 받을 수 있어서 상표를 떼지 않고 보낸다.

---

78) "북 주민들, 민방위 훈련에 '넌더리'···'중앙당 검열성원들을 상대로 뇌물작전을 펼치고 있어 주민들의 원성을 사고 있습니다.'"(『자유아시아방송』 2010년 12월 7일자), "北 주민들, 인분 모으느라 연말 바빠"(RFA), "인분 훔치고, 뇌물 주고 책임량 면제받기도"(『daily NK』 2010년 12월 29일자).

79) 「북 보위부, 탈북자·가족 협박 갈취 급증」, 『daily NK』, 2011년 2월 7일자.

80) 「북 군인들, 도로·뱃길 막고 돈 갈취 심각」, 『daily NK』, 2011년 2월 23일자.

81) 「北, 장마당 통해 경제활동··· 통제 불구 시장화 확대」, 『daily NK』, 2011년 3월 3일자.

그 탈북자의 어머니는 10년 전에 탈북을 하고 자신은 올 초에 중국 민항기를 타고 입국했다. 탈북의 경로도 진화하였다. 돈이 있거나 북한에서 고위급 인사의 가족이나 당사자들은 브로커를 이용한 민항기를 타고 바로 입국하며, 그렇지 않은 경우는 국경수비대에 돈을 주거나 사슴이나 개를 이용해서 국경을 넘어 중국에 양딸이나 시집을 가서 숨은 후 보위부 눈을 피해 제3국(내몽골, 베트남, 필리핀, 라오스 등)을 통해 배를 타고 들어오는 경우가 많다. 이 경우 모두 거점마다 브로커가 있어 위험에 노출되기도 한다. 중국 보안이나 북한 보위부에서 국경에 있는 탈북자들을 송환하기 때문에 내몽골은 성공률이 낮다.

탈북에도 정해진 경로로 오지 않으면 실패할 가능성이 낮다. 탈북 경로로 탈북을 하지 않은 언니가 다시 수용소로 가서 소식이 끊겼다는 증언은 남북 간의 비공식 연락 통로가 존재한다는 것을 의미한다. 돈으로 거래가 가능해져 탈북자의 수가 증가하고 북한 내 가족과의 연락이 보다 용이해진 것이다. 탈북을 권유하면 '송금만으로도 만족하며 머지않아 통일되면 관광시켜 주겠노라'는 안부인사도 나눈다.

언론에 보도된 기사와 탈북자들의 증언을 종합해보면, 화폐개혁은 근본적으로 북한 경제의 규모를 파악하거나 정책의 정치적 목적을 달성하지 못한 것이 사실이다. 부패 편중 현상이 더욱 가중되었고 물질만능주의가 더욱 뿌리 내리는 결과를 가져왔을 뿐만 아니라, 경제와 정치의 고리를 더욱 단단하게 묶는 결과를 가져왔다. 이에 대해 임수호(2008)[82]는 사회주의 경제체제는 생산수단에 대한 국가 소유가 압도적으로 높아 계획이 경제를 일원화하고 전체 경제에서 차지하는 비중이 미미해 계획 영역에 별다른 영향을 미치지 못한다. 개혁사회주의 체제는 계획하에서 계획과 시장이 공식경제 '내부에서' 공존하면서 서로 영향을 주고받는 체제로 시장이 계획보다

---

82) 임수호, 『계획과 시장의 공존』, 삼성경제연구소, 2008, 235~246쪽.

상위에 놓이게 되고 시장이 계획을 지배하게 되면 시장사회주의로 규정한다는 것이다. 그는 사적 소유가 점진적으로 성장하는 변화로 발생한다고 한다. 이러한 구조는 장기간에 걸쳐 시장경제 체제로 이전을 의미하게 되는 것이다. 이러한 구조는 중국의 구조와 상당히 유사하다 그러나 중국은 정치와 경제를 구분한 상태라 가능하지만 북한과 같이 정치와 경제의 고리가 강하게 유착되어 있는 구조에서는 불가능하다. 특히 7·1조치가 '통제 이완 방식'의 제도라면 화폐개혁은 '통제 강화 방식'의 공식 제도라 할 수 있다. 이는 Zucker가 주장한 제도화 → 탈제도화 → 재제도화 과정이 성립된 것이다. 흔히 북한의 화폐 개혁은 실패한 경제정책의 제도적 산물이라고 한다. 그렇다면, 이 개혁 정책을 펴기 위한 제도적 마련에 북한 당국은 예상하지 못했던 것일까? 그것은 아닌 듯하다. 북한 당국도 그 여파가 크다는 것을 예측했지만, 그러한 부작용을 담보로 정책을 시행할 만큼 정치·경제구조가 단단함을 인정한 것이라고 할 수 있다. 다만, 그 여파가 시장화의 강력한 결집으로 귀결되리라는 것을 간과한 것이다.

Zucker는 재제도화(re-institutionalization)의 정의를 개인적 기억과 연결망에 의존하는 정치구조가 약화되고 조직적 기억과 집단사고가 강화될 때, 체제 내에서 정치제도가 강화되는 현상을 의미한다. 그는 하나의 정치체제에서 다른 정치체제로 균형을 찾아가는 과정이라고 언급했다. 이는 정부의 교체라든가 체제의 전환 과정에 나타나는 것을 말하는데, 정부의 교체라든가, 체제의 전환이 아닌 하나의 세습에 의한 체제를 유지하는 북한 체제에서 이러한 움직임이 보이는 것은 정치와 경제의 연결고리에서 정치와 경제 중 어느 쪽에 무게를 실어주는지에 달린 것이다. 화폐개혁을 비롯한 여러 차례에 걸린 제도화의 시도가 있음에도 불구하고 북한에서 여전히 새로운 제도가 제도로서 자리 잡지 못하게 되는 것은 제도와 현실과의 괴리를 나타내는 형식주의적 특성이 강하게 나타나는 것이다. 제도화가 제대로 이루어지지 않고 오히려 탈제도화 현상으로 이루어지는 것이다. 권력의 집중화 현상 때문에 북한 주민들의 무관심과 강한 카리스마에 대한 선호는 이러한 결과를 초래하게 되는 것이다. 흔히 탈북자들이 말하는 김일성과 김정일에 대한 평가가 다르듯, 더욱 강력한 카리스마를 가진 누군가가 문제를 해결해주길 원하는 현상이 나타나는 것이다. 탈제도화되는 현상은 몇 가지 특징이 있는데, 권력이 상층부로 집중되면 될수록 정치·행정구조는 단순화되며 양적인 감소를 가져온다. 이는 최종적인 결정은 대통령과 총리로 집중될수록 정치·행정구조는 단순화되는 것이다. 이러한 구조는 모든 국가에서 나타나는 공통된 현상이기도 하지만 정부가 정당과 연계가 되면 나타난다. 이러한 권력 집중 현상이 발생하는 원인으로는 제도적 불안정성이 대표적이다. 제도가 자리 잡지 못하고 특정인에 의해 움직이게 되는 것이다. 이는 제도가 개인의 행위자의 극단적 변화 시도를 억제하는 제약 요인으로 작동하지 못한다는 의미이다.[83] 인물을 중심으로 한 행정 운영이 많아서 법에 근거한 결정보다는 개인의 특성, 즉 부정적 재량권이 많이 행사되며, 인적 네트워크를 형성하여 사적 이익을 추구함으로서 부패를 만들어낸다. 북한의 관료들은 공식 제도에 대해 각자의 사익을 추구하며 비공식적인 제도에 근거해 행정을 집행하는 비공식적 제도가 엘리트 집단과의 네트워크인 셈이다. Solomon(2008)은 이러한 현상이 소비에트 전통 때문이라고 지적하며 1930년대 강력한 계획경제 또는 'tolkach(중간 관리자)'와 'pripiski(회계 담당)'를 통해서 비공식적인 제도로 진행했다고 주장했다. 러시아와 같이 체제적 전환이 있었지만 법과 제도는 그대로 존재하는 상황에서 경제와 충돌을 일으켜 부패가 행정 과정에 강하게 침투해 비공식적 규범과 제도를 형성하는 것이다. 이는 법치행정이 이루어지지 않는 러시아의 관료 조직이 법보다 중요하게 여기는 엘리트 집단과 관련이 있다. 이러한

---

83) Lempert David, "Changing russian political culture in the 1990s : Parasites, Paradigms, and Perestroika", *Society for Comparative Study of Society and History* Vol.35. No.3, 1993, pp.628~646.

구조는 체제에 대한 충성심에 따라 관료가 자리하기 때문에 제도로서의 개혁은 탈제도화를 불러일으키는 것이다.

탈제도화와 재제도화의 과정은 결국 법적 제도의 차원이 아니라 인적 네트워크하는 차원에서 이루어지는 것이다. 권력의 위계성과 역사적 지속성은 북한만의 구조적 진화에 영향을 미쳤으며 권력의 핵심부는 이러한 구조를 관리하기만 하면 되는 것이다. 오랜 시간동안 이러한 구조에서 제도 속에서 결과는 어떻든 간에 자신이 얻고자 하는 결과만 좋은 것을 선호하는 북한 인민들이야말로 탈제도화의 중심에 서있는 것이다. 이러한 특성은 경로의존성에 의해 더욱 공고화되는 것이다.

제6절 소결론 : 제도의 등장과 비의도적 결과[84]

모두 5절에 걸쳐 북한 제도의 정치적 경제적 목적과 그에 대한 비의도적

---

[84] 행위자에 의해 형성된 제도도 원래 의도한 목적을 달성하지 못거나 전혀 예상치 못한 결과를 초래할 수도 있다. 특히 행위자를 구속하는 제도적 제약은 원래 의도한 결과만을 낳는 것은 아니다. 이러한 비의도적 결과(unintended consequences)란 제도를 수립 혹은 변경시킨 행위자가 추구한 목적에서 벗어난 정책, 절차적 결과 그리고 제도적 결과들이다. 일반적으로 제도 변화 이후 비의도된 결과가 실현화되는 데 걸리는 시간이 길수록 혹은 제도개혁이 역전되는 데 걸리는 시간이 길수록 변화의 결과를 통제할 행위자의 능력을 상당히 잘 판단할 수 있다(Cortell, A. P. & Perterson, S. Limiting the Unintended Consequences of Institutional Change, *Comparative Political Studies*, 2001). 비의도적(unintended) 결과는 예상치 못한(unanticipated) 결과와 다소 차이가 난다. 비의도적 결과는 좋고 나쁨의 문제일 수 있다. 석유를 캐려다 금을 발견하면 비의도적 좋은 결과를 얻는 경우이다. 불법 마약을 줄이려는 의도의 정책이 오히려 불법 마약을 증가시킨 경우는 비의도적 나쁜 결과이다. 대부분의 법과 공공정책은 좋은 의도를 가지고 추진된다고 여길 수 있다. 법은 범죄를 줄이고, 경쟁을 촉진하고, 빈곤을 방지하려는 의도를 가지기 때문이다. 긍정적(positive) 의도를 가진 정책으로부터 부정적(negative) 성과가 나오는 정도에 따라 우리는 그 결과를 비의도적이라 할 수 있다(Allen, D. W. An Economic Assessment of Same-Sex Marriage Laws, *Harvard Journal of Law & Public Policy* 29, 2005; 김윤권, 「공식적 제도제약의 비의도된 결과」, 『한국행정학보』 제40권 제4호, 559~560쪽 내용을 본문 내용에 맞게 인용).

현상에 대해 탈북자 증언을 근거로 제시하였다. 본 연구에 독립변수에 해당하는 북한의 제도는 북한 당국이 현실에 대해 통제와 수용의 성격을 지닌 제도의 등장이 특징이다. 탈북자 인터뷰를 통해서 얻은 한 가지 공통된 사실은 북한 당국이 제도를 포함한 북한 체제에 견고성을 가지고 있다는 것이다. 체제에 불만을 가지거나 조직구성원 간 문제가 발생하게 되면 다른 국가와 같이 집단행동을 하지 않고 일정하게 정해진 경로를 통해 탈북을 시도하는 것으로 나타났다. 두만강과 압록강을 중심으로 퍼져있는 국경 경비대가 탈북을 도와주거나 중국을 오가면서 장사를 하는 조선족이 국제결혼을 알선해주는 브로커의 역할을 담당하여 강력한 통제 수단에도 불구하고 지속적으로 탈북이 이루어지고 있다. 이러한 부패 구조는 이미 체계화된 비공식 제도이다. 그러나 이러한 부패를 이용한 탈북 현상이 북한의 체제를 붕괴시키는 데 직접적인 요인으로 작용한다고 할 수 없다. 최소한 북한은 체제를 옹호하는 인구가 당원과 그와 관련된 연고들까지 60% 넘는다는 탈북자의 증언이 이를 증명하고 있다. 북한 당국은 이 60%만 유지한다면, 소위 하바닥 주민들이 탈북하는 것은 정치적으로 그리 위험하지 않은 것으로 인식한다.

국가가 정책을 세우고 실행하기 위한 제도를 개선하거나 만드는 것은 행정적 변화를 전제한다. 조직의 규모와 구성에 대한 결정 역시 정책적 방향에 따라 움직이게 된다. 제도의 의도 또한 정책적 방향에 따라 다르게 등장하는데, 이러한 구조에서 제도 분석에 있어서 제도의 의도와 등장 배경을 살펴보아야 한다. 특히 북한의 제도는 정치·경제구조에서 기인한다. 정치적 함목적성을 지니고 있는 북한의 제도는 상층(top)에 정치 논리에 치중하거나 하층(bottom)에 경제 논리에 힘을 실어주는지에 따라 그 특색을 지니며 등장한다. 북한의 제도에 대한 정성적 분석에 따르면, 북한은 정책적 제언에 앞서 행정적 구조 변화를 모색한다는 것이다. 그 특징이 통제(top-down) 방식과 수용(borrom-up) 방식으로 번갈아 등장한다. 김일성·김정일의 현지지도는 그야말로 정치사업의 일환으로 시작한 현지시찰의 의미가 강하나 김정일 집권 시기에는 강하게 정치사업적 목적을 가지고 서면이나 지시에 따라 정책적 제언에 이르게 된다. 전형적인 통제를 강화하는 방식의 제도이며 식량배급제 붕괴는 공식 제도의 붕괴이지만, 식량배급제의 붕괴 자체가 북한 인민들에게는 하나의 제도처럼 여겨져 공식적 제도화된 비공식 제도이다. 식량배급을 받는다 하더라도 식량을 구해야하는 상황에서 시장의 역할을 증대시키는 제도적 영향력이 있었다는 것이다.

김일성 사망 이후, 김정일은 선군정치 사상을 바탕으로 하는 행정 개혁을 단행하고 헌법을 개정한다. 이는 정치 변화를 예고하는 '통제 강화' 방식의 조치인 반면 7·1조치는 현상을 수용하는 '통제 수용' 방식의 제도 도입인 것이다. 이를 통해 정치적 목적을 달성하지 못하자 통제를 강화하는 방식의 화폐개혁을 단행하게 된 것이다.

이렇게 통제와 수용의 단계를 반복하며 등장한 제도는 사회적 탈제도화 현상으로 나타나게 되고 수용 단계에서 용인되었던 부패 현상이 통제를 통해 감소하는 것이 아니라, 다른 방식으로 옮겨지거나 더욱 강력한 저항력을 가지게 된다. 이렇게 제도의 영역과 행위의 영역의 괴리는 폐쇄된 북한 사회에 부패의 일반화를 가져왔을 뿐만 아니라, 비공식 제도로서의 역할을 담당하여 북한의 공식적인 국가시스템의 관료화를 가속화시키는 결과를 낳았다.

탈북자 증언을 참고하여 본 조사 기간(1990.1~2012.4)에 등장한 제도를 다음과 같이 정리할 수 있다.

<그림 3-5> 통제와 수용에 의한 제도의 영역과 행위의 영역

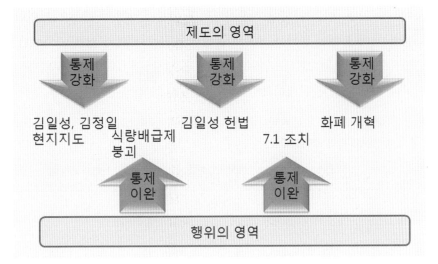

이렇게 수용과 통제가 반복적으로 나타나는 현상에 대해 행정 체계의 제도적 퇴행이라고 말할 수 있다. 정치제도에 대한 인민들의 집단 생각 혹은 집단 기억은 경험적으로 증명하기는 어려운 부분은 있지만 상당 부분 신제도주의의 제도 분석에 부합한다. 공식 제도뿐만 아니라 관행에 의한 제도화는 비공식 제도로서 역할을 담당하고 북한의 경우, 그 역할을 시장이 담당하는 것을 볼 수 있다. 결국 국가 재정의 원천이 시장을 중심으로 이루어지는 초기의 시장경제 형태를 가지고 있는 것이다. 고질적인 경제난은 인민들의 자력갱생에 의한 경제활동을 용인해주고 여기에서 발생하는 취약한 구조는 비공식 방식의 부패로 해결하는 것이다. 북한 당국은 체제 유지에 필요한 비용을 외화벌이와 마약을 포함한 불법 무기 제조와 유통으로 충당하며 부족한 경제 재정은 시장을 통해 해결하면서 사유재산을 형성한다. 폐쇄적인 국가에서 사유재산의 크기는 곧 권력의 크기로 이어지고 권력은 구조적 결함을 대체하는 수단으로 전락하게 된다.

이러한 현상을 행정조직적 접근에서는 탈제도화와 재제도화의 현상으로 풀이하고 있다. 이를 북한에 적용시켜보면 통제와 수용의 반복으로 인한 북한의 부패 유형의 변화는 제도의 등장에 따른 의도되지 않은 결과이다.

탈제도화와 재제도화는 국가가 발전하고 성장하는 과정에서 나타나는 것이다. 이 두 관계를 정리하면 다음 〈표 3-9〉와 같다.

〈표 3-9〉 탈제도화와 재제도화[85]

제도화 측면 개념	탈제도화 (De-institutionalization)	재제도화 (Re-institutionalization)
정치 / 행정구조의 양적 측면 (Political structure)	증가	감소
제도의 역할 (discrimination of role of political institutions)	감소	증가
경로의존성의 존재 (path-dependency)	감소	증가
체제의 지속가능성 (political sustainability)	감소	증가

이러한 각 항목별 증감의 원인은 체제, 제도, 행위자 간의 상호작용이 제도화 경향에 영향을 미치면서 탈제도화 경향이 강화되거나 약화되기 때문이다. 이 같은 연관성에 의한 증감은 탈제도화 현상에서 나타나는 제도의 역할의 부재로 경로의존성도 감소하고 체제의 지속성에서도 부(negative relationship)의 관계를 가지게 된다. 이러한 현상은 7·1조치 이후에 증가하게 된다. 그 이유는 제도 자체가 북한의 현실을 반영한 공식 제도이기 때문이다. 이전에는 불법행위였으나 7·1조치 이후 합법적으로 인정되어 시장화가 가속화되어 공개적으로 제도적 역할을 하게 된 것이다. 이러한 제도의 효과는 체제에 위협이 되므로 다시 새로운 제도 등장을 촉진하고 제도

85) 임도빈, 2005, 258쪽.

로서의 역할을 강화하여 예전으로 회귀하려는 재제도화가 등장하게 되는데 이것이 화폐개혁인 것이다. 정치·행정구조는 단순화되지만 경로의존성에 의한 제도의 등장은 체제의 지속성을 가진다. 바로 화폐개혁과 같은 강경한 제도를 등장시킨 것은 북한 당국의 체제 지속성을 증가시키기 위함인 것이다. 그러나 이 제도는 부패를 고착화시키는 데 일정한 영향을 주었고 시장이 정치적 통제에서 벗어났음을 증명하는 것이다.

이러한 현상이 반복되는 이유는 정책에 의한 각종 입법은 제도화의 영역이지만, 이것이 개인의 규범으로 자리 잡는 것은 행위의 영역이기 때문이다.[86]

---

86) Barley Stephen R., Tolbert Pamela S., "Institutionalization and Structuration : Studying the Links between Action an Institution", *Organization Studies* No.18, 1997, pp.93~117.

제4장

북한의 제도 변화와
부패 유형 변화에 관한 양적 분석

제4장 북한의 제도 변화와 부패 유형 변화에 관한 양적 분석

본 장에서는 앞서 기술한 정성적 분석을 기반으로 한 정량적 분석이다. 본 장에서는 자료 수집과 가설 설정 및 북한의 제도 등장에 따른 부패 유형 변화를 검증하는 두 개의 통계 기법을 실시한다.

일반적으로 사회과학에서 연구방법론에 대한 흐름은 정성적 기법인 질적 분석과 정량적 기법인 양적 기법 중에서 연구 주제에 따른 분석 기법을 선택해서 증명하는 형식을 취하고 있다. 면접을 이용한 서베이 방법일지라도 연구 주제에 따른 관찰이나 실험에 의한 가설이나 명제를 증명하는 것은 질적 분석이라 하고 설문지를 이용한 서베이 결과를 계량적인 추세분석에서부터 수치화 과정을 거치게 되면 양적 방법이라고 한다.

본 연구는 제1장에서도 언급했듯이, 북한의 제도의 등장과 부패 유형 변화를 살피는 범주형 분석에 보다 신뢰성과 타당성을 확보하기 위해 질적 분석과 양적 분석을 병행하기로 한다. 이러한 분석 방법은 자료 수집에 따르는 현실적인 한계를 좀 더 극복하기 위한 방법이기도 하다. 그러므로 본 장에서부터 제5장에 이르기까지 통계분석 방법에 의한 연구 결과를 제시하도록 한다.

제4장인 본 장의 앞부분에는 분석에 필요한 자료 수집과 표준화 과정을 가설 설정과 함께 제시하고, 뒷부분은 북한의 제도 등장과 부패 유형 변화를 구체적인 분석 도구인 피벗 테이블(Pivot table) 기법과 두 변수의 관련성을 검증할 카이스퀘어 검정(Chi-square test) 기법을 사용한다.

제1절 자료 수집과 표준화

기본적으로 통계학은 현실을 추정하거나 예측하는 학문이다. 이는 샘플을 이용해 모집단을 예측하는 것을 의미한다. 특히, 본 연구에서 사용하게 될 범주형 분석 기법은 많은 사회과학 분야에서 변수와의 관계를 설명하는 데 사용된다. 이와 같은 질적 연구의 수행은 탐구대상의 본질적인 측면과 그 작동 방법을 다룬다는 점에서 특별한 의미를 부여할 수 있으며, 동시에 매우 흥미롭고 중요한 작업이다. 질적 연구를 통해서 일상생활의 본질과 구성은 물론, 참여연구자의 이해, 경험 및 상상력, 그리고 사회 과정, 제도와 사회관계가 작동하는 원리와 그 의미 등 현실세계에 다양하고 광범위한 차원을 탐구할 수 있다. 연구 대상이 특정한 상황이나 맥락에서 어떻게 작동하는가를 밝혀낼 수 있는 장점을 가지고 한정된 상황에 시각을 고정시키지 않고 다른 맥락에서도 적용가능한 일반화를 추구할 수 있는 연구에 밑거름이 되기도 한다.

이러한 관점에서 본 연구의 중심인 북한의 제도와 부패와의 관계를 규명하는 작업은 일반화된 질적 연구에 대한 사회적 고정관념으로 다양한 연구를 시도하는 데 현실적인 어려움을 준다. 따라서 무한한 잠재성을 지니는 질적 연구의 수행 과정에서 연구자들은 작지 않은 도전에 당면하게 된다. 그러나 학재적 연구에 대한 관심이 증가하면서, 질적 연구의 계량적 접근에 대한 의미와 효율성에 있어서 충분히 정당성을 인정받고 있으며, 사회과학 분야에서 좋은 평판을 구축하고 이어갈 수 있는 여건을 갖출 수 있는 환경이 조성되고 있다.

본 연구를 통해 연구 방법에 있어 질적 방법과 양적 방법이 상호배타적으로 경직되지 않고 서로 상호보완적인 성격을 지니고 있음을 밝힌다. 이는 통계학이 가지는 고전적인 약점인 '가정'에서 오는 설명 안 되는 부분을 정성적 분석과 정량적 분석을 함께 진행함으로써 현실에 대한 설명력을 확보하였다. 이러한 시각에서 북한의 제도와 부패 유형과의 관계를 규명하고자 한다. 본 연구에서 측정하게 될 각각의 두 변수는 불가산 변수를 위한 범주형 분석 기법(Categorical Data Analysis)[1]인 카이스퀘어분석(x^2 analysis 혹은 교차분석)을 사용한다. 이 분석 기법은 불가산 변수에 자의적으로 부여하는 계량분석의 오류를 면할 수 있다. 또한 이 방법에 앞서 피벗 테이블(Pivot table)을 이용한 부패 유형 변화 추이를 먼저 살펴보고자 한다. 아울러 피벗 테이블(Pivot table)을 이용한 추세에 제도의 시차(時差)도 함께 살펴본다.

1. 변수의 개념적 범주와 데이터 수집

우선, 본 연구에 필요한 연구 범위를 포함한 통계분석 설계를 세우기에 앞서 북한의 부패 현상을 설명하는 데 북한의 제도가 그 기준임을 밝힌다.

---

[1] 사회과학, 의학, 교육학 또는 경제학 분야에서 흔히 접할 수 있는 범주형 자료들의 연관성을 검증하는 x^2검정법과 로그선형모형을 이해하고, 범주형 반응변수와 이에 영향을 미치는 여러 설명변수들과의 관계를 호지스틱 회귀모형과 오즈비의 개념을 통하여 연구한다. 특히 로지스틱 회귀모형은 어떤 사건이 발생하는지 안하는지를 직접 예측하는 것이 아니라, 그 사건이 발생할 확률을 예측한다. 일반적으로 종속변수의 범주가 두 개인 경우에 적용된다. 종속변수와 독립변수의 관계를 단순회귀분석과 다중회귀분석은 선형(linear)으로 가정하는데 비해, Logistic Regression Model은 S자형으로 가정한다. 본 연구에서는 두 변수 간의 관계를 검증하므로 교차분석 기법인 x^2분석을 하도록 한다.

새로운 공식적 제도의 등장이나 규범을 포함한 비공식 제도가 북한 주민의 선택에 동인을 제공한 것으로 본 연구의 전체적인 범위를 설정한다. 이를 구체화하기 위해 북한의 제도 분석과 부패 현상이라는 커다란 두 흐름으로 나누어 연구를 진행한다. 변수를 수집(Data Mining)[2]하는데 있어 본 연구에서 중심이 되는 북한의 제도와 부패를 변수화하기 위한 개념적 범주를 정하기로 한다.

본 연구의 독립변수인 북한의 제도는 국가 경영전략의 일환으로 정책적 변화에 기인한다. 정책적 수단의 역할을 담당하고 있는 북한의 제도는 일례로 김일성·김정일 현지지도가 대표적으로 현지시찰에 해당하는 현지지도는 북한의 정치사업의 한 형태로 평양으로부터 거리가 있는 주요 지역이

---

2) 데이터 마이닝(data mining)은 대규모로 저장된 데이터 안에서 체계적이고 자동적으로 통계적 규칙이나 패턴을 찾아내는 것이다. 다른 말로는 KDD(데이터베이스 속의 지식 발견 : knowledge-discovery in databases)라고도 일컫는다. 이를 위해서, 데이터 마이닝은 통계학에서 패턴 인식에 이르는 다양한 계량 기법을 사용한다. 데이터 마이닝 기법은 통계학계에서 발전한 탐색적 자료 분석, 가설 검정, 다변량 분석, 시계열 분석, 일반선형모형 등의 방법론과 데이터베이스 쪽에서 발전한 OLAP(온라인 분석 처리 : On-Line Analytic Processing), 인공지능 진영에서 발전한 SOM, 신경망, 전문가 시스템 등의 기술적인 방법론이 쓰인다. 데이터 마이닝의 응용 분야로 신용평점 시스템(Credit Scoring System)의 신용평가모형 개발, 사기탐지시스템(Fraud Detection System), 장바구니 분석(Market Basket Analysis), 최적 포트폴리오 구축과 같이 다양한 산업 분야에서 광범위하게 사용되고 있다. 단점으로는, 자료에 의존하여 현상을 해석하고 개선하려고 하기 때문에 자료가 현실을 충분히 반영하지 못한 상태에서 정보를 추출한 모형을 개발할 경우 잘못된 모형을 구축하는 오류를 범할 수가 있다. 〈http://ko.wikipedia.org/wiki/%EB%8D %B0%EC%9D%B4%ED%84%B0_%EB%A7%88%EC%9D%B4%EB%8B%9D_2012_09_30〉. 데이터 마이닝은 데이터 분석을 통해 아래와 같은 분야에 적용하여 결과를 도출할 수 있다. ① 분류(Classification) : 일정한 집단에 대한 특정 정의를 통해 분류 및 구분을 추론한다(예 : 경쟁자에게로 이탈한 고객), ② 군집화(Clustering) : 구체적인 특성을 공유하는 군집을 찾는다. 군집화는 미리 정의된 특성에 대한 정보를 가지지 않는다는 점에서 분류와 다르다(예 : 유사 행동 집단의 구분), ③ 연관성(Association) : 동시에 발생한 사건 간의 관계를 정의한다(예 : 장바구니 안의 동시에 들어가는 상품들의 관계 규명), ④ 연속성(Sequencing) : 특정 기간에 걸쳐 발생하는 관계를 규명한다. 기간의 특성을 제외하면 연관성 분석과 유사하다.(예 : 슈퍼마켓과 금융상품 사용에 대한 반복 방문), ⑤ 예측(Forecasting) : 대용량 데이터집합 내의 패턴을 기반으로 미래를 예측한다(예: 수요예측)(이재규·권순범·임규건, 『경영정보시스템원론(제2판)』, 2005, 534쪽).

나 정치사업을 새롭게 시작하는 지역의 공장 등을 방문해서 김일성이나 김정일이 직접 정치지도를 하는 것을 말한다. 언론에 나타난 현지지도 수행원의 면면이나 횟수에 따라 서열을 나누기도 하는 것이 이러한 이유이다. 김일성과 김정일의 현지지도를 포함한 공식 제도인 6개의 정치·경제제도의 등장에 따른 북한의 부패 현상을 설명하고자 한다.

본 연구의 독립변수에 해당하는 북한의 정치·경제제도의 분류는 종속변수인 북한의 부패 유형과의 연관성을 규명하는 기준을 제공한다. 북한의 부패 현상에 대한 자료 수집은 일간지를 비롯한 북한 전문 인터넷 신문인 DailyNK와 미국의 소리(VOA)에서 검색조건을 정해 수집하였다. 또한 중첩된 기사나 내용의 타당성을 확보하기 위해 산케이 신문, 워싱턴포스트, 그리고 각종 다른 국가의 보도 기사를 사용하였다. 검색 기간은 제도의 등장과 시행에 따르는 시차를 고려하여 1990년 1월 1일을 시작하여 최근(2012년 4월 21일)까지 설정하여 연구를 진행하면서 변수를 수집하였다. 북한의 정치 부패에 대한 기사 검색 조건은 다음과 같다.

〈표 4-1〉 종속변수 - 북한의 정치 부패 관련 기사 검색 조건

검색 주제어	부패, 뇌물, 상납, 부정
검색 기간	1990년 1월 1일~2012년 4월 30일
검색 대상	미국의 소리(VOA), DailyNK, 한국언론재단, 산케이 신문, WP

북한의 부패 유형에 대한 개념적 범주를 상정하기 위해서는 부패에 해당되는 주제어를 정하는 것이 우선시 되어야 한다. 따라서 '부패'를 조건으로 먼저 조사한 뒤에 '뇌물', '상납' 순으로 조사하여 교차 확인하였다. 북한의 부패와 관련된 기사에서는 '부정'과 '상납'이라는 검색어와 더불어 '요구'라는 단어를 많이 사용하였다. 그러나 남북경협과 관련된 남한의 부패에 대한 기사에는 '뒷돈', '청탁'이라는 단어를 많이 사용하였다. 이렇게 수집된

자료는 약 500여 개[3]로 조사되었으며 이 조사된 변수를 Johnston의 4가지 부패 유형으로 범주화(Grouping)하였다. 887개의 변수는 4개의 그룹—a. 시장 부패, b. 후원자 관계, c. 연고주의, d. 위기 부패—로 나누어 그룹화하였다.

2. 실험설계 및 가설 설정

본 연구의 주제는 1990년 1월 1일부터 2012년 4월 30일까지 조사된 북한의 부패와 그동안 등장했던 제도와의 어떠한 연관성이 있는지 검증하기 위해서 범주형 분석 기법인 카이스퀘어분석(혹은 교차분석)과 추세분석을 실시한다. 이를 위해 통계실험은 크게는 두 가지로 다음과 같이 이루어진다.

1차 통계실험(종속변수 : 부패 현상 추출) : 특정 기간(22여 년) 동안 관찰치를 수집하여 Johnston의 4가지 부패 유형으로 그룹화한다. 이 기간 동안 수집된 변수는 국내 350개, 외국 536개(인터넷 기사 포함) 총 886개의 종속변수를 수집하였다.

2차 통계실험(독립변수 제도의 변수화 과정 : 연구 기간 동안 등장했던 북한의 제도 중에서 제도 시차의 특징에 따라 1995년 식량배급제 붕괴, 1998년 김일성 헌법, 2001년 7 · 1조치, 2009년 화폐개혁 그리고 북한 사회 전체에 적용되었던 김일성과 김정일의 현지지도를 적용 기간별로 정리하였다. 독립변수인 북한의 정치 · 경제제도는 변수의 오염을 방지하기 위해 수치화하지 않고 기간별로 종속변수인 북한의 부패 현상과 1 : 1로 대조(cross-check)하였다.

---

[3] 본 연구가 끝나는 날까지 자료를 업데이트하여 변수 확보를 할 것이다.

〈표 4-2〉 독립변수(북한의 제도)의 변수화

In1	In2	In3	In4	In5	In6

    In1 :『김일성 저작집』,   In2 :『김정일 선집』,   In3 : 식량배급제 중단
    In4 : 김일성 헌법 개정, In5 : 7・1경제관리조치,   In6 : 화폐개혁

3차 통계실험 : M. Johnston의 4가지 부패 유형으로 4개의 그룹으로 나눈 종속변수를 가지고 연구 기간(1990.1.1~2012.4.30) 동안의 부패 유형의 패턴을 피벗 테이블(Pivot table)을 이용해서 살펴본다. 이는 본격적인 독립변수와 종속변수를 이용한 카이스퀘어 검정(Chi-square test) 분석에서 얻은 결과치에 대한 신뢰성과 내적・외적 타당성[4]을 확보하기 위한 사전 작업이라 할 수 있다.

---

4) 내적 타당성(內的 妥當性, internal validity) : 실험 또는 연구 조사를 통해 찾아낸 효과가 다른 경쟁적 원인들에 의해서라기보다는 조작화된 처리에 기인된 것이라고 볼 수 있는 정도를 의미한다. 즉 처치와 결과 간의 관찰된 관계로부터 도달하게 된 인과적 결론의 적합성 정도를 나타내는 것이다. 내적 타당성을 위태롭게 하는 요소에는 외재적 요소와 내재적 요소가 있다. 외재적 요소는 처치집단과 비교집단을 구성할 때 두 집단에 특성이 서로 다른 표본들을 선발・할당함으로써 오게 될지도 모르는 편견(biases)을 말하며 내재적 요소는 평가연구를 수행하는 과정에서 스며들어 가는 교란 요인을 말한다. 처치과정에 스며들어 인과적 추론의 타당성을 낮게 하는 내재적 요소들로는 ① 역사적 요소(history), ② 성숙 효과(maturation), ③ 상실 요소(experimental mortality), ④ 측정 요소(testing), ⑤ 회귀인공 요소(regression artifact), ⑥ 측정도구의 변화(instrumentation), ⑦ 선발과 성숙의 상호작용(selection maturation interaction), ⑧ 처리와 상실의 상호작용(treatment mortality interaction) 등이 있다.
외적 타당성(外的 妥當性, external validity) : 실험 또는 연구 조사에서 얻은 결론들이 다른 이론적 구성 요소(theoretical constructs)나 현상들에까지도 일반화될 수 있는 정도를 의미한다. 외적 타당성은 사전・사후 측정, 표본 선택 시 편견 개재, 표본 선택과 실험변수의 상호작용, 다수의 데이터를 처리에 의한 간섭(multiple-treatment interference) 등에 의해 저해 받을 수 있다.
보통 사회과학에서는 내적 타당성과 외적 타당성을 높이기 위해 변수 처리 과정에서 오염을 줄이는 방안에 대해 연구하였다. 그중 하나는 분석 기법을 표준화하여 변수가 자유롭게 표현하는 방법과 변수를 조작적 정의를 통해 표준화하여 분석 기법에 적용하는 것이다 모두 가정에 의한 분석이므로 완전하게 모집단을 포함한 현실가능성을 높이는 기준으로 내적 타당성과 외적 타당성이 있다. 본 연구도 내적 타당성과 외적 타당성을 높게 유지하기 위해 변수를 되도록 가공하지 않은 상태에서 분석 기법에 적용하여 변수들이 정해진 룰에 따라 자유롭게 연관성 있는 변수로 움직이게 설계하였다.

이 단계의 실험에서는 북한의 제도를 기간별로 정하고 종속변수인 북한의 부패 현상을 4그룹으로 나누어 제도가 적용되는 시기는 '1'로 그렇지 않은 시기는 '0'으로 나누었다. 이러한 작업은 독립변수의 내적 타당성을 높이기 위해 명목척도인 '0'과 '1'로 정하는 것이다.

4차 통계실험 : 3단계를 거친 데이터 마이닝 작업은 피벗 테이블(Pivot table)을 이용한 추세분석과 카이스퀘어 검정(Chi-square test) 분석 결과를 정리하는 것이다. 부패 유형의 추세분석과 독립변수와 종속변수의 연관성 검증은 종속변수에 영향을 가장 많이 미친 독립변수를 선별할 수 있고 두 변수 간의 연관성을 수치적으로 표현하여 신뢰성 가설을 검증하는 데 기여한다.

5차 통계실험 : 국제투명성기구에서 발표한 2011CPI지수에 사용된 원천자료 3가지(PRS_ICRG, GI_CRR, BF_SGI · TI) 중 한 보고서를 이용하여 본 연구의 통계분석 결과에 신뢰성을 확보한다.

본 연구에서는 연구 목적을 달성하기 위해서 범주화된 독립변수와 종속변수와의 관계를 가설 설정하여 검증하고자 한다. 우선, 선행 연구에서 살펴보았듯이 Johnston의 4가지 유형으로 나누어진 북한의 부패 유형이 제도 등장에 영향을 받아 유형 변화[5]와의 관계를 분석한다.

그 증거로 신뢰도 수준을 정하는데 보통 95%를 설정하나 본 연구는 99%로 유지하였다. 간단히 말해, 내적 타당성은 실험 결과 해석의 적절성을 의미하고, 외적 타당성은 실험 결과의 일반화 가능성을 의미한다. 내적 타당성이 높으면 외적 타당성이 낮아지는 경향이 있다. 내적 타당성이 높다는 것은 특수 상황이라는 의미이므로 일반 상황에 적용이 어렵다는 것을 말한다. 또한 내적 타당성이 낮으면 외적 타당성은 논할 가치가 없다. 내적 타당성이 낮다는 것은 실험 자체에 문제가 있다는 것을 의미하므로 일반화를 시도하는 외적 타당성은 의미 없기 때문이다. 이러한 내적 타당성과 외적 타당성의 관계를 고려하여 본 연구는 내적 타장성을 확보하고 이에 대한 외적 타당성인 북한 부패의 일반화를 꾀하고자 한다(〈http://ko.wikipedia.org/wiki/%ED%8A%B9%EC%88%98%EA%B8%B0%EB%8A%A5:%EC%B0%BE%EA%B8%B0?search=%EB%82%B4%EC%A0%81+%ED%83%80%EB%8B%B9%EC%84%B〉을 정리 · 적용하였음).

[5] 신제도주의에서 정의하는 '제도'는 크게 세 가지로 정의되는데, ① Schotter(1981), Riker(1980), Calvert(1992) 등의 학자들은 제도를 하나의 균형점(equilibrium)' 으로 정의하여 개인들이 상호의 선호를 이해하고 이에 따라 최적의 행동을 선택한다면 존재하게 되는 '행태의 안정적인 유형(stable pattern of behavior)'을 제도라고 하고, 한편 ② Lewis(1969),

〈그림 4-1〉 북한의 제도와 부패 유형 변화에 관한 통계적 분석틀

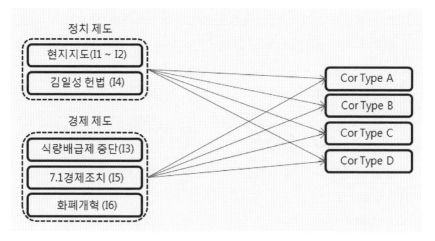

Cor Type A : 시장 부패, Cor Type B : 후원자 관계 부패
Cor Type C : 연고주의 부패, Cor Type D : 위기 부패

일반적으로 북한에서는 김일성, 김정일의 지시 자체가 법과 같은 효력 내지는 상위에 놓인다고 한다. 김일성 김정일의 명령과 교시는 북한 사회에 법적 효력을 지니는 것은 김일성, 김정일로의 1인 독재 체제에서 그들의 말이 강제성을 지닌 것은 당연한 것일 것이다. 그들이 체제에 대한 모든 의사결정권과 국가의 자원에 대한 소유를 하고 있으며 정치적 목적을 실현

Ulman-Margalit(1977), Coleman(1987) 등의 학자는 제도를 '규범(norm)'으로 정의하고, ③ Shepsle(1989), Shepsle and Parks(1988) North(1986), Ostrom(1986, 1990), Williamson(1985), Knight(1992) 등의 학자들은 제도를 '규칙(rules)'이라고 정의한다. 한편 ④ Hall and Taylor(1996)에 의하면 사회학적 신제도주의에서는 제도를 "인간의 행동을 지도하는 '의미의 준거틀(frame of meaning)'을 제공하는 상징체계(symbol system)", 즉 문화(culture)' 라고 정의한다. 본 연구에서는 제동에 대한 네 가지 정의 중 North와 Ostrom의 정의에 따라 규범, 즉 Rules이라고 정의할 수 있다. 북한 사회를 지탱하는 규범은 김일성 헌법을 포함한 사회주의 헌법과 각종 정치·경제제도뿐만 아니라, 북한 사회에서 헌법보다 상위의 개념인 김일성, 김정일의 교시 또한 북한 사회에서 규범으로 인정할 수 있다. 공식 제도의 형태는 아니지만, 공식 제도와 버금가는 혹은 더 상위의 김일성 김정일의 교시 중 본 연구 주제에 적용할 수 있는 김일성, 김정일 현지지도에서 반부패 언급도 북한 제도로 포함시켰다. 이는 김일성, 김정일이 현지지도의 영향력의 정도 차이도 함께 비교할 수 있을 것이다.

하기 위한 명령하달식의 조직은 피라미드식 구조를 더욱 견고하게 한다. 이와 같이 김일성과 김정일의 말 자체가 곧 법으로 인식하게 되는 것은 그들이 정기적인 혹은 비정기적으로 실행하는 현지지도가 그 대표이다. 그들이 현지지도에서 언급한 내용을 『김일성 저작집』, 『김정일 선집』으로 기록하고 이를 주체사상과 선군사상이라는 이론으로 정립한 것이 김일성, 김정일 노작이다. 『김일성 저작집』과 『김정일 선집』은 노작에 비해 구어체로 쓰였으며 보다 직접적인 단어를 구사하여 당시 상황을 전달하는 데 현실감을 준다.

김일성·김정일 노작에 나타난 본 연구의 주제와 관련한 언급은 하급공무원에서부터 고위관료들의 개인주의와 집단중의를 경계하는 발언들을 정리하여 그들이 당시에 현지지도에서 그들이 가장 경계하는 반사회적 현상을 부르는 부패와 관련한 언급이 실제로 부패 변화에 영향을 미쳤는지 검증하기 위해 다음과 같은 가설을 설정하였다.

가설 I. 김일성과 김정일이 현지지도에서 반부패 관련 언급(제도 1, 제도 2)은 북한의 부패 유형 변화에 기여하지 못할 것이다.

I-1. 김일성과 김정일이 현지지도에서 반부패 관련 언급(제도 1, 제도 2)은 시장 부패 축소(Cor Type A)와 관련이 없을 것이다.

I-2. 김일성과 김정일이 현지지도에서 반부패 관련 언급(제도 1, 제도 2)은 북한 주민과 관료 혹은 관료와 관료 사이에 후원자 관계(Cor Type B)를 줄이는 데 관련이 없을 것이다.

I-3. 김일성과 김정일이 현지지도에서 반부패 관련 언급(제도 1, 제도 2)은 북한의 연고주의에 의한 부패(Cor Type C)를 줄이는 데 관련이 없을 것이다.

I-4. 김일성과 김정일이 현지지도에서 반부패 관련 언급(제도 1, 제도 2)은 북한의 위기 부패(Cor Type D)와 관련이 없을 것이다.

가설 I은 김일성과 김정일의 북한 사회에 대한 통제력 차이를 검증하는 것이다. 탈북자 인터뷰를 진행하면서, 김일성보다는 김정일 리더십에 대한 비판을 많이 접할 수 있다. 상대적으로 김일성에게 긍정적인 평가를 내리기도 하는 반면, 김정일에 대한 부정적인 평가를 내리는 것을 볼 때 김일성과 김정일에 대한 충성도에 차이가 존재하며 반부패 관련 언급에서도 그들의 영향력에 차이가 있다고 추정할 수 있다. 이는 현지지도에서 반부패 관련한 지시 내용이 실제로 공식적 제도와 같이 법과 같은 효력을 가지는지에 대한 검증이다. 현지지도를 통해서 김일성과 김정일이 추구하려는 정치적 영향력이 부패 유형을 변화시키는 데도 적용되는지 확인할 수 있을 것이다.

가설Ⅱ는 본 연구에서 다루는 3번째 제도인 식량배급제 중단과 관련한 부패 유형 변화에 대한 영향을 검증하는 것이다. 식량배급제는 북한이 사회주의국가를 표방한 이래 계속적으로 유지해온 사회주의 제도이다. 그러나 모든 국가의 소유인 상황에서 국가에서 지급해주는 보수와 식량배급은 북한 주민의 의식주를 해결하는 원천이다. 그러나 우리가 인식하고 있는 1990년대 중반에 고난의 행군 시기에는 많은 아사자가 발생하였고 국제기구를 포함한 각국의 NGO단체의 구호는 북한 주민에게 생존을 위협하는 공식 제도의 붕괴를 의미했다. 정성적 분석에서 실시한 탈북자의 증언에 따르면, 식량배급이라는 명목상의 배급이 이루어지지만 그 양이 상당히 부족해서 공식 제도로서의 역할을 하지 못했다고 한다. 이는 제도가 존재해도 그 역할을 못하면 대안이 생기게 된다는 것을 의미한다. 식량배급제의 붕괴는 배급주의를 표방하는 북한 사회에 반사회주의 현상에 큰 영향을 주었을 것이며 언론에 보도된 북한의 식량난과 이를 경험한 탈북자의 증언을 토대로 가설을 설정하였다. 공식 제도인 식량배급제의 붕괴가 북한 인민에게 제도로서 어떠한 역할을 했는지, 그것이 부패 유형 변화에 영향을 미쳤는지에 관한 가설은 다음과 같다.

가설 Ⅱ. 공식적 제도의 붕괴인 북한의 식량배급제 중단은 북한 사회의 부패 유형 변화에 영향을 미치지 못할 것이다.

Ⅱ-1. 식량배급제 중단(제도 3)은 북한 주민들의 생계를 위해 개별적 텃
밭을 이용해서 시장 부패 확대(Cor Type A)와 관련이 없을 것이다.

Ⅱ-2. 식량배급제 중단(제도 3)은 뇌물을 중심으로 하는 후원자 관계
부패(Cor Type B) 변화와 아무런 관련이 없을 것이다.

Ⅱ-3. 식량배급제 중단(제도 3)은 오랜 시간에 걸친 연고주의 부패
(Cor Type C) 변화와 관련이 없을 것이다.

Ⅱ-4. 식량배급제 중단(제도 3)은 다수의 참가자가 비정기적으로 참여
하는 위기 부패(Cor Type D) 변화와 아무런 관련이 없을 것이다.

가설 Ⅱ는 North가 주장했던 비공식 제도의 영향력이 북한에도 존재하는
지 검증하는 것이다. 일반적으로 북한의 부패 현상은 고난의 행군 시기(1990
년 중반)이전부터 누적된 경제난으로 인해 인민들이 스스로 식량문제를 해
결해 나갔다. 시장 부패의 존재와 제한적이지만 꾸준히 증가하고 있는 국경
지역에서 일어나고 있는 중국과의 무역을 통한 경제활동은 언론에 따르면
당 차원의 암묵적인 묵인에서 시작되었다. 이와 관련되어 지방의 당 관료들
을 비롯한 중하위급 당 관료들은 세금을 거둬들이기 위해 시장 부패를 확대
했다는 기사를 찾아내었다. 특히, 김일성이 사망한 후(1994년 7월 6일) 3년
동안 공식적인 권력을 이양하는 과정에서 북한 전역에 퍼진 식량배급제 중
단이 김정일이 공식적으로 국방위원회 위원장으로 등장하는 것보다 부패
유형 변화와의 관련성을 검증하는 것이다. 뇌물을 중심으로 하는 후원자 관
계 부패는 소수가 정기적으로 뇌물을 상납의 형태로 이루어지는 것으로 만
약에 식량배급이 중단되었다면 자신이 텃밭을 일구어 식량을 조달하고 시
장에 내다 파는 과정에 매대를 설치하고 판매수량이나 종류에 대해 검열을
하는 관료에게 상납의 성격인 뇌물을 제공했을 것이다. 이는 공식적인 경제
활동으로 인정받아 시장 부패가 커지는 데 크게 기여했을 것이다.

가설Ⅲ은 북한의 정치제도인 김일성 헌법과 부패 유형에 관한 가설이다.
이 제도는 김일성·김정일 현지지도와 같이 북한의 공식적 정치제도로서

김정일이 북한의 국가수반으로 등장하여 김정일의 집권을 공식적으로 인정하는 중요한 제도이다. 이 제도를 도입하기 앞서 북한은 국방위원회의 규모를 키우고 선군사상을 바탕으로 하는 행정개혁을 단행했다. 이와 관련된 가설Ⅲ은 정치제도의 등장과 더불어 일어난 행정 개혁이 북한 사회에 어떠한 파급력을 가지는지 부패 유형과의 실험으로 간접적으로 알아보고자 한다. 이는 제도의 영역과 행위자 간의 행위의 영역을 검증하는 단적인 예를 제공할 것이다. 한편 북한 당국에 대한 인민의 관심사도 엿볼 수 있다.

> 가설 Ⅲ. 북한의 정치적 공식 제도인 김일성 헌법은 북한 사회에 부패 유형 변화에 영향을 미치지 못할 것이다.
>
> Ⅲ-1. 김일성 헌법(제도 4)은 북한의 제2경제를 이루는 시장 부패 확대(Cor Type A)와는 아무런 관련이 없을 것이다.
>
> Ⅲ-2. 김일성 헌법(제도 4)은 정기적으로 뇌물을 상납하는 후원자 관계 부패(Cor Type B) 변화에 아무런 관련이 없을 것이다.
>
> Ⅲ-3. 김일성 헌법(제도 4)은 당에 친인척과 같이 아는 사람을 통한 연고주의 부패(Cor Type C) 변화와는 아무런 관련이 없을 것이다.
>
> Ⅲ-4. 김일성 헌법(제도 4)은 다수에 의해 비정규적으로 발생하는 위기 부패(Cor Type D) 변화와 아무런 관련이 없을 것이다.

제도 Ⅲ은 제도 Ⅰ과 Ⅱ와는 달리 조사 기간 중간에 등장한 정치제도로 제도 등장 이전과 이후를 비교할 수 있는 유일한 정치제도이다. 특히 김일성이 사망 이후, 김정일로의 세습이 북한 사회에 어떠한 변화를 가져왔는지, 부패 유형 변화와는 어떠한 연관성이 있는지 검증하는 것이다.

가설Ⅳ는 2000년 들어 김정일이 실시한 경제제도로 국내외적인 환경의 변화에 맞추어 개정한 경제제도이다. 고난의 행군 시기와 자연재해로 인한 북한의 궁핍한 경제난은 제2경제를 키우는 데 기여했고 이를 공식 제도로 인정하는 7·1조치는 북한 부패 유형 변화에 어떠한 영향을 주었는지 검증하는 가설이다.

가설 Ⅳ. 북한의 대내적 환경 변화에 따라 등장한 경제제도인 7·1조치는 북한의 부패 유형 변화와는 아무런 관련이 없을 것이다.

Ⅳ-1.   북한의 본격적인 신경제정책으로 등장한 7·1경제개선조치(제도 5)는 시장 부패(Cor Type A) 확대와는 관련이 없을 것이다.

Ⅳ-2.   7·1경제개선조치 이후, 가격 체제의 개혁으로 인해 정기적으로 상납으로 인한 후원자 관계(Cor Type B)에 영향을 미치지 못할 것이다.

Ⅳ-3.   7·1경제개선조치는 정기적이지 않지만 소수에 의해 비정기적으로 행해지는 연고주의 부패(Cor Type C) 확대에 영향을 미치지 못할 것이다.

Ⅳ-4.   7·1경제조치는 제2경제를 공식적으로 인정하게 되어 비정기적으로 다수에 의해 발생하는 위기 부패(Cor Type D) 확대에는 영향을 미치지 못할 것이다.

가설Ⅳ는 공식적 경제제도뿐만 아니라 그 생성배경에 중요한 함의를 가지고 있다. 오랜 시간동안 자생적으로 혹은 사회주의의 변형된 형태로 생겨난 북한의 경제에 존재하는 비공식 규범을 상당 부분 공식화하는 제도이다. 임금결정형식이라든가 인센티브를 인정한 보수 체계는 북한 경제에 제2경제의 역할을 강화하는 것으로 작용하였고 경제를 보다 통제 가능한 방법의 하나로 단행한 제도이라는 점에서 가설 검증에 의미를 내포하고 있다.

본 연구에 마지막 제도인 화폐개혁은 다른 제도와 비교했을 때, 엄청난 사회적 파급력을 보였다. 화폐 단위를 절하하는 새로운 화폐 정책은 많은 북한 전문가를 포함한 주변국의 관심을 받기도 했다. 북한은 화폐 교환뿐만 아니라, 단위의 절하정책으로 북한의 경제 규모를 확인하려했다. 제2경제의 규모가 커짐에 따라 은닉한 사유재산의 규모를 파악해서 국고로 환수하려는 정치적 의도는 북한에 높은 인플레이션을 동반했고 이와 함께 예전

의 사회주의 체제로의 회귀 현상을 보이기도 했다. 이러한 화폐개혁으로
등장한 제도의 등장이 북한의 부패 유형 변화를 설명할 수 있는지 가설을
세워 검증하고자 한다.

가설 V. 공식 제도로서 화폐개혁은 북한의 반사회주의 현상인 부패 유
형 변화에 기여하지 못할 것이다.

V-1. 2009년에 단행한 화폐 단위의 절하 정책인 화폐개혁은 다수에
의한 정기적인 부패인 시장 부패(Cor Type A) 변화와는 아무런
관련이 없을 것이다.

V-2. 화폐개혁은 소수에 의해 정기적으로 상납으로 이루어지는 후원
자 관계 부패(Cor Type B) 변화와는 아무런 관련이 없을 것이다.

V-3. 화폐개혁은 소수에 의해 비정기적으로 이루어지는 연고주의 부
패(Cor Type C) 변화와는 관련이 없을 것이다.

V-4. 화폐개혁은 집단 폭동과 같은 다수에 의해 비정기적으로 이루어
지는 위기 부패(Cor Type D) 변화와는 아무런 관련이 없을 것이다.

북한에 정치 및 경제의 공식 제도인 6개의 제도를 중심으로 부패 유형
변화에 대한 가설을 설계하였다. 이와 더불어 북한의 정치제도와 경제제도
의 영향력을 검증하는 가설을 세운다. 북한의 부패 유형 변화에 대해 경제
제도와 정치제도의 영향력 검증은 제도의 등장이 실질적으로 행위자 행위
에 변화를 주는 요인을 검증하는 것이다.

가설 VI. 북한의 정치제도(제도 1, 2, 4)는 경제제도(3, 5, 6) 만큼 북한의
부패 유형 변화에 영향을 주지 않을 것이다.

가설VI은 북한의 정치제도와 경제제도 중 부패 유형 변화에 대한 영향력
을 검증하기 위한 가설이다. 이는 제도 등장에 대한 인민을 포함한 북한
사회의 민감도를 측정하기 위함이다. 제도의 영역과 행위의 영역에 경제제

도와 정치제도의 역할 차이를 검증하는 것이다.

제2절 통계분석 방법

1. 피벗 테이블(Pivot table)을 이용한 추세분석

데이터 프로세싱 과정에서 피벗 테이블(Pivot table)[6]은 스프레드 시트 (spreadsheets)나 비즈니스 인텔리젼스 소프트웨어(business intelligence software) 와 같이 데이터를 시각화 프로그램에 포함되어 있는 데이터 요약 기법이 다. 다른 기능 중 피벗 테이블(Pivot table)은 데이터 정리, 수세기, 전체 혹 은 데이터의 평균값을 정리해서 스프레드시트에 정리해주는 기법이다. 여 기서 정리된 데이터를 시각화한 결과를 흔히 피벗 테이블(Pivot table)이라 한다. 피벗 테이블(Pivot table)은 또한 교차분석 전 단계에 데이터의 추이를 보는 데 아주 유용하다. 사용자는 변수들을 다른 시트에서 가져와 구조화 하는데 시간과 노력을 요하긴 하지만 변수를 시계열순으로 추이를 분석하 는데 용이하다. 흔히 이 기법은 사회과학에서 많이 사용되고 있으며 실생 활에서는 주가나 수치화되어 있는 지수를 데이터의 자연스러운 변화를 보 는데 애용된다.

본 연구에서 피벗 테이블(Pivot table)에 의한 분석은 종속변수인 북한의

---

[6] In data processing, a pivot table is a data summarization tool found in data visualization programs such as spreadsheets or business intelligence software. Among other functions, a 피벗 테이블(Pivot table) can automatically sort, count, total or give the average of the data stored in one table or spreadsheet. It displays the results in a second table (called a "pivot table") showing the summarized data. Pivot tables are also useful for quickly creating unweighted cross tabulations. The user sets up and changes the summary's structure by dragging and dropping fields graphically. This "rotation" or pivoting of the summary table gives the concept its name. 〈http://en.wikipedia.org/wiki/Pivot_table_2012_05_29〉.

부패 유형을 연구하는 동안 어떠한 수세를 가지고 있는지 시각화하는 데 쓰였다. 886개의 북한의 부패 현상을 4개의 부패 유형(시장 부패, 후원자 관계 부패, 연고주의 부패, 위기 부패)로 나누어 추세를 비교하는 것이다. 그 과정과 같은 선행 단계를 거친다.

〈표 4-3〉 피벗 테이블(Pivot table)을 위한 북한의 부패 유형 정리

행 레이블	개수 : year
1990	11
a	1
c	9
d	1
1991	7
a	1
b	1
c	5
1992	33
a	4
b	7
c	21
d	1
a	3
b	6
c	3
…	…
총 합계	886

	Type A	Type B	Type C	Type D
1990	1	0	9	1
1991	1	1	5	0
1992	4	7	21	1
1993	4	8	7	0
1994	6	16	11	1
1995	9	24	15	1
1996	22	29	29	7
1997	5	13	14	3
1998	2	5	7	1
…	…	…	…	…
2003	1	2	17	0
2004	4	4	9	0
2005	11	25	8	0
2006	4	26	22	5
2007	16	26	27	2
2008	14	19	17	2
2009	10	23	19	0
2010	23	33	22	4
2011	44	41	37	2
2012	8	10	7	1

위에 제시된 두 개의 표 중에 왼쪽에 있는 표는 컴퓨터 프로그램에 의해 정리된 표를 피벗 테이블(Pivot table)을 이용해 시각화하기 위해 손으로 정리된 표가 오른쪽에 있는 표이다. 피벗 테이블(Pivot table)을 완전히 프로그램화하지 못해 수작업으로 정리하는 단점은 있지만, 모든 변수가 분석틀에 적용되었는지를 육안으로 확인할 수 있어 변수화 과정에서 탈락하는 변수를 예방할 수 있는 장점이 있다.

2. 카이 스퀘어(Chi-square test)를 통한 변수 간 연관성 검증

실험 또는 통계조사의 결과 나타난 관측값들이 어떤 속성(attribute)에 따라 몇 개의 범주로 분류되어 빈도가 주어지는 경우 이러한 자료를 범주형 자료(categorical data)라고 한다. 이러한 범주형 변수들을 요약하는 기본적인 방법은 빈도표나 교차표를 작성하는 것이다. 이렇게 작성된 표 자체로도 유용한 정보를 보여주나 이러한 정보들이 통계적으로 유의한 정보인지는 모를 일이다. 이렇게 범주형 자료에 대한 통계적 분석은 카이제곱을 이용한 검정법으로 독립성 검정, 적합도 검정, 동질성 검정[7] 등이 사용된다. 실제적으로는 동질성 검정이 더 유용하며 특히 연관성이 존재할 경우 그 연관성의 정도가 얼마나 되는지 나타내는 결합도가 더 유의미하다. 본 연구는 북한의 제도의 등장과 부패 유형 변화에 관한 연구이므로 4가지 부패 유형으로 나눈 종속변수에 경제적·정치적 제도와의 연관성 분석을 동질성 기법으로 검증한다. 3가지 검증 기법 중 본 연구에 쓰이는 동질성 검증 기법은 다음과 같다.

1) 동질성 검정

동질성 검정(homogeneity test)[8]은 r개의 부모집단(subpopulation)으로부

---

[7] 카이제곱(X^2)검정
　① 독립성 검정 : 두 범주형 변수 간의 연관 관계를 파악하기 위하여 교차표를 작성한 후에 연관성의 유무를 검정하며 연관성이 존재하면 그 정도(strength)를 나타내는 결합도(measures of association)를 확인한다.
　② 동질성 검정 : 두 이상의 다항분포가 동일하게 움직이는지 여부를 검정할 때 사용한다.
　③ 적합도 검정 : 특정에서 얻은 데이터가 어떤 특정 분포를 따르는가를 알고자 할 경우에 실시한다.
[8] 검정통계량

$$X^2 = \sum_{i=1}^{r} \sum_{j=1}^{c} (O_{ij} - E_{ij})^2 / E_{ij} \text{ 는 } n\text{이 충분히 클 때}$$

터 미리 정해진 크기의 표본을 랜덤 추출한다. 그러므로 아래 표에서 행의 합계 n1, n2, n3······ nr 는 확률변수가 아닌 고정된 상수가 된다. 한편, 독립성검정에서는 전체 표본 크기 n은 미리 정해져 있고 관측빈도 Oij가 확률변수가 된다는 점에서 동질성 검정의 데이터 구조와 다르다.

〈표 4-4〉 동질성 검정의 데이터 구조

부모 집단	범주					표본 크기
	1	2	3	······	c	
1	O11	O12	O13	······	O1c	n_1
2	O21	O22	O23	······	O2c	n_2
3	O31	O32	O33	······	O3c	n_3
.						.
.						
.						
r	Or1	Or2	Or3	······	Orc	nr

이 경우, 독립성 검정과 달리 다음과 같이 가설이 설정된다.

귀무가설하에서 자유도가 (r-1)(c-1)인 X^2분포를 따른다.

여기서

Eij = ni * nj / n, i= 1, 2, 3 ···, r, j = 1, 2, 3 ···, c

$$ni = \sum_{j=1}^{c} Oij, \quad i = 1, 2, 3 \cdots, r$$

$$nj = \sum_{i=1}^{r} Oij, \quad j = 1, 2, 3 \cdots, c$$

$$n = \sum_{i=1}^{r}\sum_{j=1}^{c} Oij$$

기각역은 $X^2 \geq X^2((r-1)(c-1); \alpha)$
단, $X^2 \geq X^2((r-1)(c-1); \alpha)$는 자유도가 (r-1)(c-1) 인 X^2분포에서 상위 확률값이 α인 점을 나타낸다.

H_0 : 각 범주 j에 대해 p1j = p2j = ⋯ = pij (j = 1, 2, 3 ⋯, c)

H_1 : H_0가 아니다.

여기서, pij는 I번째 부모집단에서 범주 j의 모비율이고, pi1 + pi2 + ⋯ + pic = 1이다.

이를 본 연구의 북한의 제도와 부패 유형과의 동질성 검정을 위한 데이터 구조는 다음과 같다.

〈표 4-5〉 북한의 제도와 부패 유형 간의 동질성 검정의 데이터 구조

제도	부패 현상(#886)					표본 크기
	1	2	3	⋯⋯	886	
1	O11	O12	O13	⋯⋯	$O1_{886}$	n1_886
2	O21	O22	O23	⋯⋯	$O2_{886}$	n2_886
3	O31	O32	O33	⋯⋯	$O3_{886}$	n3_886
·	·	·	·	·	·	·
·	·	·	·	·	·	·
6	Or1	Or2	Or3	⋯⋯	$O6_{886}$	n6_886

제5장

—

계량분석 결과

제5장 계량분석 결과

본 장은 북한의 제도 등장과 북한의 부패 유형 변화에 관해 계량분석 결과를 제시하는 장이다. 제2장과 제3장에서 제시한 정성적 분석에 따르면, 북한 제도의 등장 패턴은 러시아의 정권별 제도의 패턴과 상당히 유사한 점을 가지고 있다. 러시아는 체제 전환 이후, 정권별 제도화와 탈제도화 그리고 재제도화 과정을 반복하며 정치구조의 불안정성을 보였다는 점이 북한의 김일성과 김정일의 독재 체제에서 이와 유사한 결과를 보였다. 이러한 점은 북한 정치구조가 유일하게 두 지도자에 의해서만 통제 운영되는 것이 아니라, 리더인 1인을 중심으로 각 행정조직 간의 역할 분담과 책임에 의한 1인 체제의 정치적 불안정성을 내포한다고 해석할 수 있다. 이러한 북한의 특성을 보다 구체적으로 확인하기 위해 북한의 제도의 등장과 함께 나타나는 반사회주의적 부패 현상을 분석해 봄으로써 그 정도를 검증하고자 한다.

북한 연구가 다른 사회과학 연구 중에서 계량적 분석틀을 이용한 연구가 상대적으로 적었던 이유는 보다 구체적이고 신뢰성 있는 자료를 확보를 하지 못했고 그렇다 하더라도 그것을 확인할 수 없어 많은 노력에도 불구하고 수치의 신뢰성이나 분석 기법의 타당성을 증명하기 힘들었기 때문이다. 그러나 탈냉전기 이후 많은 동구 사회주의국가들이 체제 전환을 하거나 붕괴로 인한 국가 해체 과정에 대한 연구가 진행되는 국제적 환경과 대외 관계를 통해 예전에 접할 수 없었던 북한 내 현상을 언론이나 관련국을 통해 자료 수집이 가능하여 많은 자료들을 수집할 수 있게 되었다. 이러한 점을 활용하여 본 연구에서 계량적 분석을 2단계로 나누어 진행한다. 1단계는 제도를 기준으로 부패 유형의 추이 변화(Pivot-table)를 살펴보고, 2단계에서 실시하는 제도와 부패 유형과의 연관성 분석(Chi-square test)이 그것이다.

〈그림 5-1〉 북한의 제도와 부패에 대한 계량분석 순서도

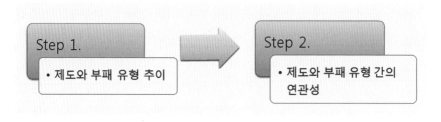

제1절 제도의 등장과 부패 유형의 변화

1. 피벗 테이블(Pivot Table)을 이용한 부패 변화 추이

정량적 분석의 1단계 분석인 북한의 부패 유형 변화 추이에 대한 분석이다. 일반적으로 북한의 부패는 고난의 행군의 시기인 1990년대 중반부터 극심한 식량난과 더불어 많은 경제적 어려움이 누적되었다고 알려져 있다.

본 연구에서도 그러한 현상을 간접적으로 알 수 있다. 1995년을 기준으로 부패 현상이 많이 증가하는 것으로 확인할 수 있다. 이 시기는 1994년 7월 8일 김일성 사망 이후 시기와도 일치한다. 김일성 사망 이후, 본 연구에서 분석 대상인 4가지 부패 유형의 절대치가 증가하는 것으로 보아 전체적으로 북한 사회가 불안했던 것으로 보인다. 부패 현상은 김일성이 사망한 이후부터 김정일이 공식적인 국방위원장으로 추대하기 위해 제정된 '김일성 헌법'이 등장하는 1998년까지 큰 변화를 보였다. 3년이라는 유훈통치 기간에 노동당을 중심으로 하는 북한의 지배엘리트는 승계 작업을 하는 동안 일반 북한 주민들을 포함한 사회는 쉽게 안정을 찾지 못했다. 그러나 이 시기에 경험했던 경제적 어려움은 식량난이 주된 원인이다. 본 연구에서 1995년이 식량배급제의 붕괴에 중요한 시간적 기준이다. 식량배급의 중단은 북한 주민에게 김일성과 김정일의 현지지도에서 언급한 지시보다 더 강하게 영향을 준 변수로 나타났다. 이는 북한의 식량난이 북한 주민들에게 자발적인 경제활동을 하게 하는 직접적인 원인이 된 것이다. 다시 말해, 그들은 자본주의 국가에서 말하는 경제활동으로 인한 경제적 이익이 아닌 생활에 필요한 한정된 경제활동을 했던 것으로 보인다. 이에 관한 부패 유형의 변화 추이는 〈그림 5-2〉와 같다.

전체적으로 부패 유형의 변화는 1995년~1997년에 걸쳐 부패 현상이 급격히 증가하였다. 연고주의 부패(c)는 1992년을 기준으로 감소하다가 1996년에 많이 증가하였다. 또한 후원자 관계 부패(b)는 1990년을 시작으로 꾸준히 증가하는 모습을 보인다. 암시장 부패를 의미하는 시장 부패(a)도 1995년을 시작으로 많이 증가하는 모습을 보인다.

이러한 부패 현상들은 1999년에 데이터의 수집이 거의 나타나지 않고 있다. 이 시기는 본 연구의 세 번째 제도인 김일성 헌법이 제정된 시기였고 본격적인 김정일 국방위원회 위원장으로서의 김정일 시대가 시작되는 시기와 일치한다. 당시 김정일은 '김일성을 영원한 주석'으로 올리고 국방

〈그림 5-2〉 부패 유형 변화 추이

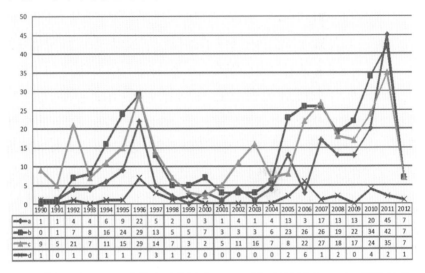

	1990	1991	1992	1993	1994	1995	1996	1997	1998	1999	2000	2001	2002	2003	2004	2005	2006	2007	2008	2009	2010	2011	2012
a	1	1	4	4	6	9	22	5	2	0	3	1	4	1	4	13	3	17	13	13	20	45	7
b	0	1	7	8	16	24	29	13	5	5	7	3	3	3	6	23	26	26	19	22	34	42	7
c	9	5	21	7	11	15	29	14	7	3	2	5	11	16	7	8	22	27	18	17	24	35	7
d	1	0	1	0	1	1	7	3	1	2	0	0	0	0	0	2	6	1	2	0	4	2	1

a : 시장 부패,   b : 후원자 관계 부패,   c : 연고주의 부패,   d : 위기 부패

위원회를 확대하여 '선군정치'를 표방하기 시작한 시기이기도 하다. 이 시기에 김정일은 직맹, 여맹과 같은 각 집단마다 사상 교육과 통제가 강하게 적용했다. 또한 이 시기는 북한의 외부 환경에도 중요한 상황을 나타난다. 먼저 북미 간의 관계에서 2001년 6월 6일 부시 대통령이 대북정책 검토 완료 및 '북한과의 대화 재개'를 공식선언한 뒤 북한은 대북 제재 완화와 경제 지원에 관해 '언제 어디서든 조건 없이' 협상할 의지를 표명한 시기이다. 이후 북한은 8월 4일~5일에 북·러정상회담, 9월 4일에 북·중 정상회담을 가진다. 이 시기에 북한은 2001년 9월 19일 북한군 철원군 DMZ서 MDL을 월경하여 아군이 경고사격을 하였고 같은 해 11월 27일 파주군 장파리 DMZ에서 아군초소에 기관총을 발사하기도 했다. 또한 1999년 6월에 이어 2002년 6월 29일에 2차 연평해전을 일으킨다. 김정일이 국방위원장으로 공식적인 승계를 이루고 난 뒤 북한 내적으로는 강하게 사상 교육과 통제를 하는 반면, 미국과 러시아와는 정상회담 등을 통해 대

북 제재 완화와 식량 지원을 포함한 대북 지원을 약속받아낸다. 그 시기를 지나 북한은 전반적으로 퍼져있는 제2경제를 관리할 수 있는 7·1경제개선조치가 등장한다. 2000년을 기점으로 제도가 등장한 이후 부패 유형에는 커다란 변화를 가져오지는 않았지만 후원자 부패 형태(b)가 증가하게 된다. 이는 새로운 제도가 등장하면서 불법적인 부패 행위는 아는 사람들을 통해서 직접적으로 해결함을 알 수 있다. 후원자 부패와 연고주의 부패의 차이점은 부패 행위가 정형화되어 있는지 여부에 따라 구분된다. 후원자 관계 부패는 소수에 의한 정형화된 부패 행위로 소수에 의한 비정형화된 연고주의 부패보다 우선적으로 발생한다는 것은 부패 행위에 대해 일정한 매뉴얼이 존재하는 것으로 판단된다. 7·1경제개선조치가 등장하고 2004년부터는 모든 부패 유형의 절대치가 증가하는 모습을 보인다. 〈그림 5-2〉에 나타난 것과 같이, 2006년을 시작으로 시장 부패(a), 후원자 관계 부패(b)와 연고주의 부패(c)를 비롯해서 위기 부패(d)까지 처음으로 급격하게 증가하는 모습을 보인다. 이는 2002년에 등장한 7·1경제개선조치의 결과로 보인다. 대내적 경제 상황을 반영한 경제정책의 등장은 부패가 가능한 범위를 확대 및 공식화하는 결과를 낳은 것이다. 이전에는 소수에 의한 개인적인 부패 유형들이 다수에게도 일정한 경로를 통하면 가능한 것으로 바뀐 것을 의미한다. 그 이후 일시적으로 시장 부패는 감소하는 면을 보이지만 후원자 관계 부패를 비롯한 연고주의 부패가 시장 부패를 대체하여 전반적으로 부패 현상이 일반화되는 환경을 만들었다. 이러한 사회에는 제2경제의 범위가 확대되어 국가경제를 대체하는 결과를 낳는다. 국정가격과 시장가격의 차이가 인플레이션의 원인으로 작용하게 되고 인플레이션은 더욱 제2경제를 강하게 응집시키는 요인으로 작용한다.

북한은 2009년 11월 30일에 화폐개혁을 단행하여 7·1경제개선조치에서 인정했던 계획 및 가격 제정의 분권화, 가격 체계의 변화는 수급 상황과 국제시장가격의 변화에 따라 앞으로 조정될 수 있는 가능성을 확인시켜 주었다.

2010년에 들어서서 시장 부패가 후원자 관계 부패와 연고주의 부패보다 더 많이 확대되었다. 100 : 1이라는 화폐 교환 비율은 지하경제를 공식적으로 확인하고 통제하기 위해 등장했으나 결과적으로 시장 부패를 팽창시키는 결과를 낳은 것이다. 또한 소수에 의해 뇌물과 같은 부패 형태가 다수에 의한 상납형식의 부패 형태로 변한 것으로 보인다. 시장 부패는 다수에 의해 정기적으로 행해져 북한 사회의 민간 경제로 자리 잡았으며 의식주를 포함한 개인의 선택은 화폐로 교환이 가능한 시대가 된 것이다. 이러한 현상은 북한에서 나타나는 비사회주의 현상으로 시장에 의한 경제활동이 사회주의 체제와 맞물려 돌아가는 것을 알 수 있다. 이는 중국식 시장주의와 비슷한 모습을 보이기도 한다. 정치는 사회주의를 표방하고 경제는 시장주의를 지향하는 것은 중국에서 성공을 이룬 정책이다. 그러나 이러한 비슷한 형태를 갖추었다고 해서 중국식 시장경제가 자리 잡았다고 판단할 수는 없다. 다만 부패 유형 변화 추이를 통해서 초기 형태의 시장경제가 비공식적으로 작동하고 있음을 알 수 있을 뿐이다.

2. 제도의 등장과 부패 유형별 변화 추이

제도에 따른 부패 유형의 변화는 부패 유형별 제도와의 관계 그래프를 통해 확인할 수 있다. 각각의 부패 유형별 변화 추이는 제도의 등장에 얼마큼 민감하게 반응하는지 시각적으로 판단할 수 있는 기회를 제공한다. 제도 등장에 따른 부패 변화 유형을 한 눈에 나타내기 위한 피벗 테이블(Pivot table)은 다음과 같은 그래프로 작성하는 데 아주 유용한 기법이다.

〈그림 5-3〉 제도의 등장과 부패 유형 변화 추이

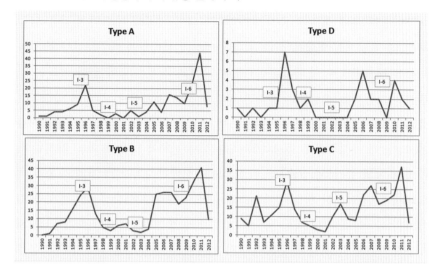

위의 그래프는 제도에 따른 각 부패 유형별 추이이다. 암시장 부패에 해당되는 Type A 그래프는 시장 부패로 다수의 참가자가 정기적으로 부패 행위를 하는 것을 말한다. 시장 부패는 부패를 발생시키는 환경적 요인 중 하나로 지하경제에 대한 의존 정도가 부패의 감염 정도를 의미한다는 관점[9]에서 시장 부패의 증가는 고난의 행군 시기에 식량배급제의 중단으로 인한 추가적인 조달의 원천이 시장 부패의 증가시키는 결과를 낳았다. 정치제도인 김일성 헌법(I-4)는 시장 부패에 영향을 미치지 못하는 것으로 나타났다. 그러나 경제제도인 7·1경제개선조치(I-5)가 등장한 이후에 시장 부패가 예상보다는 완만하게 증가하는 모습을 보이고 있다. 이는 1990년대 3·7제를 포함한 경제 개혁 제도의 연장선의 결과인 것이다. 당시 국가가 식량배급을 실행할 여력이 없는 상황에서 평양을 제외한 지역에서 식량을 해결해야하는 상황을 북한 당국이 수용하는 정책적 의도의 연장으로 해석된다. 이렇게

---

9) 김영종, 「부패 연구의 새로운 패러다임」, 『한국부패학회보』 제11권 제1호, 2006, 1~21쪽.

현실을 수용하는 경제제도인 7·1경제관리개선조치는 기존에 비공식적으로 이루어졌던 부패 행위가 증가하고 정착화되어 비공식 제도의 역할을 담당하는 데 결정적인 역할을 했다. 주민들에게 인센티브를 대가로 무보수공동노동을 강요한 나머지 유명무실해졌던 초기의 경제 개혁에 의한 제도는 인민들의 노동력을 수탈하는 결과만 낳았을 뿐 어떠한 인민 경제에 긍정적인 효과를 가져오지 못했다. 그러나 북한 현실을 수용한 7·1경제개선조치가 2002년도에 공식적으로 등장하여 북한 경제 전체에 많은 변화를 가져왔다. 부패 유형의 증가뿐만 아니라, 방법론의 공식화가 이루어져 화폐 유통이 원활하게 했던 이러한 현상은 자연스럽게 초기 형태인 시장경제의 형태를 띠게 되었다. 이에 대해 북한 당국은 사회주의 경제체제로 회귀하기 위해 지하경제를 포함한 시장에 형성되어 있는 화폐의 양을 파악하고 국가 소유로 흡수할 필요를 느끼게 되었다. 그 결과로 2007년 화폐개혁이 등장했으며 이는 통제를 위한 경제제도로 경제활동을 통해 부를 축적한 돈주를 비롯한 국경무역거래 종사자들의 자산을 몰수하는 수단이 되었다. 이렇게 등장한 화폐개혁(I-6) 제도는 시장 부패(Type A)가 급격히 증가하는 결과를 초래하였다. 제도의 등장 의도와는 다른 결과인 것이다. 공식화되었던 노동시장을 비롯한 시장의 역할이 축소되는 것이 아니라 시장 부패로 나타난 것이다. 공급가는 급격히 오르고 인민 경제는 더욱 피폐해졌다. 화폐개혁을 실행함으로써 지하 경제의 규모를 파악하고 제2경제로 인해 얻은 사유 재산을 국가로 수용한 의도한 결과와 시장 부패의 증가인 의도하지 결과도 함께 부작용도 발생했다. 이러한 관점에서 보면 북한에 등장한 정치제도와 경제제도는 모두 정책적 의도에 의해 계산된 제도로 보인다. 김일성·김정일의 교시를 시작으로 김일성 헌법에서부터 7·1경제관리개선조치와 화폐개혁은 북한 경제를 통제하기 위한 것으로 완전한 실패는 아닌 것이다. 정치적 목적을 이루는 대신 경제적 문제를 수반한 제도이기 때문이다. 소수에 의한 정형적인 부패 유형인 후원자 관계의 부패(Type B)는 시장 부패에 비해 등락

폭 큰 편이다. 후원자 관계 부패(Type B)도 식량배급제가 와해된 시기에 증가하게 되지만 정치제도인 김일성 헌법은 시장 부패와 같이 큰 영향을 받지 않았다. 또한 7·1경제개선조치(I-5) 이후 2004년을 기점으로 크게 증가하는 모습을 보이다가 2009년 화폐개혁 이후 가파르게 증가하는 모습을 볼 수 있다.

제2절 제도와 부패 유형 간의 연관성 분석

1. 제도 등장에 따른 부패 유형 변화

북한의 부패 유형과 제도에 관한 2단계 분석은 1단계에서 실시했던 부패 유형의 전반적인 변화 추이에서 더 나아가 보다 구체적인 수치를 이용해서 두 변수 간의 영향력을 검증하는 것이다. 독립변수인 제도의 시기별 등장이 종속변수인 북한의 부패 유형에 어떠한 영향을 주었는지 실증 분석 결과는 다음과 같다.

〈표 5-1〉 김일성 반부패 언급과 부패 유형 변화

Corruption type * In 1		I-1. 김일성 현지지도		
		무	유	전체
부패 유형	시장 부패	145	52	197
	후원자 관계	241	90	331
	연고주의	218	105	323
	위기 부패	22	13	35
전체		626	260	886

	값	자유도	점근 유의확률 (양측검정)
Pearson 카이제곱	4.152228455	3	0.245488456
우도비	4.104991786	3	0.250347821
유효 케이스 수	886		

a. 0 셀(.0%)은(는) 5보다 작은 기대 빈도를 가지는 셀입니다. 최소 기대빈도는 10.27입니다.

본 연구에서 독립변수에 해당하는 북한의 공식·비공식 제도 중 첫 번째 제도인 '김일성의 현지지도'에서 반부패 관련 언급의 효과에 대한 결과가 〈표 5-1〉과 〈그림 5-4〉에 잘 나타나있다. 위 도표는 반부패 관련 언급에 대해 김일성의 현지지도의 효과는 본 연구 가설을 기각하는 데 실패하였다. 김일성이 현지지도에서 언급하거나 지시한 내용이 있어도 북한의 부패 유형 변화에 영향을 끼치지 못하는 것으로 풀이된다. 1966년 10월 18일 조선노동당 중앙위원회 조직지도부와 선전선동부 일군들 앞에서 연설[10]한 것과 신년연설이나 사설에서도 관료들의 형식주의가 만성화되고 습관화되어 좀처럼 뿌리 뽑을 수 없다는 말을 되풀이하며 형식주의가 더욱 퍼지기 전에 형식주의의 병폐를 없애야 한다고 강조한 대목을 보면 알 수 있다. 『김일성 저작집』에 나타난 김일성의 현지지도에서 지시나 명령은 예방 차원의 성격이 강하다. 정책적 조치가 발현되기 전에 현지지도에서 미리 언급하는 경우를 볼 수 있다. 현지지도에서 반부패 언급은 관료주의에 의한 부정과 부패를 방지하고 통제 가능 범위에서 벗어나지 않게 하기 위함으로 풀이된다. 이러한 추세는 그래프로도 확인이 가능하다.

〈그림 5-4〉 김일성 반부패 언급과 부패 유형 변화

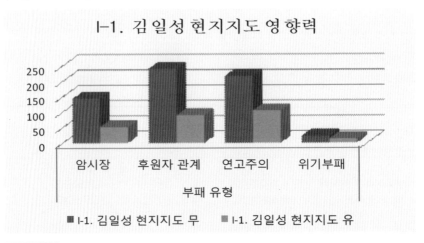

I-1. 김일성 현지지도 영향력

■ I-1. 김일성 현지지도 무   ■ I-1. 김일성 현지지도 유

---

10) 『김일성 저작집』 제4권, 평양 : 조선노동당출판사, 1966, 408쪽.

그림에서 확인할 수 있듯이, 김일성이 현지지도를 포함한 연설에서 언급한 반부패 언급 유무에 따라 부패의 빈도가 조절되는 것을 볼 수 있다. 그러나 앞에서도 언급했다시피 부패 유형 변화에는 영향을 주지 못했다. 절대치의 증감은 있을 수 있지만 부패 유형 변화에 영향을 끼치지 못했다. 이는 김일성이 현지지도하던 당시에도 부패는 존재하고 부패구조는 존재했지만 방법의 변화에는 영향을 미치지 못했다는 것을 의미한다. 이는 어느 정도 부패가 통제 가능했다는 것으로 해석할 수 있다. 특히 이 당시 언론에 공개된 북한에 대한 기사들은 러시아를 비롯한 사회주의국가들의 붕괴를 근거삼아 북한의 김일성왕조의 멸망을 비관적으로 전망하기도 했다. 1990년 1월 31일 파이낸셜타임스[11]에 기고한 영국의 카터 교수는 루마니아 사태는 평양정권에 경종을 울리게 될 것이며 붕괴는 필연적이라고 하였다. 그는 당시 리즈대학에서 한국문제 주임교수로 재직중이였으며 중국 내에서도 국제정치와 한국 관계에 정통한 학자로 알려진 사람이다. 그는 동구에서의 공산주의 붕괴는 여타 지역에서도 이것이 과연 살아남을 수 있을까 의문을 던지며 특히 동독과 루미나이에서 일어난 일들이 북한에 큰 영향을 주었다고 주장하였다. 그는 독일의 변화가 북한뿐만 아니라 한국에게도 영향을 미쳐 동서냉전이 열전으로 돌변한 곳은 베를린이 아닌 한국이라고 했다. 그 이유로 북한의 경제 상황을 예로 들었다. 그는 북한의 경제가 당시 20여 년간 침체 상태를 계속해와 소비자의 부족으로 인한 통제 경제가 빚어내는 여러 가지 문제들이 한국에게 고스란히 부담으로 작용한다는 것이었다. 그의 말에서도 알 수 있듯이, 북한의 경제난은 1990년대부터가 아닌 1980년 말에도 심했던 것으로 보인다. 그러나 당시 고질적인 경제난을 김일성의 통치력으로 해결한 것으로 보인다. 그러나 김정일의 현지지도는 김일성의 현지지도의 결과와는

---

11) 「김일성왕조 멸망은 시간문제/영 카터 교수, 파인낸셜타임스 기고」, 『서울신문』1990년 1월 31일자, 5쪽.

다른 결과를 낳았다.

〈표 5-2〉 김정일 반부패 언급과 부패 유형 변화

Corruption type * ln 2		I-2. 김정일 현지지도		
		무	유	전체
부패 유형	시장 부패	118	79	197
	후원자 관계	176	155	331
	연고주의	150	173	323
	위기 부패	16	19	35
전체		460	426	886
	값	자유도	점근 유의확률 (양측검정)	
Pearson 카이제곱	9.657533683	3	0.021713194	
우도비	9.696829205	3	0.021327041	
유효 케이스 수	886			

a. 0 셀(.0%)은(는) 5보다 작은 기대 빈도를 가지는 셀입니다. 최소 기대빈도는 16.83입니다.

김일성의 현지지도는 부패 유형 변화에는 영향을 미치지 못한 반면, 김
정일의 현지지도는 부패 유형 변화에 유의한 결과를 낳았다. 이에 대한 정
확한 수치는 〈표 5-2〉와 같다. 표에 의하면, 김정일의 반부패 언급이 부패
유형 변화가 유의한 것으로 결과를 도출하였다. 점근 유의확률(양측검증)
은 99%신뢰구간에서 0.02173194 〈 0.05으로 나와 김정일의 반부패 언급은
부패 유형 변화에 일정한 영향을 미친 것으로 보였다. 카이제곱값도 기준
점인 5보다 크게 나와 관련된 가설을 기각하였다. 이는 김정일의 현지지
도에서 반부패 관련 언급은 부패 유형 변화에 요인으로 작용한다고 말할
수 있는 대목이다. 〈그림 5-5〉에서 확인할 수 있듯이, 김정일의 현지지도
의 유무의 결과가 크게 나타나지도 않고 유형 변화에 직접적인 영향을 미
친 것으로 보인다. 부패 행위가 일반적인(normal) 공공연한 시장 부패나
후원자 관계 부패가 줄어드는 대신 소수에 의해 음성적이며 일시적으로
(abnormal)으로 이루어지는 연고주의 부패가 증가하는 모습을 확인할 수
있다.

〈그림 5-5〉 김정일 반부패 언급과 부패 유형 변화

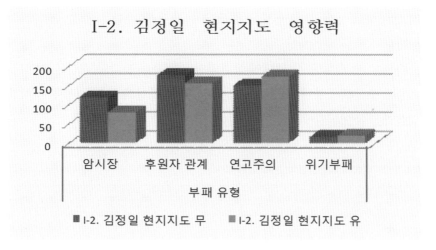

또한 다수에 의한 일시적인 부패 현상인 위기 부패도 작지만 증가하는 모습을 보이고 있다. 이는 김정일의 현지지도에서 지시나 명령이 의도대로 움직이지 않으며 더 나아가 지시나 언급을 이용해 유형을 바꾸어 부패가 이루어지는 것으로 보인다. 이렇게 상이한 결과는 두 지도자의 현지지도 방식에서 연유한다. 김정일의 현지지도는 예방적인 김일성의 현지지도에 비해 사후적인 특성을 가지고 있다. 1990년을 전후로 하여 김정일은 서한과 연설로 현지지도를 하는 경향을 보이는데, 1989년 11월 27일 「전국로동행정일군 강습 참가자들에게 보낸 서한」[12]에 의하면, 관료에 의한 개인주의로 사회주의 집단 체제를 약화시키는 것을 지적하였다. 특히 1989년 사회주의국가들의 연쇄 붕괴 이후 이루어진 현지지도[13]에서 관료

---

[12] 「로동행정 사업을 더욱 개선강화할데 대하여」, 『김일성 노작』 제9권 16.
[13] "…쏘련과 동구라파사회주의나라들이 무너진것도 일군들이 세도와 관료주의를 부리면서 군중과의 사업을 잘하지 않았기 때문입니다… 일군들속에서 세도와 관료주의를 없애자면 사상교양과 사상투쟁을 힘있게 벌려야 합니다… 당조직들과 당일군들은 세도와 관료주의를 없애기 위한 투쟁을 조금도 늦추지 말고 계속 힘있게 벌려나가야 하겠습니다"(「당사업을 강화하여 우리식 사회주의를 더욱 빛내이자」, 『김일성 노작』 제12권 5).

주의에 의한 부패를 강하게 경계하며 더 이상 좌시하지 않겠다는 말로 당시 인지하고 있던 부패 현상을 통제할 수 없음을 반증하는 것이라 할 수 있다.

다음은 세 번째 공식 제도인 북한의 식량배급제 붕괴와 관련된 것이다. 1990년 중반부터 중단된 북한의 식량배급제가 북한의 부패 현상에 어떠한 영향력을 주었는지에 관한 내용이다.

〈표 5-3〉 식량배급제 중단과 부패 유형 변화

Corruption type * In 3		I-3. 식량배급제 붕괴		
		무	유	전체
부패 유형	시장 부패	16	181	197
	후원자 관계	32	299	331
	연고주의	53	270	323
	위기 부패	3	32	35
전체		104	782	886
	값	자유도	점근 유의확률 (양측검정)	
Pearson 카이제곱	10.99591212	3	0.011748001	
우도비	10.71460781	3	0.013373571	
유효 케이스 수	886			

a. 1셀(12.5%)은(는) 5보다 작은 기대 빈도를 가지는 셀입니다. 최소 기대빈도는 4.11입니다.

99% 신뢰수준에서 0.01175 〈 0.05으로 식량배급제 중단이 부패 유형 변화에 강하게 영향을 준다는 결과는 식량배급제 중단이 부패 유형 변화에 아무런 영향이 없다는 대립가설을 기각함을 의미하며 두 변수 간 카이제곱값이 10을 넘어 강한 연관성이 있음을 보인다. 이는 식량배급제의 중단이 북한 부패 유형 변화에 강한 관련성이 있음을 의미한다. 이는 식량난으로 인해 부패가 시장 부패와 같은 부패가 일반화되었다는 명제를 지지하는 결과이다. 부패 유형 변화는 〈그림 5-6〉에 잘 나타나 있다.

〈그림 5-6〉식량배급제 중단과 부패 유형 변화

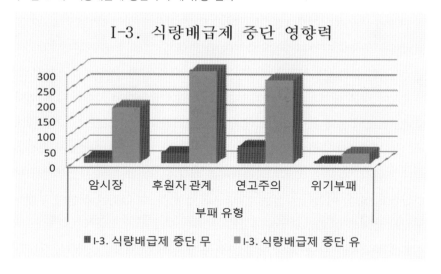

I-3. 식량배급제 중단 영향력

부패 유형

■ I-3. 식량배급제 중단 무   ■ I-3. 식량배급제 중단 유

식량배급제 중단이라는 비공식 제도가 존재할 경우와 그렇지 않은 경우 비교한 결과 식량배급제가 중단된 이후 모든 유형의 부패 유형이 증가하는 것을 확인할 수 있다. 또한 식량배급제가 중단된 이후, 시장 부패를 비롯한 모든 부패가 증가하였지만 특히 후원자 관계 부패와 연고주의 부패가 가장 많이 증가하였다. 후원자 관계 부패와 연고주의 부패는 부패를 행하는 사람들이 소수인 경우에 해당된다. 식량배급제와 관련된 경제적인 문제를 해결하기 위해 북한 주민들은 기존에 알고 있는 하위 공무원 혹은 당원들을 통해서 해결한 것으로 보인다. 이는 북한 대학생들의 취업선호직업에서 잘 나타나있다. 대학을 포함한 4년제 대학을 나온 후 국가에서 배치해주는 직장에 가는 것이 사회주의국가의 전형적인 모습이지만 대부분 당 소속기관에서 일하기를 선호하는 경향은 바로 경제문제를 해결하기 위해 행정관료직 공무원과의 관계를 일정하게 유지하는 것이 유리하다는 판단에서 나타나는 현상이라고 볼 수 있다.

당시 북한의 식량난은 배급제의 중단이 아닌 붕괴 수준인 것으로 보인다. 1995년 귀순한 안영길 씨의 증언[14]에 따르면, 주민들이 곡식창고를 습격해 양곡을 탈취하거나 곡창지대로 소문난 황해남도 재령군 장국리에 농장원들이 굶주려 출근을 못하기도 했다고 한다. 1994년 가을에 성인 1인당 하루 벼 및 강냉이를 조곡으로 700g(정곡으로 560g)을 먹을 수 있을 정도로 분배받았으나 당국은 1인당 40kg의 알곡을 애국미라는 명목으로 강제 수거해 결국 다음 해 햇곡식이 나올 때까지 농장원 대부분이 6~7월엔 굶는다는 것이다. 1980년대 후반부터 간부들과 평민들 사이에 부익부 빈익빈 격차가 심화되고 적게나마 배급도 제대로 공급하지 못하자 개인장사인 시장 부패가 성행하면서 중산층이나 초급간부들은 전적으로 국가물자를 횡령해 장사를 하는 부정부패가 만연했다고 한다. 이러한 사실은 〈그림 5-6〉에서 볼 수 있듯이 북한의 부패는 생계형 부패의 형태로 자생한 것으로 보인다. 시장 부패의 출현으로 북한 주민들과 단속하는 담당 하위 당원 간의 공생 관계가 시작된 것이다.

이와 같이 김일성 현지지도, 김정일 현지지도 그리고 식량배급제의 중단이라는 비공식 제도의 부패 유형 변화에 대한 영향력을 살펴보았다. 본 연구에서 네 번째 가설의 기준을 제공하는 정치 분야에 공식 제도인 '김일성 헌법'에 대한 결과는 다음과 같다. 김일성 헌법은 1994년 7월 8일 김일성이 사망한 이후, 3년이라는 국상에 해당되는 유훈통치가 지난 1998년 9월 5일 최고인민회의 제10기 1차 회의의 결과로 등장한 공식적인 정치제도이다. 이 제도는 정치적으로는 김일성 사후 김정일 권력승계 절차의 공식적인 마무리라는 점에서 본격적인 김정일의 선군사상에 의한 통치시대를 공식화하는 것으로 평가받았다. 그 당시 회의 결과 '주석'과 '중앙인민위원회' 폐지와 '최고인민회의 상임위원회'를 신설, 그리고 '정무원'을 '내각'으로 개편하는 내용을 공식화하였다. 또한 '국방위원회'를 강화하는 골자도 포함되었다. 이렇게 정치적인 배경에 의해 등장한 '김일성 헌법'의 북한 사회에 부패 유형 변화에 대한 영향력 정도는 〈표 5-4〉에 잘 나타나있다.

---

14) 「귀순한 안영길씨가 밝히는 북한의 식량난」, 『세계일보』 1996년 6월 18일자, 15쪽.

〈표 5-4〉 김일성 헌법 등장과 부패 유형 변화

Corruption type * In 4		I-4. 김일성 헌법		
		무	유	전체
부패 유형	시장 부패	52	145	197
	후원자 관계	97	234	331
	연고주의	107	216	323
	위기 부패	13	22	35
전체		269	617	886

	값	자유도	점근 유의확률 (양측검정)
Pearson 카이제곱	3.569496316	3	0.311859907
우도비	3.563477806	3	0.312622103
유효 케이스 수	886		

a. 0셀(.0%)은(는) 5보다 작은 기대 빈도를 가지는 셀입니다. 최소 기대빈도는 10.63입니다.

　　표에서 확인하듯이, 본 연구의 네 번째 제도인 김일성 헌법은 북한의 부패 유형 변화와 관련한 가설을 기각하는 데 실패하였다. 5% 유의구간에서 유의한 결과를 도출해내지 못했으며 이와 관련하여 카이제곱값도 낮게 나왔다. 이는 공식적인 정치제도인 김일성 헌법이 바뀌더라도 북한 직장 내 뇌물 상납수법에는 아무런 영향이 없었던 것으로 풀이할 수 있다. 당시 직장에서 뇌물이 이루어지는 것은 대부분 '밀매를 눈감아 주는 또는 좋은 자리에 배치'를 청탁하는 것으로 양복지 담뱃갑 속 등에 돈표나 현금을 넣어 전당한 직장근로자가 자신의 인사권을 쥐고 있는 행정위원회 노동과장을 찾아가 담배를 건네는 등 일상적인 방법이었다. 20개비가 들어가는 담배감에 18개비가 '외화와 바꾼 돈표'로 돌돌 말려있는 가짜담배가 소위 규칙으로 여겨지고 있었으며 외화와 바꾼 돈 100원(약 50달러, 시장 부패 북한돈으로 5,000원 상당)을 넣은 노동신문을 전달하거나 벌목공 등 외국에서 구입해온 경험이 있는 사람들이 돈벌이가 용이한 공장이나 기업소의 자재지도원으로 배치받는 데 쓰이는 상납 수법도 있다. 북한의 부패는 여기서 끝나는 것이 아니라, 이렇게 배치를 받은 자재지도원들은 공장에서 문제를 일으키더라도 군당책임비서가 끝까지 책임을 져주는 끈끈한 관계를 유지시켜 준다. 당사자에게는 "3년 정도 농촌에

가 있으라"고 한 후 1년 정도 지나면 공장 측에 "그 공장은 그 사람이 없으니 제대로 돌아가지 않는 것 같다"면서 다시 데려오는 경우와 같이 후원자 관계가 직장 내 연고주의로 발전하기까지 한다.[15]

〈그림 5-7〉 김일성 헌법 등장과 부패 유형 변화

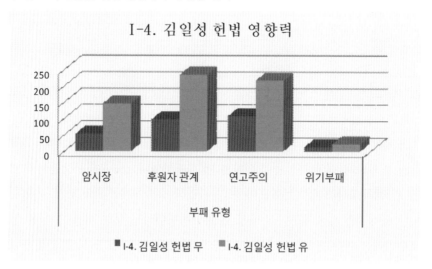

김일성 헌법이 등장하기 전의 부패 유형 구조와 등장한 이후의 변화는 부패가 양적으로 증가하였지만 부패 구조에는 영향을 주지 못한 것으로 보인다. 김일성이 사망한 이후, 3년 동안 북한 사회가 불안정했으며 아는 사람을 통한 부패 현상은 급격히 증가하였지만 제도의 등장으로 유형 변화에는 영향을 미치지 못한 것으로 보인다. 이는 정책이 발현되기 이전에 등장하는 제도는 현상에 변화를 주는 데 일정한 한계를 드러내는 단편적인 증거라 할 수 있다. 북한은 자신들이 주장하는 대로 철저히 사회주의 제도에 입각한 사회통제 메커니즘이 비현실적이거나 완화되었다는 것을 의미한

---

15) 「북한 직장 내 뇌물 상납수법 다양」, 『세계일보』 1996년 6월 15일자, 15쪽.

다. 일반적인 국가에서 등장하는 정책은 바로 조치와 같은 제도와 규범으로 관련 행정기관에 구조 변화를 가져와 시장과 사회에 일정한 변화를 유도한다. 그러나 북한의 경우는 그러한 변화의 단서를 찾지 못했다.

1998년 김일성 헌법 이후, 국방위원장으로서 김정일은 선군사상이라는 군 중심의 정치를 실현한다. 이후 2000년 들어 남한의 김대중 정부와 노무현 정부와의 남북협력사업을 진행하게 되어 노동당의 관련 부서에서부터 북한 사회에 이르기까지 많은 경제적 환경과 정치적 환경의 변화를 경험하게 된다. 그 당시에도 북한에 만연한 경제난은 근본적으로 해결되지 않았으며 사상통제를 포함한 사회통제를 위한 하위공무원의 결탁은 북한 사회에 자본주의를 자생하게 하는 환경을 조성하였다. 이러한 상황에서 당 차원에 통제 수단의 필요성을 느끼게 된 것이고 사회에 퍼진 반사회주의 현상을 해결하기 위해 북한 당국은 2001년 최고인민회의 제10기 5차 회의를 통해 '사회주의사회의 본성적 요구'에 맞게 경제를 개선하기 위한 '7·1경제개선조치'(이하 7·1조치)라는 공식 제도를 제시한다. 본 제도는 당시 북한 사회에 존재하는 비공식적인 규범이나 규칙들을 어느 정도 수용함으로써 전반적인 경제를 국가가 통제하기 위한 조치로 북한의 부패 유형 변화에 많은 영향을 미쳤다.

〈표 5-5〉 7·1경제개선조치와 부패 유형 변화

Corruption type * In 5		I-5. 7·1경제조치		
		무	유	전체
부패 유형	시장 부패	57	140	197
	후원자 관계	119	212	331
	연고주의	129	194	323
	위기 부패	17	18	35
전체		322	564	886

	값	자유도	점근 유의확률 (양측검정)
Pearson 카이제곱	8.762949339	3	0.032614418
우도비	8.822544433	3	0.031745709
유효 케이스 수	886		

a. 0셀(.0%)은(는) 5보다 작은 기대 빈도를 가지는 셀입니다. 최소 기대빈도는 10.63입니다.

'7·1조치'는 부패 유형 변화에 큰 영향을 미친 것으로 보인다. 99%신뢰 구간에서 0.032614418 〈 0.05로 관련 가설을 기각하는 것으로 나타났으며 카이제곱값도 8.762949339으로 식량배급제 중단에 준하는 영향력이 있음을 의미한다.

2002년을 전후로 북한은 헤로인과 핵폭탄, 탄도미사일, 그리고 위조 달러 등이 북한의 1급 수출품이었으며 마약과 무기류의 판매와 뇌물이 체제에 일정하게 기여하는 것으로 나타났다. 남북 관계는 남한의 '포용'에 의한 '햇볕정책'으로 인해 북한 정권에 현금을 비롯한 대북 지원으로 개선되었다. 북한에게 제공되는 식량이나 물자보다는 현금이 체제를 유지하는 데 직접적인 영향을 주는 것으로 보인다.[16]

〈그림 5-8〉 7·1조치와 부패 유형 변화

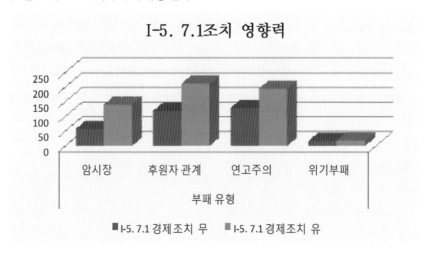

'7·1조치'가 등장하기 전에는 예전과 같이 후원자 부패와 연고주의의 부패가 비슷한 정도로 나타났고 시장 부패도 어느 정도 안정적으로 존재

---

16) 「北 마약밀매와 核 위협」, 『세계일보』 2003년 5월 19일자, 7쪽.

한 것으로 보인다. 그러나 본 연구에 사용된 다섯 번째 독립변수인 '7·1조치'의 등장으로 후원자 관계 부패가 많이 증가하였으며 연고주의 역시 증가한 것으로 보인다. 다수가 일상적으로 행해졌던 시장 부패에 대한 위험성을 아는 사람들을 통해서 해결한 것으로 풀이된다. 비공식적이기는 하지만 일반화로 인식된 시장 부패는 소수에 의해 음성적으로 해결하려는 의지를 읽을 수 있다. 또한 후원자 관계나 연고주의를 통해 해결했었던 부패 유형이 보편화되면서 시장 부패 거래와 같이 필요에 따라 뇌물을 고이면 가능할 수 있는 사회적 환경도 조성된 것 같다. 급격히 시장 부패가 증가했다는 것은 시장 부패에 매대 품목이 증가한 원인도 있겠지만 거래로 가능한 부패 유형의 범위가 증가한 것도 한 요인으로 보인다. 2005년을 전후로 남한에 온 탈북자들은 국경을 넘을 때 뇌물을 고이면 국경을 무사히 넘을 수 있도록 북한군이 도와준다는 인터뷰 내용에서도 알 수 있다. 해당 자료를 기초로 분석한 결과, 탈북이라는 것이 목숨까지 거는 고위험군에 속하는 반사회주의 현상에서 거래가 가능한 부패 형태로 바뀐 것으로 보인다.

제1차 통계분석에서 나타난 바와 같이, 2002년 '7·1조치' 이후 급격하게 부패가 증가하였다. 이는 부패가 온전히 '7·1조치'의 영향으로 판단할 수는 없지만 상당 부분 부패의 환경을 일반화하는 데 기여한 것으로 보인다. 화폐개혁은 당시 시장가격이 형성된 비공식경제에서 일반 주민들과 담당 관료와의 연결고리를 파악하고 통제하여 체제 유지에 기여하는 강제성이 있는 제도라 할 수 있다. 이렇게 등장한 공식 제도인 화폐개혁과 부패 유형 변화와의 관계는 〈표 5-6〉과 〈그림 5-9〉에 잘 나타나 있다.

〈표 5-6〉 화폐개혁과 부패 유형 변화

Corruption type * In 6		I-6. 화폐개혁		
		무	유	전체
부패 유형	시장 부패	119	78	197
	후원자 관계	245	86	331
	연고주의	254	69	323
	위기 부패	28	7	35
전체		646	240	886

	값	자유도	점근 유의확률 (양측검정)
Pearson 카이제곱	22.05680285	3	6.34798E-05
우도비	21.22132204	3	9.47016E-05
유효 케이스 수	886		

a. 0셀(.0%)은(는) 5보다 작은 기대 빈도를 가지는 셀입니다. 최소 기대빈도는 10.63입니다.

99%신뢰구간에서 유의도가 0.05보다 작은 수가 나왔다. 0.000063의 값은 화폐개혁이 북한의 부패 유형 변화와 관련이 있다는 것을 의미하며 화폐개혁과 부패 유형 변화와 관련이 없다는 귀무가설을 기각할 수 있음을 나타낸 것이다. 2009년에 단행한 북한의 화폐개혁은 본 연구에 짧은 조사 기간임에도 불구하고 이러한 강한 연관성을 보이고 있다. 화폐개혁으로 각종 부패의 일시적인 양적 감소에는 영향을 주었지만 근본적으로 부패 현상을 해결한 것은 아닌 것으로 보인다.

제도가 등장하게 되면 그에 맞게 조직이 개편되고 이를 실행하기 위해 인적구성이나 형식 및 절차의 변화가 나타난다. 따라서 사회에서 변화를 유도하기까지 시차가 존재하며 또한 1：100의 화폐교환 비율에 대한 충격으로 인해 부패 유형 변화를 가져올 만큼 부패 주체들이 관망하는 것으로 보인다. 이에 대한 근거로 카이제곱값이 상당히 높게 나온 것을 들 수 있다. 22.057이 나왔다는 것은 제도라는 독립변수가 부패 유형 변화에 직접적인 영향을 미쳤다는 것을 의미하며, 관련 귀무가설을 기각하는 데 성공하였다.

그래프에서 확인할 수 있듯이, 화폐개혁이라는 공식 제도가 등장 이전과 이후에 부패 유형 변화는 확연히 다른 결과를 보이고 있다. 전반적으로 화폐개혁 이후에 모든 부패 유형이 줄어드는 것을 보이고 있으며 특히 후원자 관계 부패와 연고주의 부패가 확연히 준 것으로 나타나고 있다. 이는 화폐교환 비율이 부패 규모에 영향을 미치기도 했지만 예전까지 이루어졌던 담배를 포함한 고이는 뇌물의 대상이 시장에서 거래되는 품목이거나 돈으로 상납되어 오고 있다는 것을 반증하는 대목이다. 이 시기에는 상당 부분 돈으로 경제활동이 대체되어 정해진 할당량과 표준에 따라 특별 배급을 받고 부족분은 시장에서 가격을 지불하고 거래하는 자본주의 시장경제로 대체된 모습을 보이고 있다.

〈그림 5-9〉 화폐개혁과 부패 유형 변화

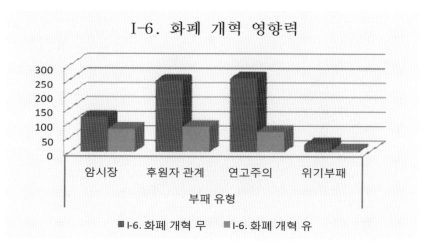

2. 제도 등장 전후 부패 유형 변화

각 제도별 부패 유형 변화에 대해 알아보았다. 제도를 기준으로 부패 유형을 살펴본 것과는 달리 이번에는 제도 등장 이전과 이후로 나눠 부패를 비교하기로 한다.

<표 5-7> 김일성 현지지도 전 후에 따른 부패 유형 변화

		시장 부패	후원자 관계	연고주의	위기 부패	전체
김일성 현지지도	무	145	241	218	22	626
	유	52	90	105	13	260
전체		197	331	323	35	886
		값	자유도	점근 유의확률 (양측검정)		
Pearson 카이제곱		4.15222846	3	0.245488456		
우도비		4.10499179	3	0.250347821		
유효 케이스 수		886				

a. 0 셀 (.0%)은(는) 5보다 작은 기대 빈도를 가지는 셀입니다. 최소 기대빈도는 10.27입니다.

<그림 5-10> 김일성 현지지도 전 후에 따른 부패 유형 변화

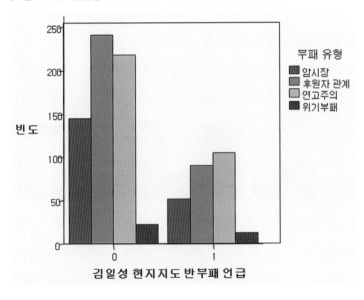

결과도 마찬가지로 유의수준도 0.245488456 〉 0.05보다 크게 나와 가설을 기가하는 데 실패했으며 카이제곱값도 낮게 나왔다. 그래프에서도 확인하듯이, 부패 유형에서도 절댓값의 증감을 보이지만 부패 구조의 모양 변화에는 영향을 주지 못하는 것으로 나타났다.

김일성이 현지지도에서 반부패 언급이 있었을 경우와 없었을 경우를 x축에 나타내는 것으로 후원자 관계 부패가 김일성의 반부패 언급 이후 확연히 줄어드는 모습을 보이고 있다. 연고주의 부패도 줄어드는 모습을 보이나 두 그래프의 모양에는 큰 변화가 없는 것으로 나타났다. 이 시기에는 부패가 사회에서 일반화되기는 했지만 통제가 가능했던 시기로 보이고 있다.

〈표 5-8〉 김정일 현지지도 전 후에 따른 부패 유형 변화

		시장 부패	후원자 관계	연고주의	위기 부패	전체
김일성 현지지도	무	118	176	150	16	460
	유	79	155	173	19	426
전체		197	331	323	35	886

	값	자유도	점근 유의확률 (양측검정)
Pearson 카이제곱	9.65753368	3	0.021713194
우도비	9.6968292	3	0.021327041
유효 케이스 수	886		

a. 0셀(.0%)은(는) 5보다 작은 기대 빈도를 가지는 셀입니다. 최소 기대빈도는 10.27입니다.

〈그림 5-11〉 김정일 현지지도 전 후에 따른 부패 유형 변화

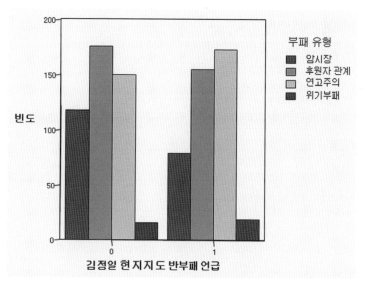

김정일의 현지지도는 김일성과는 다른 결과를 나타냈다. 김정일이 현지지도에서 반부패 관련 언급을 하면 부패의 절댓값이 줄어드는 것이 아니라, 다른 유형으로 대체된다는 것을 보인다는 것이다. 유의수준도 99%신뢰구간에서 0.02171 < 0.05을 상당히 유의하며 카이제곱값도 9.65753368도 의미 있게 나와 가설을 기각하는 데 기여하였다. 이 결과는 그래프에서 확인할 수 있으며 김정일이 현지지도하기 전에는 후원자 관계 부패가 제일 많이 성행하는 부패 구조를 보이지만 김정일이 현지지도한 후에는 부패의 절댓값도 줄지 않았고 오히려 연고주의 부패가 증가하는 모습을 보이고 있다. 이는 현지지도에서 김일성과 김정일의 효과에 차이가 존재한다는 것을 나타낸다.

식량배급제 중단이라는 비공식 제도가 등장하는 경우에는 이보다 강력한 결과를 도출하고 있다. 유의수준도 0.01175 < 0.05로 대립가설을 기각하는 데 기여했으며 카이제곱값도 10.9959으로 의미 있는 결과를 도출해 냈다. 일반적으로 탈북을 하거나 반사회주의 현상이 나타나는 기초에는 만연한 경제난으로 인한 국가재정의 복원이 어려워져 지방에서 시작된 식량배급제의 중단이 북한 전반적인 사회문제의 발단을 제공하는 것으로 보인다. 계획 경제에 의한 구조의 붕괴를 의미한다고 할 수 있다.

〈표 5-9〉 식량배급제 중단 전 후에 따른 부패 유형 변화

		시장 부패	후원자 관계	연고주의	위기 부패	전체
식량배급제 중단	무	16	32	53	3	104
	유	181	299	270	32	782
전체		197	331	323	35	886
		값	자유도	점근 유의확률 (양측검정)		
Pearson 카이제곱		10.9959121	3	0.011748001		
우도비		10.7146078	3	0.013373571		
유효 케이스 수		886				

a. 0셀(.0%)은(는) 5보다 작은 기대 빈도를 가지는 셀입니다. 최소 기대빈도는 10.27입니다.

〈그림 5-12〉 식량배급제 중단 유무에 따른 부패 유형 변화

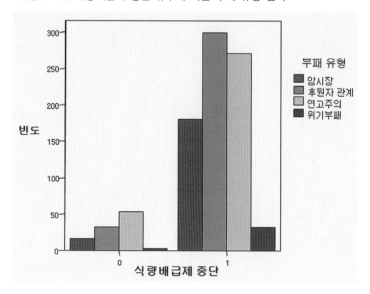

그래프에서도 확인할 수 있듯이, 식량배급제의 중단이라는 비공식 제도가 등장한 이후에 부패 유형에 모든 부분에서 증가하는 모습을 보이고 있으며 특히 후원자 관계 부패가 급격히 늘어나 시장 부패에서 상거래를 하거나 품목을 다양화하기 위해 뇌물을 고이는 현상을 유출할 수 있다. 이 그래프는 배급경제가 거의 붕괴되면서 기근에 큰 타격을 입은 하급관리들의 의도적인 행동의 결과이기도 할 것이다. 배급이 끊겨져 불법적인 시장 활동에 참여하지 않고 버티고 있다가 가장 먼저 타격을 입은 동료들의 모습에서 체득한 것이다. 먹고 살기 위해 무슨 일에든 뇌물을 받기 시작했을 것이다.

김일성 헌법의 경우, 공식 제도의 등장 이전과 이후에 부패 유형의 변화에 아무런 영향을 미치지 못하는 것으로 나타났다. 유의수준도 0.05다 높게 나왔으며 카이제곱값도 낮게 나와 가설을 기각하는 데 실패하였다. 이는 공식 제도라 할지라도 부패에 관한 북한 사회구조에 대해 변화를 주도하지 못했다는 것을 보여준다.

<표 5-10> 김일성 헌법 등장에 따른 부패 유형 변화

		시장 부패	후원자 관계	연고주의	위기 부패	전체
김일성 헌법	무	52	97	107	13	269
	유	145	234	216	22	617
전체		197	331	323	35	886
		값	자유도	접근 유의확률 (양측검정)		
Pearson 카이제곱		3.56949632	3	0.311859907		
우도비		3.56347781	3	0.312622103		
유효 케이스 수		886				

a. 0셀(.0%)은(는) 5보다 작은 기대 빈도를 가지는 셀입니다. 최소 기대빈도는 10.27입니다.

<그림 5-13> 김일성 헌법 등장 전후의 부패 유형 변화

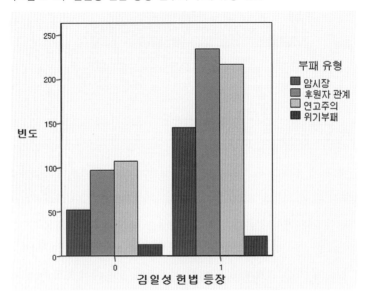

김일성 헌법 이후 후원자 관계 부패가 연고주의 부패보다 높게 나온 것을 제외하고는 부패 구조의 변화에는 영향을 미치지 못하는 것으로 나타났다.

김일성 헌법과 같은 정치 분야에 공식 제도와는 달리 경제 분야에 공식 제도인 '7·1조치'는 북한의 부패 유형 변화에 유의한 결과를 나타냈다.

유의수준도 0.03261 〈 0.05로 관련 가설을 기각하는 데 성공했으며 카이제곱값도 의미 있게 도출되었다.

'7·1조치'가 등장한 이전과 이후에 부패 유형 변화에 큰 영향을 미쳤으며 특히 시장 부패, 후원자 관계 부패와 연고주의 부패가 일반화되는 데 기여한 것으로 보인다.

〈표 5-11〉 7·1경제조치 전후에 따른 부패 유형 변화

		시장 부패	후원자 관계	연고주의	위기 부패	전체
7·1경제조치	무	57	119	129	17	322
	유	140	212	194	18	564
전체		197	331	323	35	886
	값	자유도	점근 유의확률 (양측검정)			
Pearson 카이제곱	8.76294934	3	0.032614418			
우도비	8.82254443	3	0.031745709			
유효 케이스 수	886					

a. 0셀(.0%)은(는) 5보다 작은 기대 빈도를 가지는 셀입니다. 최소 기대빈도는 10.27입니다.

〈그림 5-14〉 7·1경제조치 전후에 따른 부패 유형 변화

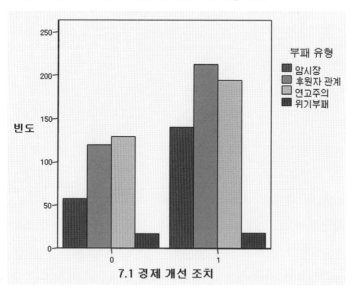

이 정도 그래프의 차이는 식량배급제 붕괴와 같은 효과를 얻은 것으로 풀이할 수 있다. 경제 전반적으로 퍼져 있었던 부패 현상이 관행에서 벗어나 일반화되어 행위에 의한 절차를 대체할 수 있는 상황으로 보인다. 정기적으로 성행하는 시장 부패와 후원자 관계 부패를 위해서 일시적인 문제 해결 차원에서 연고주의를 활용했을 가능성도 있으며, 하급관료나 당원인 친인척을 중심으로 부패를 확대시킬 수도 있을 것이다.

2002년 '7·1조치' 이후 북한 사회에 한시적이지만 교류와 국제 관계에서 많은 변화를 경험하게 된다. 이에 편승해 중국 국경을 중심으로 북한 사회에 소위 개화의 바람도 함께 유입되었을 것이다. 이러한 분위기는 기존 북한 사회에 반사회주의 현상과 부패의 구조를 확산시키는 상승효과를 초래했을 것이다. 그러나 본 조사 기간에 의한 데이터의 부족으로 카이제곱값이 높게 나왔지만 가설을 기각할 만큼의 유의수준에 도달하지는 못했다. 결과적으로 관련 가설을 기각하는 데 실패하였다.

〈표 5-12〉 화폐개혁 전후 부패 유형 변화

		시장 부패	후원자 관계	연고주의	위기 부패	전체
화폐개혁	무	119	245	254	28	646
	유	78	86	69	7	240
전체		197	331	323	35	886
		값	자유도		점근 유의확률 (양측검정)	
Pearson 카이제곱		22.0568029	3		6.34798E-05	
우도비		21.221322	3		9.47016E-05	
유효 케이스 수		886				

a. 0셀(.0%)은(는) 5보다 작은 기대 빈도를 가지는 셀입니다. 최소 기대빈도는 10.27입니다.

〈표 5-12〉에 나타난 바와 같이, 화폐개혁은 부패를 일시적으로 줄이는 데 큰 기여를 한 것으로 나타났다. 시장 부패가 기본적인 부패 유형으로 자리 잡고 후원자 관계 부패와 연고주의 부패로 대표되는 북한 사회는 화폐개혁이라는 제도의 등장으로 모든 형태의 부패가 확연히 줄어들어 부패

유형 변화를 가져온 것으로 보인다. 카이제곱값도 다른 유형보다 크게 나왔으며(22.0568), 유의확률도 화폐개혁과 관련해서 설정한 귀무가설을 기각하는 데 성공하였다.

〈그림 5-15〉 화폐개혁 전후 부패 유형 변화

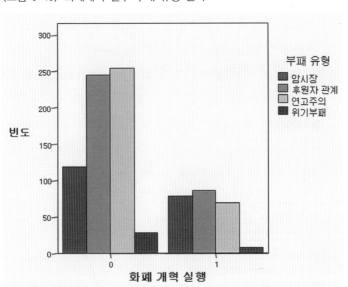

3. 가설 검증

북한의 제도 변화와 부패 유형 변화에 관한 가설 검증은 M. Johnston의 부패모델을 중심으로 설정되었다. 이를 검증하기 위해 탈북자 인터뷰를 통한 정성적 분석과 피벗 테이블(Pivot table)과 카이스퀘어 검정(Chi-square test)을 사용한 정량적 분석 결과를 통해 가설을 검증하였다. 가설은 검증한 결과 북한의 제도의 영역과 행위의 영역에 괴리가 존재한다는 것을 정성적 분석으로 확인하였다. 그 이유는 북한의 제도의 등장이 정치적 목적을 가지고 있어 제도적 의도에 벗어나는 현상인 '부패 유형'의 고착화에 기여했기 때문이다. 마치 북한이라는 하나의 커다란 시스템이 부패와 연결고리를 이용해 체제를 유지하는 모습으로 보였다. 이를 계량적으로 증명하기 위해 총 6개의 제도와 886개의 부패 사례를 두 변수로 나누어 연관성 검증을 실시한 결과는 다음과 같다.

3개의 정치제도인 김일성·김정일 현지지도와 김일성 헌법 중에 북한의 부패 유형 변화에 영향을 미친 것은 김정일의 현지지도였다. 김일성의 현지지도의 경우 일정하게 부패의 감소를 피벗 테이블(Pivot table)에서 확인하였지만 유의수준에서 벗어나 김일성의 현지지도 이후에 증감한 부패를 김일성의 현지지도의 효과라고 설명할 수 없다.

〈그림 5-16〉 북한의 제도 변화와 부패 유형 변화에 대한 가설 검증

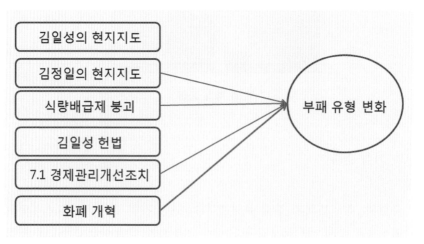

그러나 김정일의 현지지도의 경우는 김일성 현지지도보다 많은 시간적 범위에 진행되었음에도 불구하고 현지지도 이후 부패의 증감 변화가 김정일의 현지지도의 영향을 받은 것으로 나타났다. 김정일의 현지지도의 경

우, 부패의 감소의 결과보다 다른 부패 유형으로 옮겨가는 결과를 보이고 있다. 따라서 김정일이 현지지도에서 반부패 관련 언급을 포함한 지시나 명령의 효과가 있다고 할 수 없음을 의미한다. 결국 김일성의 현지지도와 비교했을 때, 김정일의 현지지도는 부패 통제 가능 범위의 임계치를 넘은 것으로 보인다.

3개의 경제제도인 식량배급제의 붕괴, 7·1조치와 화폐개혁, 그리고 화폐개혁은 정치제도보다 부패 유형 변화와 관련이 있다. 특히 7·1조치의 경우 식량배급제의 붕괴의 제도적 역할보다 더 강한 유인을 가지고 있음을 보인다. 이러한 원인은 7·1조치가 식량배급제라는 공식 제도의 붕괴보다 제도 등장 당시 북한 현실을 수용한 제도이기 때문이다. 노동시장을 중심으로 초기 형태의 자본주의 경제를 일부 이용하면서 사(私)경제가 확대되었고, 비공식적 제도인 부패 현상이 공식화되는 결과를 낳았으며 이를 통한 화폐의 유통이 활발해졌다. 이러한 상황에서 통제를 강화하는 화폐개혁은 일소에 통제하는 효과를 거두어 북한 당국이 시행한 목적인 제2경제의 범위 파악과 화폐를 국가 소유로 환원하는 정치적 목적은 달성하였다.

제6장

북한 제도와 부패와의 연관성 및 동태성

제6장 북한 제도와 부패와의 연관성 및 동태성

본 장은 북한 제도의 변화와 부패 유형 변화 간의 연관성을 검증하기 위해 사용된 탈북자 인터뷰와 문헌 조사를 기초로 이루어진 정성적 분석과 피벗 테이블(Pivot table)과 카이스퀘어 검정(Chi-square test)을 통해 부패 유형 변화 추이와 제도와 부패 유형 변화 간의 연관성을 검증한 정량적 분석을 정리하는 부분이다.

정성적 분석을 통해 도출한 결과는 첫째, 북한의 부패는 제도의 영역과 행위의 영역 사이에 괴리가 존재하며 둘째, 제도적 환경에 의해 부패 유형 변화에 일정한 패턴이 존재한다는 결과를 도출하였다. 이러한 결과는 인지적으로 알고 있는 북한의 부패가 정경분리가 이루어지지 않은 국가에서 나타나는 부패 현상에 수렴함을 의미하는 것이다. 이러한 정성적 결과는 북한의 제도와 부패 유형 간의 연관성 검증에 신뢰성을 확보할 수 있었다.

정량적 분석에 의해 얻은 북한의 부패 유형 변화는 밖으로는 국내외 환경 변화와 제도적 환경에 반응하였다. 소련을 중심으로 한 사회주의국가의 붕괴와 한중수교와 같은 국제정치사적 사건은 북한의 국내 문제를 해결할 수 있는 통로를 막는 결과를 낳았고 체제 정비와 같은 국내 문제를 해결하기 위해 등장한 제도는 당시 북한의 현실적인 문제를 해결하지 못한 체 부패 유형 변화로 나타나게 되었다.

본 장은 두 가지 분석 기법을 기준으로 얻어진 결과는 정형화된 부패와 비정형화된 부패로 각각 나누어 탈북자 인터뷰 자료를 중심으로 북한의 부패 유형 변화에 동태성을 제시한다. 여기서 말하는 부패의 정형화와 비정형화의 기준은 M. Johnston에 의해 주장된 부패모델로 참가자의 수와 부패 정형화 여부로 구분되어 작성된 4가지 부패 유형을 나누는 기준을 말한다.

제1절 M. Johnston의 부패 유형을 통해 본 북한의 부패

M. Johnston이 부패 공급자의 수와 이해관계(stakes) 타입에 따라 정의한 부패의 4가지 모델에서 가장 중요하게 여기는 것은 '부패의 통합화'유무이다. 부패가 통합화되었다는 것은 부패라는 행위가 일정한 규칙과 정해진 방법에 의해 적용 대상의 제한이 없는 것을 말한다. 그는 이렇게 '통합화'된 부패를 공급자가 다수인 시장 부패(Cor Type A)와 공급자가 소수인 후원자 관계 부패(Cor Type B)로 나누었다. 또한 '비통합화된' 부패 행위를 보기 드문 현상(extraordinary)으로 명명하며, 소수 공급자에 의한 연고주의 부패(Cor Type C)와 다수 공급자가 일시적으로 움직이는 위기 부패(Cor Type D)로 나누었다. 그가 말하는 '통합화'의 의미는 부패 행위가 시장에서 사고파는 활동과 같이 원하는 사람들이 행할 수 있는 정도이며, 이러한 행위의 접근 대상이 소수인지 다수인지가 부패 유형을 나누는 척도이다.

1. 일상적 부패 : 시장 부패와 후원자 관계 부패

시장에서 조성된 부패를 설명할 수 있는 가장 전형적인 부패의 예이다. 흔히, 시장 부패와 암시장 부패를 다른 개념으로 보기도 한다. 일반적으로 시장(공식 경제) 내에서 상거래를 위한 부패를 시장 부패라 한다면 불법 무기나 마약류를 유통하는 것을 암시장 부패라고 말한다. 그러나 M. Johnston 은 암시장(Black Market)에 의해 시장의 부패가 증가된다고 말한다. 이러한 관점에서 시장 부패는 누구라도 정해진 규칙대로 부패 행위를 통해 대가를 얻을 수 있는 것을 의미한다.

이에 대한 가장 부합되는 북한의 부패에는 대학 입학과 졸업 및 대학 졸업장을 위조하는 것이다. 북한에서 대학을 입학하기 위해 예비 시험과 추천장을 받거나 졸업 배지를 따기 위해 뇌물을 고이는 것은 앞장에서 설명한 바와 같이 일정한 규칙이 존재한다. 그러나 북한은 모든 인민들이 노동을 통해 사회주의를 실현하는 환경하에서 직장인을 대상으로 대학 졸업장을 위조하여 거래하는 부패도 있다. 좋은 직장을 배치받기 위한 대학 졸업장 위조 과정은 다음과 같은 대학 제도에 따라 발생한다.

〈그림 6-1〉 예시를 이용한 대학 편제

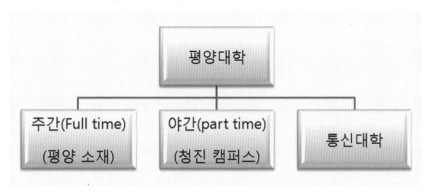

북한에서 승진하는 조건은 정해져 있다. 첫째, 토대가 좋아야하고 둘째, 능력을 인정받아야 하며 셋째, 대학 졸업장이 있어야 한다. 예를 들어 중등학교를 마치고 진학을 하게 되면, 주간 과정에서 대학 과정을 밟게 되고, 직장에 다니는 사람들은 각 지역에 퍼진 캠퍼스에서 직업훈련 과정에 일환으로 일정 수업을 수강하고 졸업을 한다. 이에 반해 통신과는 현역에 종사하는 사람이 학생에게 숙제로 수업을 대체하고 간단한 시험을 거치면 졸업장을 주는 형태이다. '통신과'는 대부분 대학에 존재하여 학교운영에 필요한 자금을 조달한다. 이에 대한 증언을 한 탈북자는 부기과장(회계사)인 어머니의 권유로 안전원의 지망을 포기하고 중학교 졸업 후, 출납에서부터 결산에 이르기까지 모든 수업을 도재 방식으로 부기 과정을 습득하게 되었다. 그 당시 자신도 경제전문학교 통신학교에 신청해서 뇌물로 2년 6개월 만에 졸업장(자격증)을 받아 부지도원으로 승진했다. 북한의 대학졸업에 대한 부패는 그가 지원한 '통신과'에서 가장 많이 일어난다. 이러한 부패가 등장하게 된 것은 학교 운영에 대한 권한을 부여받으면서 활성화되었다. 국가의 지원이 부족한 상태에서 대학들은 적극적으로 정원외전형을 실시하고 있다. 북한 사회에서 승진은 만경대혁명학원의 혁명투사 자녀들이나 정치대 졸업자들이다. 이렇게 까다로운 승진 조건과 절차가 부모나 조상의 업적으로 평가되어 승진을 위한 부패의 발생지인 통신대학에 집중되는 것이다. 졸업장의 가격도 해마다 학교마다 다르게 나타나는데 '광산금속대학' 통신과 졸업장은 자동차 1대 값을 지불해야 한다. 이렇게 모아진 돈은 일부 대학 운영 유지에 활용되고 체제 유지비로 모아진다.

암시장(Black Market) 부패도 북한 당국에 의해 일정한 루트를 통해 조직적으로 이루어지고 있다. 특히, 탈북 과정에 나타나는 뇌물에 의한 부패는 누구라도 개인적인 목적이나 정치적인 목적에 의해 가능해진지 오래이다. 인신매매와 통행증은 일반 거래로 가능하게 상품화되었고 검열위원회가 따로 존재하지 않았던 신의주, 혜산, 회령 지역은 불법 무역이 성행하게 되었다. 이렇게 구조적인 문제 해결을 위해 발생하는 부패를 포함해서 시장 내 부패 현상이라고 할 수 있다.

북한의 시장 부패도 이제 단순히 시장 부패의 증가를 의미하는 것이 아니라 적용 범위가 확대됨을 보이고 있다. 노동시장에서 거래되는 품목이나 수량을 인민반과 협상을 통해 뇌물이 이어지는 것에서 이제는 누구나 현금을 가지고 부패를 통해 얻을 수 있음을 의미한다. 예전에는 좋은 직장 배치를 위해 고양이담배 한 막대기(10갑)를 고이거나 여자의 경우 성상납이 비정형화 방법으로 이루어졌다면, 성매매를 통한 경제활동에서부터 탈북을 하는 경로까지 일정한 루트가 2000년을 전후로 정착되어 모든 부패 유형이 시장화(marketization) 되었다. 시장화의 확대는 공산권 국가의 자유주의 시장 경제로의 이행(移行)의 또 다른 표현이기도 하다.

시장 부패에 비해 부패 참가자가 소수인 후원자 관계 부패(Cor type B)는 직장 배치와 관련한 신분 세탁 과정을 그 예로 들 수 있다. 북한의 계급은 크게 3단계로 이루어져있다.

1급은 '붓'으로 일컬어지는 소위, 토대가 좋거나[1] 능력을 인정받은 엘리트 계층, 2급은 '마치(망치)'로 나타나는 노동자 계

〈그림 6-2〉 북한의 계급 제도

붓: Elite

마치: 노동자

낫: 농민

---

[1] '토대'가 의미하는 것은 1계급 : 1932년 4월 25일 항일투쟁자들, 2계급 : 당과 수령을 위해 일하다 죽은 순직자를 포함한 김정일 남산고급학교, 김일성종합대, 그리고 조국(북한)의 발전 전쟁 참가자 중 낙동당 전투에 참가했던 사람들, 3계급 : 일반 노동자, 4계급 : 반역행위가 없는 농민, 5계급 : 국군포로나 월남가족이 속한다. 이렇게 나누어진 계급은 태어날 때 정해지는 계급으로 능력이나 실력에 따라 승진하기도 하지만 한계치가 존재해 체제에 대한 불만으로 이탈적 부패 행위, 장사나 개인적인 활동으로 경제적 지대추구에 쏠림 현상으로 나타난다.

급, 3급은 '낫'으로 대변되는 농민계급으로 나눈다. 북한에서 행해지는 신분 세탁을 '우라까이'라고 부르는데, 토대가 좋은 엘리트계급에서 이루어지는 것이 아니라, 농민계급이 노동자 계급으로 갈 때 많이 사용된다. 이렇게 나누어진 신분제도는 당원이 되는 조건이기도 하다. 당원이 되는 조건은 ① 당과 수령을 위해 목숨을 초개와 같이 바칠 수 있는 사람 ② 토대가 좋지 않아도 이수복과 같이 화구를 맞는 정신을 소유한 사람 ③ 믿을 수 있는 보증인이 있는 사람 ③ 군대를 마친 사람(남 : 10년, 여 : 5년)으로 토대가 나쁘지 않고 대학을 졸업한 사람이다. 북한 영화 〈보증〉2)의 내용과 같이 보증인을 잘 만나면 당원이 될 수 있다. 북한의 계급의 구분만큼 엄격하지는 않지만 당원에게 필요한 조건을 갖추어야 한다. 이러한 신분의 엄격함은 '신분 세탁'이라는 부패가 발생하는 데 원인을 제공했다.

2. 비일상적 부패 : 연고주의 부패와 위기 부패

개인과 조직의 지속적인 유대 관계를 유지하며 발생하는 '통합적이고 정적인'부패인 정형화된 부패와 다른 비정형화된 부패에는 내적으로는 통합적이고 외적으로는 비통합적인 연고주의 부패와 비통합적이면서 매우 불안정한 위기 부패가 이에 속한다.

연고주의 부패의 기본은 개인과 소수의 사람들에 의한 교환의 이해관계가 비정형적으로 이루어짐을 말한다. 여기서 말하는 비일상화란, M. Johnston

---

2) 북한 영화 50선에 속하는 영화로, 북한의 자립 과학기술에 관한 이야기인 동시에 과오가 있는 인물들에게도 기회를 줘 조국에 이바지할 수 있도록 해야 한다는 계몽성을 담고 있다. 1부는 과학 관련 사업에서 중책을 맡고 있는 원석혜에게 과학 기술에 관한 문제가 생겨 고심하던 중 박신혁이 그를 찾아가 그의 연구 사업이 성공할 수 이도록 당의 힘으로 지원해주는 한편 과거의 과오로 고민하고 있는 허진성을 찾아가 자신이 당에 보증을 서줌으로써 당과 수령에게 충성할 수 있는 기회를 준다는 내용을 담고 있다. 2부에는 박신혁의 보증으로 원석혜는 불치병에 걸렸음에도 불구하고 외국의 기술에 의지하지 않고 자신의 기술로 공장을 다시 가동시킨다는 내용을 담고 있다. 〈http://blog. naver.com/iamyhjoon?Redirect=Log&logNo=100002015532_2012_12_20〉.

이 사용한 비정형적(Extraordinary)의 의미와 같은 것으로 교환의 이해관계의 규모(scale)나 부족(scarcity)을 의미한다. 이는 연고주의 자체가 비정형적으로 발생함을 전제하는 것이 아니다. 비정형적인 뇌물수수는 수익성이 높은 사업을 양보하거나 주요 직위로의 약속, 가끔씩 일어나는 국유화된 권위에 의한 개인 사업의 관대한 처우, 혹은 화폐에 많은 유통에 접근을 용이하게 하는 것을 포함한다.

이러한 부패 현상은 정기적으로 발생하지는 않지만 개인과 조직 사이에 연고주의로 묶인 경우가 대부분이다. 당원이 있는 가족의 경우, 형제나 자식의 직장 배치를 바꾸는 데 연고주의 부패가 발생한다. 예를 들어, 7남매(남 : 3) 중 장남이 해운대학 행정학과를 졸업한 항해사인 경우 그의 대학 동기도 모두 도행정청에서 근무한다. 이렇게 학연으로 쌓은 인간관계는 비정기적으로 발생하는 연고주의 부패를 성공시킨다. 항해사의 남동생이 무산광산에 배치를 받으면 좋은 직장으로 빼기 위해 동기를 통해 그 광산의 노력관리자와 거래를 할 수 있다. 무산광산에서 한 명을 뽑아내는 대신 함북 제대 군인 50명과 달러를 고여서 직업 거래를 성사시킨다. 항해사와 항해사 동기는 한 명을 뽑는 대신 50명을 집어넣어 배급받을 식량을 확보하게 된다. 무리배치에서 직장 거래를 통해 서로의 이익을 얻기 때문에 간헐적으로 이루어지더라도 성공확률은 높아진다. 이러한 연고주의 부패는 시장 부패나 후원자 관계 부패에 비해 규모가 작고 복잡하지만 양면가치의 결과(ambivalent consequences)를 가져온다. 비정형화된 이해관계는 반복된 교환을 이끌지 않는다. 따라서 개인적인 관심의 교차점과 특징지어지는 의무의 상기시키는 시장 부패와 후원자 관계 부패와 같이 강하게 존재하지 않는다. 대학동기 간의 직장 거래와 같은 유동적인 상황에서 가족의 유대의 정치적 지속성은 그것이 특히 내구성이 존재하고 연고주의의 중요한 변수임을 요구한다. 다른 부패 유형에 비해 규모가 작지만 성공률이 높아 북한 사회에서 토대와 당원의 유무는 연좌제와 함께 북한 사회의 관료화를 견고화시키는 동시에 체계적 부패가 비공식 부패로 자리 잡는 결과를 낳는다.

또 다른 비통합적인 부패 유형으로 다수의 참가자에 의해 일시적으로 발생하는 위기 부패가 있다. 이 부패 유형은 불가능성한 부패로 보인다. 많은 이해관계자들이 일시적으로 움직인다면, 어떻게 한꺼번에 많은 공급자가 될 수 있을까? 그에 대한 대답은 부패의 이러한 유형의 매우 동적인 원천과 관련이 있다. 제도화된 위기의 놓인 체제(system)를 예로 들면, 사적 부분이 아주 철저하게 공적 영역을 관통할 수 있다. 위기 부패는 영향과 교환의 새로운 네트워크의 형태로 나타나거나 일시적으로나마 전환을 가져온다. Johnston은 볼리비아에 코카인과 관련된 부패를 예를 들어 설명했다. 1981년 당시 코카인 무역(2 billion dollar)의 이해관계는 가난한 국가를 위해 비정상적으로 이루어졌다. Meza coup 시기에만 적어도 3개의 주요한 마약거래상들이 등장했었다. 그들 조직은 무역이 할 때, 대규모로 일시적으로 움직이는 특징이 있다.

북한의 위기 부패와 관련하여 근래에 학계에서 대립을 유지하고 있는 붕괴론과 관련이 있다. 또한, 북한이라는 폐쇄적이고 파벌을 인정하지 않는 조직에서 일시적으로 집단행동은 존재하지 않아 보인다. 그러나 본 연구의 계량적 분석에도 나타났듯이 —다른 부패 유형에 비해 적지만— 등락을 보이며 존재함을 확인했다.

이와 관련한 탈북자들의 증언은 더욱 확실한 증거를 제시하고 있다. 함경북도 청진에 '6군단 사건'과 '성도패 사건'이 대표적인 사건이다.

'6군단 사건'은 북한 군부 내 반체제 사건으로 1992년에서 1993년도에 발생한 '푸룬제 군사대학 출신 반역모의 사건'과 더불어 1990년대 중반 이후에 김정일 정권에 가장 치명적인 쿠데타 사건이다. 함경북도 청진 인민군 무력부 6군단에서 정치원을 중심으로 쿠데타를 모의하다 발각되어 장성급을 포함한 군 간부 40여 명이 처형당한 대형 사건이다.[3] 6군단 쿠데타 모의가 이처럼 도(道) 전체로 확대되고 있었음에도 당시 6군단장이었던 김영춘(94년 3월에 6군단 부임)은 만경대 혁명 출신과 김일성과 친인척 관계를 고려해 제외시켜 몰랐다. 그는 당시 쿠데타 진압을 도와 1995년 10월에 인민군 총참모장에 올랐다. 이 사건에 대한 북한 내부의 반응을 탈북자를 통해 보면, 당시 사돈의 6촌까지 처벌했다고 한다. 비밀이 누설되어 현실화되지 않았지만, 외화를 기초로 평양까지 진입하려는 목적이 드러나 대형 숙청이 이루어진 사례이다.

이와 관련해 2002년에 발생한 '성도패' 사건이 있다. '성도' 엄마의 친구(탈북자)에 따르면, '성도패'는 새로운 세상을 위해 청진시 무산군을 '성도시 성도군'으로 바꾸는 계획과 사회에 대한 불만으로 폭동을 모의하다 남녀가 한 방에서 혼숙해서 사회 기강 차원에 모두 교화소로 보내졌고 '성도'는 총살당했다. 이렇게 다수에 의한 집단행동은 2005년을 지나 개별적인 활동으로 이어진다. 2009년 늦여름에 무산시 남산 시계탑에 뿌려진 '삐라 사건'과 '낙서 사건'이 그것이다. '삐라' 앞면에는 5,000원짜리 지폐와 윗면에는 김정일 반대(타도) 글이 적혔다. 당시 일반 주민은 보는 것만으로도 처벌을 당하기 때문에 땅에 떨어진 것을 줍지는 못했지만 상당히 파격적인 사건으로 기억하고 있다.

2009년에는 무산군 초급당비서가 길의 벽과 기차에 반체제 글을 적은 사건도 있다. 탈북자 증언에 따르면 북한의 위기 부패는 2009년 이후에는 개별적인 모습으로 나타나고 있다. 또한 그 수가 상대적으로 적은 이유는 탈북이라는 통로가 대신하는 것으로 보인다. 체제나 북한 사회에 대한 불만은 가족까지 위험이 빠지게 하는 집단행동보다는 '행불'로 처리될 수 있는 탈북으로 나타난다. 이와 더불어, '백공오층(105층)'은 '새들의 놀이터'로, 미완성된 '어랑발전소', '순천비닐론공장', '화학비료공장', '북창화력발전소',

---

3) 「北 6군단 쿠데타모의사건 아시나요? 95년 모의발각, 장성급 포함 4백 명 처벌」, 『DailyNK』 2005년 1월 21일자.

'백두산 삼지연 발전소' 등 김정일의 대건설은 북한 주민의 미공급(식량 배급 중단)의 직접적인 원인으로 평가되는 것으로 미루어 미흡한 리더라는 인식은 김일성에 대한 향수를 불러일으킨 것으로 보인다.

제2절 북한 부패의 동태성과 체제 유지에 대한 함의

1. 관행의 제도화와 부패의 동태성

제도연구에 중심적인 이슈가 된 것은 신제도주의의 출현에 있다. 신제도주의의 출현은 공식적 제도에 비공식적 제도까지 제도의 범주로 인정하면서 관심을 받게 되었다. 여기서 말하는 비공식 제도는 헌법, 법률, 기구의 설립 등과 같이 공식적인 권한을 부여받은 주체가 다양한 수단을 동원하여 만들어 낸 명문화된 규칙인 공식 제도에 포함되지 않는 문화, 전통, 관행과 같은 보편적으로 사회가 수용하고 규범에 의한 사전적인 제약 혹은 사후적인 통제를 의미한다. 명문화되어 있지는 않지만 사회 전반적으로 존재하는 암묵적인 규칙 등을 의미한다. 특히, 폐쇄성이 강한 조직일수록 공식 제도의 검증에 어려움으로 비공식 제도 간의 격차가 없다. 공식 제도에 저촉되는 경우라 할지라도 그를 대체할 만한 보완재가 있다면 비공식 제도가 확대되는 경향을 보인다. 북한도 이와 같이 간헐적으로 교류가 이루어지긴 하지만, 행정 처리에 대한 공식 제도는 명확히 제시되어 오고 있지 않다. 다만, 월요집회에서부터 수요일에 실시하는 생활총화와 각각의 직맹이나 여맹 등과 같은 조직의 통제와 관리 속에서 매일 하달되는 과업과 그에 대한 보상은 비공식 제도가 공식 제도로 대체되는 데 한몫을 한다.

신제도주의자들은 제도를 연구할 때 제도를 독립변수로 놓는다. 현상의 원인을 제도 즉, 구조적인 문제에 집중하는 것이다. 이러한 관점에서 북한의 부패 현상도 공식적 제도와 비공식적 제도에 의한 구조(system)에 영향을 받는다고 할 수 있다. 물론 부패는 그 이외에도 역사주의 관점에서 사회·문화적 요인에 의해 발생 원인을 찾을 수 있지만, 이러한 요인이 부패 유형의 변화를 설명하기에는 상대적으로 적당하지 않다.

본 연구에서 진행한 제도의 변화와 북한의 부패 유형 변화와 관한 계량적 통계결과에 따르면, 북한에 부패가 발생하거나 확대되는 데 일정한 패턴과 경로가 존재하는 것으로 나타났다.

1차 통계 결과인 부패 유형 변화 추이에서 나타나듯이, 북한의 부패는 후원자 관계 부패에서부터 시작한다. 후원자 관계 부패는 M. Johnston이 제시한 부패의 유형 중에서 다수에 의해 정해진 방식에 따라 발생하는 부패 유형으로 통합적이고 안정적인 특징이 있다. 이러한 부패는 1990년대 이전부터 관행화되어 일종의 비공식 제도로의 역할을 수행하는 것으로 보인다. 대부분 후원자 조직 부패는 북한 중간계급에 해당되는 각 부서에 정치지도원이나 각 도당 간부들에 의한 부패가 해당된다. 그들은 직접 북한 인민들을 접하고 실물경제에 자신의 자의적으로 권력을 행사할 수 있는 사람으로 아는 사람(소수)과 후원자 관계를 형성하는 것이다. 이들은 담배, 쌀, 고철 등과 같은 소소한 뇌물에서부터 달러에 이르기까지 직위를 이용해 일방적인 뇌물을 요구할 수 있는 위치이며 그 정도와 대상은 점점 커진다. 그들의 요구는 돈으로 귀결되어 후원자 관계 부패에서 이루어졌던 부패 현상이 일정 금액의 돈이 있다면 누구나 할 수 있는 시장을 부패시키는 결과를 낳는다. 시장 부패는 하급 당간부와 주민들 간의 부패로 시작된 것으로 1990년대 후반에는 다수에 의한 부패 유형이 증가하는 모습을 보인다. 북한 주민들은 시장에서 뿐만 아니라, 직장 재산이나 생산품의 횡령, 뇌물 등을 빼내되파는 일탈 행동을 보이고 있다. 관련 기사[4]를 보면 시장 부패의 확대에 적정한 예라 할 수 있다.

〈그림 6-3〉 북한에 부패 유형 변화의 동태성

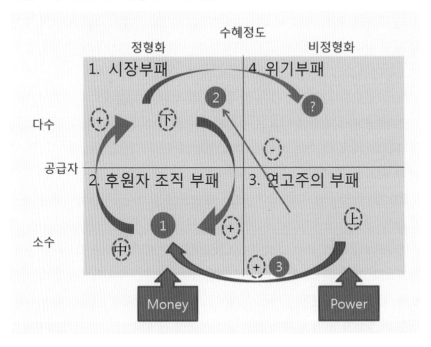

이러한 후원자 조직의 부패에서부터 다수에 의한 정형화된 시장 부패는
2000년대 들어 더욱 확대되는데 성상납이 그 예이다. 원하는 직장에 배치
되거나 사경제를 위한 직장 이탈 등과 같은 개인적인 문제를 해결할 때 사
용되거나 요구되어지는 것이 성상납이었다. 그러나 화폐의 중요성이 대두
되면서 자본주의적인 사고방식에서 회령이나 혜주, 문경 등지에서 자발적
인 매춘이 이루어지고 있는 모습을 볼 수 있다. 소수에 의해 이루어지던
부패 유형이 제2경제 확대와 화폐의 중요성을 부각시키며 시장을 부패 거
래의 공간으로 유도하였다. 위 그림에 나타나는 것과 같이 후원자 조직 부
패와 시장 부패와의 순환 과정에서 부패의 목적 혹은 수단은 '돈'이다. '돈'

4) 「북 고위층 탈출러시」, 『매일경제』 1996년 2월 16일자.

이라는 매개체로 자신이 원하는 것을 사고파는 행위가 반복되는 것이다.

이러한 과정에서 후원자 조직 부패와 시장 부패는 더욱 상호보완적인 모습을 보이며 강화되어 북한의 기형적인 정경구조가 부패의 원인이 되고 있다. 이러한 국가의 통제는 전쟁의 상처와 열악한 부존자원문제를 해결하는 데 순기능으로 작용하지만 이것이 환경에 대해 변화하지 않고 고착화되면 기형적인 정경구조에 의한 부정부패의 원인이 되며 사회구조 속에 내재된 이윤동기를 근본적으로 개혁하지 않는 한 부패는 근절할 수 없을 것이다.[5]

북한의 부패 유형에 또 다른 특징은 고위 계급에 의한 거대한 정치 부패가 북한 사회와 구분되어 공존하고 있다. 이러한 현상은 연고주의 부패 현상에서 그 증거를 찾을 수 있다. 연고주의 부패는 소수의 부패 당사자가 어떤 특별한 사안을 일시적으로 해결하는 부패로 단발적 · 비정형화되어 있으며 정형화되어 있는 후원자 부패와 함께 북한의 부패 구조를 형성하고 있다. 이 유형은 대개 돈보다는 권력을 매개로 이루어지며 그 대가는 상호 간의 약속된 권한 혹은 문제 해결이 대표적인 경우이다. 이 부패 유형은 대개 간헐적이긴 하지만 상당한 규모로 고위층의 수입원 중 하나이다. 북한의 고위층은 월급이외 뇌물과 불법 활동이 경제적 수입 원천[6]이며 주민들은 시장에서 장사를 통해 생계를 꾸려나가고 있어 부패를 중심으로 북한의 사회양극화가 진행되고 있는 것이다. 특히 당과 군의 특권기관들은 내각의 간섭과 통제 밖에서 독자적인 자금관리와 경제 운영을 하는 것이 그 예이다. 과거에는 김정일 밑에 내각이 있어 조선무역은행을 통해 외화를 관리하면서 통일적으로 자원을 배분해왔으나, 이제는 이들 특권 기관들이 자원을 독자적으로 관리, 배분하고 있다. 이로써 내각의 실권은 약화되는 결과를 낳았다. 그러나 중국의 챠오위즈 교수는 북한이 국제안보 환경을

---

5) 「기형적 정경구조가 부패 원인」, 『한국일보』, 1997년 2월 22일자, 11쪽(홍콩 『Far Eastern Economic Review』 재인용).

6) 「북 고위층 뇌물과 불법으로, 서민들은 장사, 허드렛일로」, 『자유아시아방송』 2006년 10월 20일자.

개선한 예로 2000년 남북정상회담과 매들린 올브라이트 미국 국무장관의 방북, 그리고 북한의 조명록 차수의 워싱턴 방문을 제시했으며, 그러한 국제안보 환경 개선이 내각기관 등의 지위를 상승시키면서 2002년 '7·1조치'와 같은 경제정책 변화가 나타났다고 평가했다.[7] 이 기사는 북한이 정치적으로 경제정책을 실현하는 전형적인 정치−경제국가를 의미하는 것이다. '7·1조치'는 앞서 기술한 바와 같이 고정된 국정가격과 시장가격 간의 괴리를 줄이기 위한 조치였다. 이와 같이 실질적인 이중가격제가 형성되는 것은 단순히 인플레이션 압력에 의한 경기침체뿐만 아니라, 체제 유지에 상당 부분 관계가 있다는 것이 더 중요하다. 계획 영역의 상당수 물품이 비싼 가격에 팔릴 수 있는 시장 부패로 유출되는 현상은 당 관료에 의해 뇌물과 같은 상납으로 흘러들어가게 되어 제2경제가 확대를 촉진시켰다. 또한 암묵적이거나 일시적으로 소수에 의해 정형화되어 있던 부패 형태인 후원자 관계의 부패나 연고주의 부패가 다수에 의한 정형화된 부패 형태인 시장 부패의 범위를 확대시키는 데 기여했다고 볼 수 있다.

1991년 5월 17일 세계일보에 보도된 기사내용이 그 단적인 예이다. 소련에서 일하고 있던 일단의 북한노동자들이 당시 식료품을 밀수하려다 발각돼 뇌물로 무마하려다 실패하자 흉기로 집단난동을 부린 사건을 소련의 한 신문매체를 인용한 모스크바 방송이 보도하면서 세상에 공개된 사건이다. 소련정부기관지 이즈베스티야 게재된 「세관국에 대한 공격」 기사에 따르면, 북−소 조약에 의거한 소련의 웨로데브레인스크 구역에서 일하고 있는 채벌공들이 북한으로 수송되는 목재화물차량에 13대의 오토바이, 1.5t 가량의 쌀, 고기통조림, 밀가루, 설탕, 사카린 등을 밀반출하려다 지방세관 당국에 적발된 것이다. 이에 따라 세관원들이 밀수품의 전량을 압수하고 이 사실을 정식 고발하려하자 북한통역원 김영일이 4,000~5,000루블의 뇌물을 내

---

7) 「북한 내각은 껍데기뿐… 黨·軍이 직접 자원 관리·분배」, 『자유아시아방송』 2008년 11월 11일자.

놓으면서 사건의 무마를 요구했으나 세관원들은 이를 거절했다는 것이다. 얼마 후 통역원 김씨가 다른 3명과 함께 찾아와 다시 뇌물로 사건 무마를 종용했고, 거듭 거부당하자 세관원의 뺨을 때리며 가족을 죽이겠다고 협박하는 등 주변에 있던 20여 명의 노동자들이 도끼와 쇠몽둥이 등을 휘두르며 세관청사에 난입, 행패를 부렸다고 이 신문은 전했다. 당시 북한은 시기상 고난의 시기 이전이었으며 식량배급제가 아직 공식 제도로 작동된 것을 감안한다면 충성자금에 해당하는 물품이거나 개인적인 목적을 달성하기 위한 뇌물일 가능성이 있다. 제도의 등장 시기와 시장의 반응 간에 시차를 고려한다면, 북한의 식량배급제는 최소한 1990년 이전에 일부 지방부터 공식 제도로서의 역할을 하지 못한 것으로 보인다. 식량 부족에 대한 언급은 소위 '고난의 행군'이라고 불리는 1994년부터 2000년까지 약 6년간 300만 명의 북한 주민들이 굶어 죽었다는 '300만 명 아사설'이다. 300만 명은 당시 북한 인구의 약 15%에 해당하는 숫자이며 6년 동안 매년 평균 50만 명이 아사해야만 가능한 숫자이다. 물론 질병에 의한 사망을 포함하고 있으며. 각 기관별 수치적 차이를 보이는 것을 감안하더라도 북한에 무상식량 지원을 담당하고 있는 UN의 세계식량기구(WFP)는 연간 110만 톤의 식량 부족분 수치는 전체 수요량의 25%에 해당하는 것으로 역으로 계산했을 때, 북한의 식량자립률은 오랫동안 75%였던 것이다. 해마다 찾아오는 자연재해와 고질적인 경제구조의 악순환으로 '자력갱생'을 위한 개인적인 경제활동이 자연스럽게 발생하게 된 계기가 된 것이다. 이러한 사회적 배경은 장마당을 신종범죄의 온상이란 비판을 받게 된다.[8] 여기에는 대개 공장에서 빼돌린 장물이거나 중국에서 들여온 것들로 모두 불법 거래되는 상품들이다. 보도된 자료에 따르면, 2000년 들어 남북경협 과정에서의 노골적인 돈을 요구하거나, 북한 사병들이 군수물자를 빼돌려 장사를 하는 행위,[9] 위폐감별 대신 고액 수수료

---

[8] 「북 농민시장 「장마당」 신종범죄 온상」, 『세계일보』 1997년 6월 4일자.
[9] 「사병들 군수물자 빼돌려 장사… 反체제 확산」, 『동아일보』, 2003년 8월 16일자.

로 편법10)을 사용하는 등으로 비의도적인 반사회주의 현상들이 등장하게 된다. 이러한 현상들은 상당 부분 오래전부터 전해 내려오는 비공식적인 방법에 의한 관행이 공식 제도와 같은 역할을 하는 것으로 보인다.

〈그림 6-4〉 정형화된 부패 수혜에 따른 부패 추이

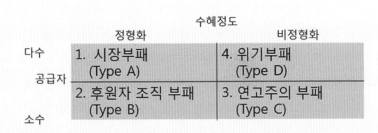

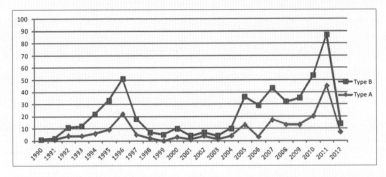

북한의 일상화된 부패인 시장 부패(Type A)와 후원자 조직부패(Type B)가 시계열상으로 상당히 비슷한 모양의 추이를 보이는 것을 〈그림 6-4〉에서 확인할 수 있다. 1994년 7월 8일 김일성이 사망한 이후 정형화된 부패는 상당히 증가하는 모습을 보였으며, 1998년 김일성 헌법을 제정하고 김정일이 국방위원회 위원장으로 추대되면서 권력이행기에 있을 권력누수현상을

---

10) 「北, 위폐 감별 대신 고액수수료 편법」, 『서울신문』, 2006년 3월 10일자.

막고 선군사상을 통한 강력한 통제로 인해 정형화 부패는 상당 부분 줄어
드는 양상을 보인다. 그러나 7·1조치 이후 다시 정형화된 부패는 증가하
게 되고 2009년 화폐개혁 이후로는 큰 비중을 차지하게 되었다. 이는 새롭
게 정립된 정형화된 부패가 증가하는 것이라기보다는 소수에 의해 비정형
적으로 진행되던 연고주의 부패나 위기 부패가 정형화된 부패로 옮겨진 것
이라고 할 수 있다. 이 두 부패의 공통점은 M. Johnston의 4개의 부패를 나
누는 부패의 행위가 정례화(institutionalization)되었다는 점이다. 북한 인민
들은 일상생활에서 일어나는 문제를 자신들만의 비공식적인 방법이 존재
하는 것이다. 이는 제도의 영역과 행위의 영역이 다르다는 것을 보여주고
있다. 비공식 규범으로 자리 잡은 행위의 영역은 또 다른 문제를 해결하는
데 다른 사람의 도움이 필요하지 않음을 의미하기도 한다.

〈그림 6-5〉 비정형화된 부패 수혜에 따른 부패 추이

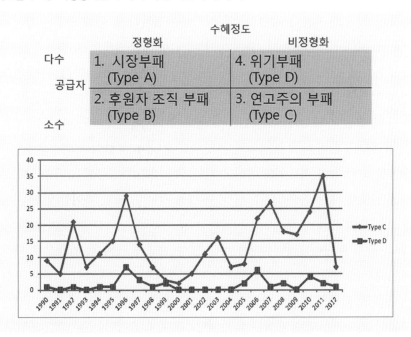

연고주의 부패(Type C)는 관찰 기간 전체에 걸쳐 많은 부패 현상을 보였다. 1990년 이전부터 오랫동안 많은 행정 처리에 관한 열악한 인프라를 대체한 것으로 보이며 김일성이 사망한 이후에는 정형화된 부패(시장 부패 : Type A, 후원자 조직 부패 : Type B)가 감소하던 것과는 다르게 증가하는 모습을 보인다. 이는 제도가 등장하게 된 후에는 정형화된 일상적인 부패 유형이 소수에 의해 음성적으로 방법을 바꿔 진행되었다고 해석할 수 있다. 2000년 이래로, 꾸준히 증가하는 모습을 보이며 2009년 화폐개혁 이후 그 상승폭이 확연히 증가하는 모습을 볼 수 있다. 특히, 2005년 이후에 '7·1조치'와 '화폐개혁'은 새로운 경제정책에 의해 등장한 제도라는 점에서 공통점이 있지만, 성격에서 상반된 정치적 의도가 숨겨져 있다. 흔히 '당근'과 '채찍'이라는 말을 빌려 표현하자면, 당시 시장 부패를 포함한 북한 사회의 관행을 일정 부분 수용한다는 의미에서 '7·1조치'가 정치적 '당근'에 속한다면 '화폐개혁'은 '채찍'에 해당한다고 할 수 있다. 본 연구 기간에는 포함되어 있지 않지만, 2012년 '6·28조치'와 연결한다면 '화폐개혁'은 정치적 의도에 의한 경제제도이다. 특히, 북한에서 여러 방법으로 축적해 놓은 사유재산의 규모를 파악하여 국고로 환수하기 위한 조치로 시행했지만 의도하지 않은 결과로 인해 총책임자이자 김정일의 측근인 박남기가 얼굴이 으깨진 채 총살을 당했다. 이는 단순히 제도의 실패에 대한 책임을 묻는 효과와 함께 지도층의 동요를 불러왔을 것으로 보인다. 북한의 사회주의제도에 충실한 고위 정치 지도원도 총살을 당한다는 것은 특권층인 고위층 당원들에게 체제에 대한 염증으로 나타날 수 있을 것이다. 또한 특이할 만한 사항으로 다수에 의해 일시적으로 발생하는 위기 부패(Type D)의 추이라 할 수 있다. 위기 부패는 다른 부패에 비해 발생 빈도가 극히 적은 것으로 아직 북한에서는 다수에 의한 집단행동에 의한 폭동이나 움직임이 보인다고 할 수 없지만 김일성이 사망하던 1994년 이후와 2002년 '7·1조치'와 남북정상회담이 이루어진 2005년 이후에는 위기 부패도 증가하는 모습을 보인다.

이는 상대적으로 작은 변화이지만 집단적인 움직임이 증가했다는 것은 자신이 속하는 조직에 대한 불만이라든지 부당한 처우에 대해 조직적으로 움직였다는 점에서 기존의 제도에 대해 목소리를 내는 행위라고 해석할 수 있다.

〈그림 6-6〉 참가자 수에 따른 부패 유형 추이 비교

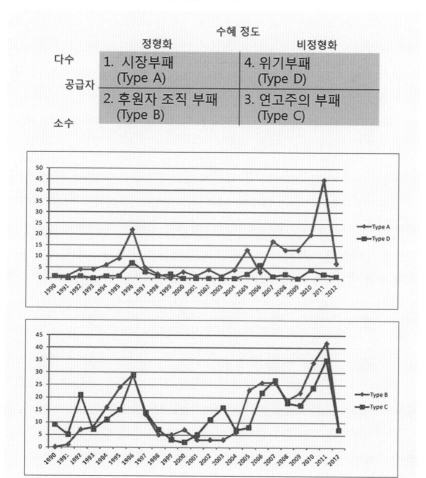

부패에 참여하는 사람의 수가 다수인지 소수인지를 기준으로 부패 유형 추이를 살펴본 〈그림 6-6〉에는 다수에 의한 시장 부패(Type A)와 위기 부패(Type D)는 발생 추이에서 고난의 행군 시기였던 1995년 이후에 동반 상승한 점을 제외하고는 특이할 만한 유사점을 발견하지 못했다. 그러나 후원자 조직 부패(Type B)와 연고주의 부패(Type C)는 상당히 비슷한 증감을 보이는 추이 변화를 보이고 있다. 이는 상당히 오랫동안 북한 내에서 비사회주의 현상인 부패가 발생했다는 것을 의미하며 모든 부패의 원인이 제도에 의한 의도하지 않은 결과라고 보기는 힘들지만 본 연구 결과와 앞서 부패 유형 변화 추이 그래프를 통해서 상당 부분 북한에서의 관행이 제도화되는 것을 확인할 수 있었다. 이러한 변화는 붕괴하거나 체제를 전환한 국가들과 마찬가지로 체제와의 상관관계가 있음을 짐작할 수 있다.

주목할 점은 김일성이 사망한 이후에 집단적으로 비정형화되어 있는 부패가 증가했다는 것이다. 다수에 의해 집단행동 이루어지는 것은 합리적 선택 제도주의와 프로스펙트 이론에서 말하고 있는 인지 구조에서 비상이라고 인식하고 있으며 보다 자신들의 생존과 결합된 문제로 인식하는 것으로 해석이 가능하다. 이는 다른 부패에 비해 작은 차이이지만 유사한 상황이 왔을 때는 더욱 폭발적으로 증가하는 현상을 보일 것이다. 김정일 사망으로 북한은 김정은으로 통치기반을 공식화했다. 그러나 이 그래프에 의하면 김정일 자리에 김정은이 대체한 결과에 지나지 않은 것으로 북한 인민은 받아들이고 있는 것이다. 김일성 사망을 경험한 북한 주민은 김정일이 존재하지 않는 불안정한 북한 사회에서 살아가는 방법을 습득한 북한 인민들은 인지하지 못하는 반사회주의 현상인 이탈적 부패 행위에 대해 집단적인 움직임을 보일 수 있을 것이다.

2. 초보적 형태의 시장경제와 부패와의 관계

1) 시장의 확대와 부패의 경로의존성

북한 당국이 경제정책상의 획기적인 변화를 시도한 것은 아무래도 '7 · 1 경제관리개선조치(이하 7 · 1조치)' 및 후속 조치로 불리는 일련의 개혁 · 개방 정책이다. 이 정책은 1940년대의 토지개혁에 버금가는 사건으로 평가될 만큼 큰 폭의 변화를 담고 있다. 임금, 환율이 현실화됐을 뿐만 아니라 그 결정 방식도 상당히 유연해졌다. 또한 기업과 협동농장 관리에서 실질적인 분권화 조치가 채택됐으며, 물질적 인센티브가 대폭 강화되었다. 북한 당국이 '7 · 1조치'를 취한 이유는 경제난 속에서 확대되어온 제2경제를 공식 부문으로 끌어들이고, 퇴장되거나 제2경제로 유출된 자본을 동원하여 붕괴된 중앙 공급 능력을 복원하기 위함이었다. 즉, 관료적 조정 메커니즘의 개선을 통한 계획 정상화의 시도로 보인다. 그러나 이 과정은 구체제로의 복귀가 아니라, 이미 확산된 시장에 적응하는 방식으로 이루어졌으며, 이에 따라 북한 경제는 계획과 시장이 공식경제 내부에서 공존하는 형태로 변화하게 된 것이다. 식량 및 소비재 부족 현상에 직면한 사회주의국가들은 발전전략을 수정하여 문제를 근본적으로 해결하는 것이 아니라, 공식경제(계획경제) 바깥에 소규모 사적 생산을 허용하여 부족 현상을 임시방편으로 완화하고자 하였다. 즉, 북한 당국은 팽배하게 퍼져있는 시장 부패를 근절하고 계획 영역의 유통과 생산을 정상화하려는 의도가 있었던 것이다.[11] 최소한 이 제도는 시장경제를 도입하기 위한 제도라고 보기 힘들다. 다만 현 상황을 통제할 수 없을 만큼 일반화된 시장경제를 일부를 인정함으로써 통제 가능 범위로 넣으려 했던 것이다. 그 근거는 이후 발현되었던 화폐개

---

11) 「생산자 위주의 가격조정」, 『조선신보』 2002년 8월 2일자.

혁이 그것이다. 화폐개혁은 본 연구의 정량적 분석에서 부패 유형과의 관계를 규명하는 데 실패했지만, 이는 변수와 연구 기간의 부족으로 인한 것이지 두 변수 간의 관계가 없다는 것을 의미하는 것은 아니다. '7·1조치'가 당근에 해당되는 것이라면, '화폐개혁'은 채찍에 해당되는 것이다. 당시 북한의 상황을 인정하고 나머지 경제 수단인 화폐를 몰수하는 방식으로, 이두 제도를 포함한 이 시기에 생긴 경제 조치를 가지고 '중국식 사회주의 시장경제'의 도입이라고 말하기엔 무리가 있는 것으로 보인다. 그리고 시장 부패를 포함한 농민시장은 현재와 같이 북한 체제를 유지하는 데 일정 부분 기여할 것으로 보인다. 북한 사회 전반에서 발생하는 부패 현상이 주민과 관료 간의 부패를 기초로 북한 당국의 자의적인 행위도 포함되어있기 때문이다.

앞서 분석 결과에 의하면, 제도의 등장이 북한의 부패 감소로 인한 유형 변화에 영향을 주는 것이 아니라, 다른 부패 유형으로 옮겨지는 것을 볼수 있다. '7·1조치'의 경우는 '식량배급제 붕괴'라는 공식 제도의 붕괴만큼 부패 유형에 영향력을 가진 것으로 정량적 분석 결과에 나타났다. 〈표 6-1〉에서 확인할 수 있는 것과 같이, 7·1조치는 식량제 붕괴보다 부패 유형 변화에 더 강한 영향력을 보이고 있다. 이는 7·1조치의 시행 배경과 목적에 상당 부분 그 원인을 찾을 수 있다. 당시 시장에 팽배하게 퍼져있는 자본주의 성격의 가격제와 인센티브제를 도입함으로써, 일상화로 여겨졌던 관행들이 제도로 인정되게 되는 결정적인 계기가 된 것을 의미한다.

〈표 6-1〉 식량제 붕괴와 7·1조치의 카이제곱 비교

식량제 붕괴	값	점근 유의확률 (양측검정)
Pearson 카이제곱	8.762949339	0.032614418

7·1조치	값	점근 유의확률 (양측검정)
Pearson 카이제곱	10.99591212	0.011748001

국영상점은 불황이고 시장 부패만이 호황[12]인 이유는 자본주의의 기본 질서인 수요와 공급에 의한 사회구조가 자생했으며 그것을 암묵적으로 용인한 북한 당국의 정치자금의 원천으로 작동하면서 북한 정치 조직과 북한 사회의 이익이 맞아 초기 자본주의 경제를 이루게 된 것이다. 중국 상품을 횡령하여 시장에 유출시켜 거래를 이익을 사유화하는 시장 부패가 북한 고급당간부들에 의해 '관행의 제도화'로 빠르게 이행된다. 1990년 전후에는 의식주 해결을 위한 북한 주민들의 자생적인 물물교환이 이루어지던 시기에는 북한 당국이 세금을 걷기위해 매대를 설치해주는 등 지원을 한 것으로 알려지고 있다. 공식 제도인 식량배급제가 붕괴되면서 달러를 포함한 화폐를 통한 거래가 활발해지고 부를 축적한 상공인의 등장과 하위 관료들에 의한 화폐 상납은 이러한 연결고리를 더욱 강하게 하는 역할을 한다.

이러한 움직임은 앞서 살펴본 '관행'이라는 비공식 제도가 등장하게 되고 '제2경제'의 양적인 증가를 동반하여 북한의 초기 시장주의 경제로 이끄는 원동력이 되었다. 제도는 행위자에 의한 의도를 가지고 적용되는 정책적 도구로써, 그 자체에 '경로의존성(Path-Dependence)'을 지녀 의도한 결과와 의도하지 않은 결과를 모두 포함하고 있다.

의도하지 않은 결과(unintended consequences)란, 원래 목적과 다르게 나타나는 부작용이라고 볼 수 있다. 행위자에 의해 형성된 제도도 원래 의도한 목적을 달성하지 못하거나 전혀 예상치 못한 결과를 초래하는 경우를 말하며 특히, 행위자를 구속하는 제도적 제약은 원래 의도한 결과만을 낳는 것은 아니다. 이러한 것을 의도하지 않은 결과(unintended consequences)로 제도를 제정 혹은 변경시킨 행위자가 추구한 목적에서 벗어난 정책, 절차적 결과 그리고 제도적 결과들을 말한다. 일반적으로 제도 변화 이후 의도하지 않은 결과가 실현되는 데 걸리는 시간이 길수록 혹은 제도개혁이

---

12) 「국영상점 "불황", 시장 부패 "호황"」, 『동아일보』 1995년 2월 12일자.

역전되는 데 걸리는 시간이 길수록 변화의 결과를 통제할 행위자의 능력을 상당히 잘 판단할 수 있다.[13]

제도에 의한 제약의 의도적이지 않은 결과는 예상치 못한(unexpected or unanticipated),[14] 바람직한(desirable) 혹은 바람직하지 못한(undesirable), 건설적인(constructive) 형태 등으로 다양하게 나타날 수 있다. 가령, 시간의 흐름에 따라 전혀 예상치 못한 여건이 발생하여 당초와 다른 상황이 전개되거나, 제도제약의 수혜자나 피해자 간의 역학 관계의 변화, 정보나 기술 및 인식의 변화로 인해 예측치 못한 상황의 발생 등으로 인해 원래 의도한 제도적 제약은 의도하지 않은 결과를 초래할 개연성(feasibility)이 얼마든지 존재하는 것이다.[15]

본 연구의 분석 대상인 북한의 부패도 의도하지 않은 결과인 것이다. 이러한 제도의 의도하지 않은 결과는 원래 의도했던 목적과 다른 영향을 미치게 되기 때문에 제도의 당초 목적을 달성하지 못할 뿐만 아니라 제도의 이해관계자에게 경제적, 심리적, 사회적인 다양한 불이익을 초래한다

---

13) Cortell, A. P. & Peterson, S., Limiting the Unintended Consequences of Institutional Change. *Comparative Political Studies*, 2001, pp.87~95.

14) 의도하지 않은(unintended)결과는 예상치 못한(unexpected) 결과와 다소 차이가 난다. 의도하지 않은 결과는 좋고 나쁨의 문제일 수 있다. 석유를 캐려다 금을 발견하면 의도하지 않은 좋은 결과를 말한다. 또한 불법 마약을 줄이려는 의도의 정책이 오히려 불법 마약을 증가시킨 경우는 비의도적 나쁜 결과이다. 대부분의 법과 공공정책은 좋은 의도를 가지고 추진한다. 그러나 법은 범죄를 줄이고, 경쟁을 촉진하고, 빈곤을 방지하려는 의도를 가진다. 긍정적(positive) 의도를 가진 정책으로부터 부정적(negative) 성과가 나오는 정도에 따라 우리는 그 결과를 의도하지 않은 결과라 할 수 있다(Allen, D. W., An Economic Assessment of Same-Sex Marriage Laws, *Harvard Journal of Law & Public Policy*, 29, 2005; 김윤권, 「공식적 제도제약의 비의도적 결과」, 『한국행정학보』 제40권 제4호, 2006, 553~578쪽 재인용).
이러한 북한의 제도의 의도하지 않은 결과는 탈북자 인터뷰를 포함한 보도된 자료에도 잘 나타나있다. 북중 접경지역에서의 탈북을 방지하기 위한 통제와 감시가 강화는 북한 내부의 체제 단속을 위한 정책적 일환으로 등장한 방안 중 하나로 통제가 심해져 탈북이 어려울수록 탈북을 위한 비용과 방법이 고도로 발달되는 경향을 보인다. 브로커를 이용한 배편이나 불법적으로 통행증을 발급하기보다는 비행기로의 직항을 이용한다든가, 제3국으로의 망명을 시도하는 것이 그 예이다.

15) 김윤권, 2006, 560쪽.

는 점이다. 제도에 의도하지 않은 결과가 초래하는 더 큰 제약은 이러한 의도하지 않은 제약이 반복될 경우, 경로의존성(path dependence)으로 고착화되어 향후 지속적으로 행위자가 할 수 있는 것 혹은 행위의 효과를 제약하여 바람직한 경쟁, 이익, 정의 등에 손상을 줄 수 있다는 점이다. 북한 부패의 경우, 제도적 제약에 의한 의도하지 않은 결과로 볼 수 있다. 시장 부패가 형성·확대되어 제2경제가 국가 경제에 중요한 부분으로 차지하면서 국정가격과 시장가격의 차이가 벌어질수록 국가의 역할을 시장이 대신하는 모습은 북한 당국에서 상납을 통한 부패구조를 고착화한 것으로 보인다. 이러한 구조적 부패의 경우, 경로의존성으로 인한 새로운 정책에 의한 제도에 대해 내성을 지니게 되어 정책의 실패 혹은 국가시스템의 연착륙을 가속화시킬 수 있다. 이러한 현상은 냉전이 종식된 이래 붕괴한 사회주의국가들에게 나타나는 공통된 특징이었다. 그러나 북한의 경우는 부패가 오로지 의도하지 않은 결과라고 단정하기는 어렵다. 그 이유는 북한의 체제를 유지하기 위한 당국의 자의적인 부패 행위가 있기 때문이다. 체제 유지비를 충당하기 위한 조직은 39호실이 그 대표적인 조직이었다. 39호실은 지난 8월 김정은 국방위 제1위원장이 "군부는 외화벌이 등에 관여하지 말라"는 지시에 의해 폐지되었다.[16] 39호실은 마약 거래와 위폐 제조, 자원 개발 등을 통해 북한의 외화벌이를 총괄해왔다. 또한 김정일의 개인 금고 역할을 해온 38호실과 39호실의 자금을 활용해 당과 군 간부들에게 각종 사치품을 제공했다. 즉, 39호실은 군 간부들의 충성심을 고취시키는 도구였던 셈이다. 39호실은 김정일의 정치와 경제를 함께 아우르는 대표적인 지도이념을 담고 있었다. 그러다 보니, 상납을 위한 자금을 시장 부패를 비롯한 국경 무역로를 중심으로 북한군의 개입이 노골적으로 드러난 것이다.

---

16) 〈http://article.joinsmsn.com/news/article/article.asp?total_id=8949716&cloc=olink|article|default._2012_09_27〉.

본 연구의 독립변수인 북한의 제도는 반부패정책에 의해 등장한 제도는 아니지만, 경제구조를 정치적 산물로 간주하는 북한의 특성상 제도에 대해 부패 유형이 어떻게 반응하는지를 살펴봄으로써 북한을 이해할 수 있다.

2) 체제 유지에 대한 함의

체제에 대한 부패의 평가는 부패의 순기능과 역기능으로 설명이 가능하다. 본고 2장에도 소개한 것처럼, 부패와 체제와의 상관관계는 국가마다 상이하게 풀이되는 경향이 있지만, 북한을 제외한 다른 사회주의국가들은 고질적인 경제의 악순환 고리를 부패가 잠식하여 체제마저 존망의 길을 가속화하는 데 기여했다. 북한과 같이 열악한 국가시스템을 대신하거나 체제 유지를 위한 상납의 성격을 지닌 국가들의 부패는 체제에 대해 순기능으로 작용한다. 그러나 북한의 부패는 체제에 대해 순기능을 가지면서도 경제구조의 낙후를 동시에 가져왔다. 그 이유는 철저하게 북한 체제의 골간을 이루는 엘리트 중심의 제도와 북한 인민을 위한 제도로 나누어 이루어졌기 때문이다.

⟨그림 6-7⟩ 이원화된 북한의 식량 배급제도

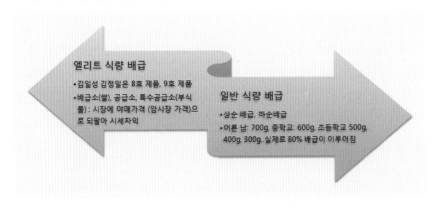

북한은 모든 제도에서 철저히 엘리트 계층을 위한 2중 전략을 유지하고 있다. 식량배급의 경우 〈그림 6-7〉와 같이 김일성과 김정일은 전국의 농축수산물 중 8호 제품이나 9호 제품을 매일 공급하고 있으며, 엘리트 계층은 배급소에서 쌀과 특수공급소에서 부식들을 제공한다. 그들에게 제공되는 양이 많아 남은 식량은 바로 시장에 시장가격으로 팔아 시세 차익을 얻는다. 바로 국가가 시장의 크기와 고급엘리트에 의한 시장 부패를 가속화시키는 역할을 하는 것이다. 시장에서 수요에 비해 공급이 부족하게 되면 쌀 가격이 올라가 더 커진 국정 가격과의 차이만큼 부를 축적하게 하는 기회를 제공하게 되는 것이다. 이에 반해, 일반 주민에게 이루어지는 식량 배급은 1일 15일에 지급되는 상순 배급과 2일, 16일 이루어지는 하순 배급으로 나뉜다. 어른 기준 700g으로 정해진 배급마저 560g으로 지급되어 부족한 식량 배급은 북한 주민에게 사(私)경제활동에 참여하는 동기를 제공한다. 특히, 북한이 엘리트 계층에 대한 2중 전략을 구사하는 것은 엘리트 계층이 체제 유지비를 충당하는 역할을 하기 때문이다. 북한 체제에 골간을 이루는 계층은 1~2명은 해외에 파견되어 각종 불법 활동을 통해 충성자금을 송금한다. 외국에 체류하기 위해 정해진 자금을 송금하는 사람들은 송금자금 이외에 자신의 부를 축적하는 활동을 대부분 석탄 및 광물 자원의 시세 차익을 노린 큰 무역업을 하거나 임대업과 마약 거래를 통해 부를 축적한다. 여기서 송금되는 자금은 모두 김정은에게 입금된다. 자신의 지위를 이용한 자본의 쏠림 현상은 권력의 크기에 비례하고 후원자 관계 부패가 자연스럽게 성립되는 구조를 낳게 된다.

체제 유지에 필요한 충성자금은 해외와 국내로 나누어 충당되는데, 해외의 경우, 북한의 체제를 옹호하는 골간세력의 가족들(2,000~3,000명)이 해외에 거주하며 적게는 1년에 3만 불(무역일군)에서부터 많게는 약 5만 불(군부)을 북한에 입금하고 북한 내에서는 38호실(김정일 자금부서), 39호실(김경희 자금부서)로 38호실은 2012년 10월 17일에 폐쇄되고 그 역할은 내

〈그림 6-8〉 엘리트 중심의 정책과 부패와의 관계

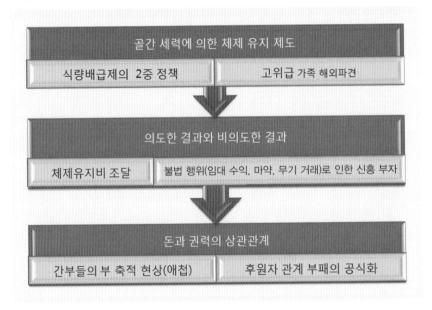

각 산하에 모란봉국으로 이전되었다. 마약, 무기, 천연자원과 관련된 자금 부서인 39호실도 폐쇄되었다. 당 자금을 마련하는 '봉화총국'은 각 도마다 사업소를 가지고 있고 계획(order)에 의해 따라 움직인다. 이와 유사한 조직으로 김일성 시대에는 '5호 관리부'가 그 역할을 대신했었다.

〈그림 6-9〉 봉화총국의 체제 유지비 충당 과정

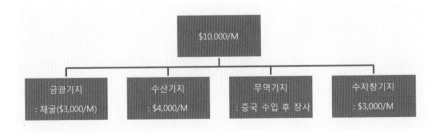

1997년 이전에는 무역에 관한 일은 은행이 담당했는데, 현재까지는 38호실에서 담당하고 있다. 당에서 매달 계획을 하달하면 각 기지마다 계획을 나눠주는데, 이에 관한 증언을 해 준 탈북자는 수지창기지에 배치되어 당 자금을 관리했는데, 수지창기지는 철재(스테인리스나 수지)로 문 등을 만들어 파는 역할을 한다. 모든 설비와 용접기는 수입 자재를 쓰고 유리 등을 생산하여 내수용으로 쓰거나 수출하는데 이 과정에서 기업소와 개인에게 판매하게 된다. 이러한 과정에 매달 계획을 줄이기도 하는데, 봉화총국 지배인에게 뇌물을 고여 계획량을 줄이기도 하고 미달되는 부분은 다음 달로 이월시킬 때 부패가 일어난다. 이때 뇌물을 수수하는 초급당비서는 행정 처리를 위한 비자금을 제외한 돈은 자신이 챙긴다.

7·1경제개선조치와 화폐개혁으로 통해 북한 사회는 자본주의와 유통의 원리를 학습하였다. 이렇게 형성된 초기 형태의 자본주의 경제는 정보통신의 발달로 외부와의 연계가 가속화되었고 북한 내 빈부의 격차를 벌리게 되었으며 부패 구조를 공식 제도화하는 결과를 낳았다.

지난 몇 년간 북한 체제에 대한 붕괴설이 힘을 받으면서 북한에 대한 관심도가 높아졌다. 1992년 한·중 수교를 계기로 중국식 시장경제는 중국의 개방정책을 유도했고 이를 반영한 제도적 환경에 중국경제는 수요와 공급에 의한 선순환적인 연결고리를 만들게 되었다. 그러한 국내외적 환경 변화에 북한 경제는 연착륙하게 되고 새로운 판로를 모색해야만 했다. 이러한 상황에 북

<그림 6-10> 북한의 경제 환경의 변화와 부패와의 관계

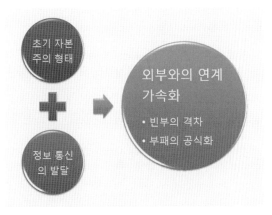

한의 식량 부족으로 인한 대량 아사자는 북한붕괴론에 힘을 실어주었다.

지난 몰락한 사회주의국가들이 보여주었던 공산주의 퇴행 단계에서 나타났듯이, 사회주의 붕괴는 고질적인 경제난을 정치가 제대로 해결해주지 못했거나 현실에 맞게 작동하지 않는 정치·경제구조의 취약성이 그 원인이다. 북한은 공산주의 퇴행 단계 중 제1단계에서 제2단계를 경험하고 있는 것으로 보인다. 정치를 도구로 사회와 경제를 통제하는 단계(1단계)에서 당에 의한 사회통제가 완화되는 현상은 사적인 경제활동이 가속화되고 신흥세력과의 갈등을 수반하여 사회주의국가에서 흔히 나타나는 제1단계로 통제력을 강화하여 회귀하려는 모습을 보인다. 김일성 사망 이후 사회통제와 마찬가지로 김정일 사망 이후에도 같은 현상이 반복되고 있는 것으로 보인다.

다음 〈표 6-2〉는 그러한 현상의 기준을 제시하고 있다. 1990년대 말 공산주의 국가들의 퇴행 단계는 국가의 제도적 취약성을 인해 국가의 역할을 수행하지 못하는 상황에서 자생한 경제구조를 낳은 동인을 제공하였다.

〈표 6-2〉 공산주의 퇴행 단계[17]

공산주의 퇴행 단계	역사적 위치
제1단계 : 공산주의 전체주의. 공산당이 체제 총괄. 정치라는 체제는 사회와 경제를 통제. 제2단계로의 이행 : 집권 공산당을 분열시키고 사회·경제적 양도의 압력을 가중시키는 권력 계승 투쟁에 의존.	알바니아 북한 베트남 동독 루마니아 쿠바 체코슬로바키아
제2단계 : 공산주의 권위주의, 공산당이 정치 체제 총괄 그러나 새로 대두되는 민간 사회가 반발하자 이에 대한 정치적 방어로 최우선 정책 추구. 제3단계로의 이행 : 점증하는 사회적 압력에 대한 우려에서 최고층 쿠데타 발생 가능. 예외적으로 제4단계로 직접 이행할 수도 있음. 또는 개혁에 실패할 경우 체제의 붕괴 내지는 제1단계로의 회귀 시도 가능.	소련 중국 니카라과 헝가리 폴란드

제3단계 : 공산주의 이후의 권위주의, 이데올로기의 의식화, 민간 사회에 　　서 정치적 사회로 전환, 경제 최우선주의 퇴조.	
제4단계로의 이행 : 제3단계 말기의 소요 가능. 개혁이 실패하면 체제의 　　　　　붕괴 가능.	유고슬라비아
제4단계 : 공산주의 이후의 다원주의. 정치체제, 사회 · 경제체제가 다원 　　주의적으로 변화됨.	

　　모든 사회주의국가가 단계적으로 체제를 전환하거나 붕괴한 것은 아니지만, 대체적으로 2단계로의 이행 단계나 2단계에서 체제가 붕괴하거나 전환 및 개방정책을 경험하였다. 2011년 12월 김정일이 사망한 이후, 등장한 김정은의 북한 사회는 제3의 후계 체제를 세우기 위한 정치적 · 경제적 변화를 시도하고 있다. '6 · 28조치'와 '39호실 폐쇄' 등으로 미루어 북한은 내각의 기능을 강화하고, 정치와 경제를 분리하는 것으로 보인다. 이는 정치와 경제 시스템을 분리하려는 정치적 의도가 보이는 대목으로 경제에 대한 정치적 부담감을 줄이고자 하는 김정은의 정치적 의도를 읽을 수 있다. 그러나 이러한 급진적 이행은 불가능하다. 고전적 사회주의 체제에서 개혁 체제로, 그리고 시장사회주의 체제로의 전환 과정에서 계획에서 시장으로의 경제조정 메커니즘의 변화만이 아니라 소유형태에서도 사적 소유가 점진적으로 성장하는 변화가 발생하기 때문이다. 그러나 시장사회주의 단계까지는 여전히 국유형태가 우위를 차지하면서 전반적으로 사회주의적 소유제도가 유지된다. 이에 반해 경저조정 메커니즘에서 시장이 계획의 우위에 설 뿐 아니라 소유형태에서도 사적 소유가 지배적 형태로 등장한 것이 자본주의 시장경제(Capital Market Economy)다.

---

17) 자료 : Zbigniew Brezinski(명순희 역), The Grant Failure(『대실패』), 서울 : 을유문화사, 1989, 302쪽.

<그림 6-11> 사회주의 체제 전환의 두 가지 경로[18]

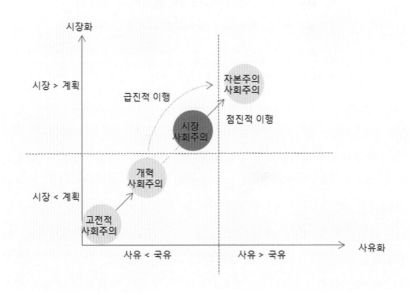

소련과 대다수 동구 사회주의가 경험했던 급진적 이행(transition)은 개혁 사회주의 체제에서 소유제도의 갑작스런 변경이 초래되어 시장경제로 도약한 경로이다. 계획이라는 관료적 조정 메커니즘은 사회주의적 소유형태의 산물이기 때문에, 소유제도의 변경은 곧바로 시장기제의 급속한 도입을 불가피하게 만들었다. 즉, 급진적 이행은 소유제도의 변경과 경제조정 메커니즘의 변화가 짧은 기간 내에 거의 동시에 발생한 형태인 것이다.[19]

18) 임수호,『계획과 시장의 공존』, 삼성경제연구소, 2008, 256쪽.
19) 탈사회주의의 경제정책 처방이라는 면에서, 급진적 이행은 재정통화 긴축, 임금 통제 등 거시경제의 안정화(stabilization), 가격 설정 등에서 국가통제 장치의 해체를 의미하는 미시결제의 자유화(liberalization), 그리고 사유화(privatization)가 단기간 내에 가의 동시에 발생하는 상황을 의미한다(David Lipton and Jeffrey Sachs, "Privatization in Eastern Europe : The Case of Poland", *Brookings Papers on Economic Activity* 1, 2, 1990; Jan Prybyla, "The Road from Socialism : Why, Where, What, and How", *Problems of Communism* 40, January 1991; Anders Aslund, Post-Communist Economic Revolutions : How Big a Bang?, CSIS, 1992).

반면에, 중국과 베트남과 같은 경험적 점진적 전환(transformation)은 소유제도의 본질적 변화가 발생하기 이전에 시장이 계획의 우위에 서면서 사적 소유와 사회주의적 수유의 장기간에 걸친 구획화된 경쟁 상태(compartmentalized competition), 곧 시장사회주의를 거쳐 시장경제로 전환되는 형태인 것이다.

어떤 개혁사회주의 체제가 시장경제로 급진적으로 이행할 것인지, 아니면 시장사회주의를 거쳐 점진적으로 전환될 것인지는 핵심적으로 그 나라의 정치적 조건에 달려있다.[20]

〈그림 6-12〉 체제 성격에 따른 정치와 경제 변화[21]

```
급진적 이행
 •정치체제의 민주화
 •경제체제의 변환
점진적 이행
 •경제체제의 자유화
 •정치체제의 민주화
```

북한의 정치·경제의 상황은 체제 이행을 위한 과도기적 성격을 지니고 있다. 시장 부패의 활성화와 제2경제의 확대로 인한 사유제도의 변화는

---

[20] 정치적 조건뿐만 아니라 경제적 조건도 이행의 경로에 영향을 미친다. 중앙계획화의 정도가 높았던 곳일수록 구조조정의 비용이 높기 때문에 급속한 이행이 어려울 것이고, 반대로 중앙계획화의 정도가 낮았던 곳일수록 이행에 따른 마찰이 적을 것이다. 그러나 경제적 조건은 이행의 경로에 영향을 미치는 부차적 요인일 뿐이다. 오히려 경제적 조건은 이행의 경로 그 자체보다는 해당 경로를 선택한 후 얼마나 빨리 경제성장을 달성하느냐에 더 큰 영향을 미친다(Vladmir Popov, "Shock Therapy versus Gradualism : The End of the Debate", *Comparative Economic Studies* Spring 2000, 42, 1).

[21] Wlodzimierz Brus, "Marketisation and Democratisation : The Sino-Soviet Divergence", *Cambridge Journal of Economics* December 1993, 17, 4 논문을 정리 도식화함.

〈그림 6-12〉에 비추어볼 때, 경제체제의 자유화가 먼저 이루어진 후 정치체제의 민주화가 이루어지는 지극히 점진적 이행의 모습을 보이고 있다. 이러한 변화는 중국과 베트남의 이행으로 북한은 조금 문제가 다르다. 경제체제의 선(先) 자유화는 북한의 부패로 인한 상납의 관행이 먼저 해결되어야 한다. 체제 유지에 필요한 자금을 시장에서 조달하는 북한은 경제체제의 자유화를 시행하게 되면 극도로 불안정한 사회상을 경험하게 될 것이다. 이를 방지하기 위해 2012년 들어 등장한 제도는 모두 '경제와 정치의 분리'로 특정 지을 수 있다. 그러나 시간과 정책의 적용범위는 아직 속단하기 어렵다. 북한의 경우, 체제와 제도 사이에 조정자 역할을 하는 것이 '시장'으로 보인다. 마치 뭍과 물을 자유로이 왕래하는 개구리처럼 체제에 필요한 자금을 시장에서 조달하고 시장에서 조달한 자금으로 경제제도를 이행하는 것으로 보인다. 이는 국가가 시장을 통제 관리하는 것이 아니라, 국가가 시장에 기생하는 모습을 연상하게 된다.

제7장

———

결 론

제7장 결론

제1절 연구의 요약

본 연구는 북한의 제도의 등장과 부패 유형 변화에 관한 두 개의 분석 기법으로 구성되어 있으며 탈북자 심층 면접을 통한 질적 연구와 제도와 부패 유형 변화에 대한 양적 연구를 수행하였다. 함께 실시한 연구기법은 연구 결과에 대해 상호보완적인 관계를 성립하여 연구 결과에 신뢰성을 확보하였으며 그 내용은 다음과 같다.

첫째, 1990년을 기준으로 소련을 포함한 동유럽 국가의 붕괴나 체제 전환 은 사회주의 체제의 모순에 의한 것으로 북한에게는 생존에 관한 외부 환경의 변화인 동시에 남한에는 통일의 기회를 되새기는 계기가 되었다. 붕괴하거나 체제 전환을 경험한 다른 사회주의국가를 지켜본 김일성은 1990년부터 사망하기까지 북한의 외교활동에 집중하였다. 북한 내 부패 현상이나 체제를 유지하는 역할은 김정일이 담당하였다. 김정일로의 세습 과정과 국제정치사적 환경의 영향으로 두 리더는 국제 문제와 국내 문제에 대한 역할분담이 정확히 나누어져 있었다. 김일성과 김정일 노작에 나타난 현지지도의 내용이 이를 뒷받침하고 있다. 당시 북한의 부패에 대한 김정일과 김일성의 교시 내용은 관료의 비사회주의 행동들이 체제에 대한 반기를 드는 반사회주의 현상으로 이어지는 것을 경계하였다. 1990년에는 시장에서의 경제활동 자체가 비사회주의 현상으로 간주되었으나 점차 자력갱생을 위한 활동으로 인정되었다.

둘째, 북한 내에서 발생하는 부패를 발생시키는 동인 중에 정치제도와 경제제도와의 연관성 검증에 있어서 북한에 등장하는 제도의 성격은 '통제의 강화와 이완'의 성격을 가지고 있다. 정치제도와 경제제도는 당면 문제를 해결하기 위한 방법으로 정책의 방향에 맞게 제도가 등장하는데 이러한 강화와 이완의 반복적인 제도의 등장은 북한 주민에게 제도 등장에 대한 내성(tolerance)을 가지게 하여 제도의 성공 기회를 감소시켰다. 이러한 패턴을 가지는 제도의 등장은 북한에서 인지하지 못하는 부패의 확산효과를 이끌었고, 부패 유형 변화에 제도의 등장이 서로 연관성이 있음을 의미한다.

셋째, 북한의 정치제도인 김일성과 김정일 현지지도에서 언급한 반부패 관련 노작을 기초로 분석을 실시한 결과 상이한 결과를 도출하였다. 노작이나 문헌에 나타난 김일성의 현지지도는 부패 유형 변화와 관련해서 설정한 귀무가설을 기각하는 데 실패하였다. 다시 말해, 김일성의 반부패 언급은 북한 사회에 부패 유형 변화와는 관련이 없음을 의미한다. 반면에, 김정일의 현지지도의 경우는 부패 유형 변화에 대한 귀무가설을 기각하는 데 성공하여 부패 유형 변화에 일정한 관련이 있음을 증명하였다. 그러나 이 결과는 김정일의 현지지도에서 언급한 반부패 언급이 부패를 감소시키는 데 기여한 것을 의미하는 것이 아니라, 김정일의 현지지도 유무에 따라 소수에 의해 일상화된 후원자 관계 부패가 소수에 의한 비일상화된 연고주의 부패로 이전됨을 의미하는 것이다. 또한 마지막 정치제도인 김일성 헌법은 김일성 현지지도와 마찬가지로 부패 유형 변화와 연관성에 대해 유의미한 결과를 도출하지 못하였다. 요약하면, 3가지 정치제도 중에서 부패 유형 변화와 연관성이 있는 것은 김정일 현지지도(Pearson Chi-square 9.658, Sig 2-tailed 0.0217 〈 0.05)뿐이다.

넷째, 북한의 경제제도와 부패 유형 변화에 관한 분석에서는 중요한 결론을 도출하였다. 소위, 고난의 행군 시기에 등장한 경제적 공식 제도인 식량배급제의 붕괴는 북한 부패 유형 변화에 대한 귀무가설을 기각하였다. 공식 제도인 식량배급제 붕괴 자체를 공식 제도로 받아들여 개별적인 경제활동을 확산시키는 데 기여했으며 식량문제가 북한 경제문제에 주요 원인임이 밝혀졌다. 그러나 본 연구에서 북한의 제도는 부패 현상으로 나타나는데 2년이라는 시차가 존재함을 고려할 때, 북한의 식량배급제라는 공식 제도의 붕괴는 1990년 이전부터 시작된 것으로 보인다. 두 번째 경제제도인 7·1조치는 식량배급제의 붕괴와 마찬가지로 북한의 부패 유형 변화에 관한 귀무가설을 기각하는 데 성공하였다. 두 변수의 연관성을 나타내는 카이스퀘어 값(Pearson Chi-square)이 8.763과 유의확률 (Sig 2-tailed)0.0326 〈 0.05으로 도출되어 귀무가설을 기각하는 데 성공하였다. 한편, 화폐개혁과 부패 유형 변화에 대한 결과는 가장 큰 연관성이 있음을 보였다. 두 변수에 대한 카이스퀘어 값(Pearson Chi-square)은 22로 나왔으며 유의확률(Sig 2-tailed)은 0.0000634 〈 0.05로 두 변수에 관해 설정한 귀무가설을 기각하는 데 성공하였다. 요약하면, 3가지 경제제도 중에서 부패 유형 변화에 연관성이 높은 제도는 화폐개혁(Sig 2-tailed 0.0000634), 식량배급제 붕괴(Sig 2-tailed 0.0117), 7·1조치(Sig 2-tailed 0.0326)순이다.

다섯째, 본 연구에서 인터뷰를 통한 질적 분석과 통계 기법을 통한 양적 분석을 통해 북한에 제도의 영역과 행위의 영역에 괴리가 존재하며 그 괴리는 다른 사회주의국가와 마찬가지로 취약한 제도에 기인한 구조적 모순에 의한 것이라는 결론을 도출하였다. 체제가 붕괴하거나 전환을 경험한 국가들은 제도의 영역과 행위의 영역의 괴리를 극복하지 못했으나 북한은 그 괴리를 '시장'이라는 경제주체가 대체하고 있었다. 초기 형태에 시장의 존재는 고질적인 경제난을 극복하는 수단인 동시에 체제 유지를 위한 자금의 통로 역할을 동시에 하고 있다. 이러한 시장의 존재가 북한의 통제 기제가 강화되거나 반사회주의 현상인 탈북의 행렬이 이어져도 부패로 인한 체제에 부정적인 영향을 상대적으로 덜 받는 것이다. 즉, 시장이 부패의 역기능을 상쇄하고 있는 것이다. 체제를 유지하기 위한 상납과 경제구조가 연동되는 한 북한에서 부패로 인한 붕괴의 가능성은 적을 것으로 보인다. 이를 통해 북한은 다른 저개발 국가와 마찬가지로 부패가 체제에 순기능 효과를 가지는 것을 알 수 있다. 그러나 단지 부패의 순기능은 한계점(optimal point)이 존재하고 있음을 간과해서는 안 된다. 북한의 부패 유형이 소수에 의한 비일상적인 현상에서 다수에 의한 일상적인 현상으로 이전되는 동태성을 가지는 것으로 보아 일시적으로 다수에 의한 부패 현상으로 전이될 가능성이 존재하여 체제에 위협이 될 수 있는 요소를 내포하고 있는 것이다.

여섯째, 본 연구에서 사용한 6개 제도의 등장과 현상 간의 시차를 유추할 수 있었으며, 각 제도들의 부패 유형 변화에 유인도 각각 평가하였다. 그 결과, 식량배급제의 붕괴와 7·1조치는 부패 유형 변화에 강한 연관성을 가지고 있는 것으로 나타났으며 특히 식량배급제의 붕괴는 본 연구 분석 기준인 1995년 이전부터 지속적으로 발생한 것으로 나타나 7·1조치와 더불어 부패에 일정한 영향을 미친 것으로 나타났다. 또한 본 연구에서는 분석 대상인 북한의 제도뿐만 아니라 부패 유형 변화에도 일정한 패턴이 존재한다는 것을 발견하였다. 일반적으로 북한 사회에서 발생하는 부패 유형은 다수에 의해 일상적으로 이루어지는 시장 부패가 아닌 소수에 의해 일상화된 후원자 관계 부패와 소수에 의해 비정기적으로 행해지는 연고주의 부패가 주를 이루었다. 이는 북한의 열악한 인프라 구조에 대해 세금의 성격이나 행정 처리에 대한 보답인 비공식적 거래(corruption)가 북한 체제 유지에 중요한 자금 동원 수단의 역할을 하고 있다. 이는 북한만이 가지고 있는 특수성으로 시장이 체제 유지에 기여하고 있음을 의미하는 것이다. 이렇듯, 북한에서 정치와 경제와의 연결고리는 부패가 발생할 수 있는 토양을 제공한 셈이다. 북한은 계급에 따라 이원화된 제도를 적용하여 사회를 통제하였다. 그러나 시장이 등장하면서 제도의 영역과 행위의 영역사이에 존재하는 괴리가 시장이라는 곳에서 시세 차익을 얻을 수 있는 공간을 제공하게 되었다. 당국으로 받은 남은 식자재나 받은 뇌물은 시장에서 시장가격과 국정 가격과의 차익을 실현시켜주는 역할을 담당한 것이다. 일상화된 소소한 부패에서부터 비일상화된 큰 부패에 이르기까지 시장을 중심으로 북한의 부패는 자리 잡았고 반사회주의 현상을 이끄는 데 견인차 역할을 담당하고 있음을 의미한다.

제2절 연구의 의의와 과제

부패라는 현상은 모든 국가에 존재하는 사회현상이다. 부패에 관한 연구를 부패의 원인에 관한 연구인 내생적 부패 분석 모델과 부패의 결과에 관한 외생적 부패 분석 모델을 기준으로 살펴보면 부패에 대한 학문적 시각의 차이를 경험할 수 있다. 내생적 부패 분석 모델은 부패의 원인을 정치, 경제 혹은 사회문화적 요소로 나누어 검증하는 정치학적 관점이 주요 연구 경향을 이룬다. 이러한 연구 경향은 제도적 장치의 구조적 모순이 핵심연구과제이다. 반면에 부패의 결과를 연구하는 외생적 부패 분석 모델은 경제적 효과에 관한 연구가 주를 이루고 있다. 그러한 원인으로는 부패의 결과로 GDP나 투자유치와 관련한 경제적 수치를 사용한 연구가 상당히 진행되기 때문이다. 이러한 연구는 경제학적 관점을 가지는 행정 관련 연구에서 기술적 기법을 사용하고 있다. 본 연구는 내생적 부패 분석 모델을 차용하여 북한의 부패 유형 변화에 제도적 환경의 원인을 분석하였다. 본 연구도 다른 연구와 마찬가지로 북한의 부패 유형의 변화를 가져오는 근원은 기능장애 상태에 빠진 공적이고 사적인 제도에 기반을 하고 있는 취약한 구조적 모순으로 귀결된다. 제 기능을 하지 못하는 정부의 구조는 외부로부터 주어진 원조가 효과적으로 사용될 수 없음을 의미한다. 즉, 저개발 국가들과 변변치 못한 성장기록을 가지고 있는 국가들은 일단 그들이 자신들에게 주어진 인적·물적 자원들을 효과적으로 사용할 수 없기 때문에 어려움에 처해 있는 것이다.[22]

어느 나라도 부패에 대해 자유로운 국가는 없다. 그만큼 부패는 그 범위, 역사, 발생 원인에 이르기까지 광범위하다. 이러한 상황에서 부패에 대한 연구 또한 법학, 정치학, 경제학, 정책학 등에서 다양한 시각을 가지고 접근되어지고 있다.

본 연구는 북한의 부패 현상을 예의주시하고, 언론 매체에 보도된 신문 기사와 학술 목적의 보고서나 각 민간연구원에서 제시한 북한의 부패사건을 수집하여 시계열순으로 나열해 제도와의 연관성을 규명하였다. 특히, 북한의 부패 유형의 제도적 유인 관계를 규명함으로써 간접적으로나마 북한에서 일어나고 있는 반사회주의 현상 중 하나로 부패 현상을 살펴보았다.

---

[22] Phillip, Keefer와 Stephen Knack, "Institutions and Economic Performance : Cross-Country Tests Using Alternative Institutional Measures", *Economics and Politics* 7, 1995, pp.207~227. 1974년부터 1989년의 기간 동안 97개국을 조사하여 이들 나라들이 갖고 있는 정부의 제도들이 투자와 성장에 미치는 영향을 조사하였다. 정부의 질(quality)에 대한 특정을 함에 있어 이들은 부패의 지수, 재산의 공적 수용의 위기, 법의 지배원칙, 정부에 의한 계약상 지불거부의 위기, 그리고 관료제의 질 등을 종합적으로 결합하여 측정하였다. 이 연구의 수행자들은 정부의 특질에 대한 특정이 적어도 투자, 정치적 자유의 성장 정도, 시민적 자유들, 정치적 폭력의 발생 빈도뿐만 아니라 적어도 정부제도들에 대한 측정도 포함되고 있음을 보여주었다.

그 결과 흔히 북한에서 헌법보다 상위의 개념으로 받아들이고 있는 김일성·김정일의 지시와 명령은 부패 유형 변화에는 해당되지 않음을 증명하였다. 현지지도에서 반부패 관련 언급은 김일성과 김정일의 차이가 존재했으며 김정일의 반부패 언급은 김일성에 비해 부패에 대한 통제력이 상대적으로 낮음을 보였다. 이러한 김일성과 김정일의 현지지도에서 반부패 관련 언급의 차이는 북한에서 실시하고 있는 정치사업의 효과성이 감소하고 있음을 의미하는 것이다. 또한 정치제도와 경제제도가 가지는 부패 유형 변화에 대한 연관성은 경제제도가 상대적으로 부패 유형 변화에 설명력이 있음을 보이고 있다. 북한은 정치적 목적에 의해 정책이 수립되고 제도가 등장하는 과정에서 제도의 의도하지 않은 결과로 나타나는 것을 알 수 있다. 모든 국가에서 등장하는 제도는 의도하지 않은 결과가 존재한다. 그러나 북한의 경우는 붕괴하거나 체제 전환을 경험한 사회주의국가와 같은 체제를 위협하기보다는 체제를 공고히 하는 구조를 가지고 있다는 점에서 다른 저개발 국가에서 존재하는 취약한 제도적 구조에서 시장이 대체제 역할을 담당하는 것으로 보인다. 이러한 구조는 북한의 부패가 북한 체제와의 공고한 연결고리가 존재함을 나타내며 이러한 부패구조는 더 이상 북한에게 위협적인 요소가 아닌 것이다. 그러므로 앞 절에서 언급했듯이, 본 연구는 체제에 대한 부패의 순기능을 증명하는 한 사례가 되었다.

본 연구는 기존에 부패 연구와는 달리 부패 유형 변화에 제도적 연관성이 북한에 존재함을 증명하였다. 부패의 원인에 관한 기존의 연구는 자유무역과 시장경제를 수용하고 있는 국가의 부패에 관한 연구로 부패의 원인을 사회문화적 요인에 의한 특수성으로 받아들이는 경향이 강하였다. 그러나 본 연구를 통해 정치제도와 경제제도의 요인이 부패 유형 변화와 연관성이 있음을 증명함으로써 북한 사회에 대해 인지하고 있는 바를 기술적인 방법으로 증명하여 향후 관련 연구 주제를 풍부하게 하는 데 기여하였다. 범주형 변수를 사용한 기술통계 기법 중 하나인 카이스퀘어 분석

(Chi-square test)의 결과는 탈북자 인터뷰를 통한 질적 분석 결과와 상호보완적으로 북한에서 발생하고 있는 북한 부패 연구에 신뢰성을 확보하는 데 기여하였다. 또한 이 분석 기법은 다른 저개발 국가의 사례에 적용하여 관련 연구의 범위를 넓혔다는 데 의의가 있다. 본 연구는 부패의 순기능과 역기능에 관한 기존 연구에 저개발 국가의 부패 연구 확대에 뒷받침하는 연구가 될 수 있으며 관련된 증언에 의한 사례는 앞으로 대북정책을 수립하는 데 있어 좀 더 북한을 이해하는 데 기여할 수 있다.

본 연구 결과는 북한 관련 연구 분야뿐만 아니라, 부패 연구에 대한 이해에도 유용할 것이다. 전사에 의한 증언은 사례 연구에 그칠 수 있어 연구 대상을 이해에 기여하지만, 기술적 기법을 이용한 연구 결과는 관련된 파생 연구가 발전하는 데 기초를 마련할 것으로 기대된다. 예를 들면, 범주형 변수를 사용하여 실행할 수 있는 통계 기법은 본 연구에서 사용한 Chi-square test 이외에도 Log-linear Model과 Logistic-Regression Model이 가능하다. 이 기법들은 수집한 변수를 사용하여 제도의 등장과 부패 유형 변화와의 관계를 구체적으로 분석하는 데 유용할 것이다. 또한 같은 주제를 사용하여 국가별 비교를 통해서 각 국가별 특징을 살피는 데 학문적 기초를 제공할 것으로 기대한다.

부 록

—

〈부록 1〉 국내의 연도별 북한 부패 연구 동향

제목	저자
붉은 대륙, 중공의 부정부패	김충남(北韓, No.169, [1986])
북한 사회의 부조리-그 원인과 현상3 : 북한 지도계층의 부정부패	박재후(北韓, No.171, [1986])
平和와 戰爭에 관한 韓國人의 意識構造 : 東亞日報 社說의 內容을 中心으로	魚秀永 韓培浩(社會科學論集 Vol.7 [1987])
반사회적 행위와 부정부패 만연	길성철(北韓, No.193, [1988])
北韓의 體制類型과 官僚腐敗에 關한 硏究 : 體制類型, 體制管理, 腐敗類型을 中心으로	윤태범(現代思想硏究 Vol.6 [1991])
남한사회의 일상적 삶에 대한 북한의 인식	朴在煥(民族問題論叢 Vol.2 [1991])
분단극복을 위한 통일국가이념과 체제모형 연구	정연선 문수언 김영종 서병훈(社會科學硏究 Vol.9 No.1, [1991])
韓日間의 紛爭構造와 그 對策 : 現實의 理論的 分析과 政策建議	金龍瑞(전략논총, No.1, [1993])
북한의 관료부패유형 및 사회적 영향	김성철(北韓, No.281, [1995])
북경통신 : 번화가 왕푸징, 반부패투쟁의 근원지	김승채(北韓, No.282, [1995])
김정민의 길따라 발따라 : 북한 노동당 간부들의 부패	김정민(北韓, No.277, [1995])
특집 : 북한의 부정·부패 실태	편집부(北韓, No.281, [1995])
중국과 북한의 정치행정부패 : 비교론적 접근	김영종(社會科學硏究 Vol.13 [1995])
부정부패 속에 썩어가는 북한군대	김영림(北韓 Vol.- No.329,[1999])
21 세기 한국의 지도자로서의 자질과 가치관에 관한 연구	류성렬(倫理硏究 Vol.45 No.1, [2000])
남북한 행정조직법 비교와 실질적 법치주의 정착방안	김광수(사회과학논총 Vol.16 [2000])
새로운 부패방지 시스팀과 국가발전 모델 정립 : 제1회의-남북한 부패비교연구	김영종(- Vol.- No.-, [2000])
남북한 부패 비교연구	김영종(한국부패학회보 Vol.5 No.1, [2001])
북한 관료의 역기능적 행태 분석 : 부패요인을 중심으로	박완신(한국부패학회보 Vol.8 No.1, [2003])
중국과 북한의 가격개혁 비교	고정식(한국동북아논총,Vol.26 [2003])
[북한 리포트-북한 사회를 읽는 12가지 풍경⟨8⟩] '구멍수'의 귀재들-북한의 뇌물과 연줄망의 정치경제	홍민(北韓 Vol.- No.393, [2004])
북한의 정치·행정체제의 분석	박승식(統一論叢 Vol.4 No.-, [2005])
북한의 부패실상과 개방정책의 한계	이서행(한국부패학회보 Vol.10 No.1, [2005])
북한 관료부패에 관한 연구	정일용, 김한배(人文社會科學硏究 Vol.15 No.-, [2006])

[이달의 초점] 북한의 사회 변화와 군-북한에 확산되는 개인주의와 선군정치의 강조로 기강이 해이해지는 북한군	이호령(北韓 Vol.- No.409, [2006])
북한 관료부패의 실태와 원인에 관한 연구 : 북한 이탈주민의 인지도를 중심으로	채원호(Won-He Chai) 손호중(Ho-Jung Son) 김옥일(Ok-Il Kim)(한국거버넌스학회보 Vol.13 No.1, [2006])
권력에 반항한 北주민 항거 급증-만연된 부정부패로 몰락하는 김정일정권	한영진(北韓 Vol.- No.426, [2007])
마약을 구급약으로 사용하는 북한주민들-북한의 부정·부패가 북한주민을 마약중독자의 늪속으로	한영진(北韓 Vol.- No.427, [2007])
북한 체제 유지에 이용되는 가난과 부패-대량아사 방치하여 권력이양 과도기 넘겨	김승철(北韓 Vol.- No.424, [2007])
북한 권력기관 주민폭행 늘어, 주민들 원한 고조	한영진(北韓 Vol.- No.436, [2008])
김정일 시대 선군정치의 당·군 관계-선군정치를 통한 군부입지 강화와 변함없는 당·군 관계	한승호(北韓 Vol.- No.440, [2008])
북한 관료제의 병리현상 특성-관료제의 병리현상과 개별적인 부패는 행정능력 마비와 북한정권 존망마저 위태	이상근(北韓 Vol.- No.440, [2008])
북한 당국의 통제강화와 주민생존권-북한 주민의 생존권 위협과 부정부패로 인한 악순환 지속	편집부(北韓 Vol.- No.438, [2008])
북한의 반(反)한나라당 논리 분석 : 이명박 정부의 대북정책 실행에 대한 반응 전망	윤황(Hwang Youn) (서석사회과학논총 Vol.1 No.1)
북한에서 권력과 재부(財富)의 분배구조와 동태성	박형중(統一問題研究 Vol.21 No.1, [2009])
선군시대의 관료문화 = The Bureaucratic Culture of "Son-gun era"	박상익(Sang Eeg Park)(北韓研究學會報 Vol.13 No.1, [2009])
북한 후계자 구축과 부패한 간부 처벌	한영진(北韓 Vol.- No.452, [2009])
사회주의 변화(개혁)에 따른 관료주의와 부패 실태 고찰	양정훈(한국인사행정학회보 Vol.9 No.3, [2010])
비사회주의적 행위유형으로 본 북한사회 변화	최대석(Choi Dae Seok) 박희진(Park Hee Jin) (統一問題研究 Vol.23 No.2, [2011])
호위사령부 : [인터뷰] 귀순장교들이 증언하는 북한군, 북한사회	편집부(北韓 Vol.- No.489, [2012])
2000년대 북한의 반(反)시장화 정책 : 실태와 평가	양문수(현대북한연구 Vol.15 No.1, [2012])

<부록 2> 한국의 부패인식지수(CPI) 변화 추이(1995~2011)[1]

연도	CPI 지수	순위	조사 대상국
1995	4.29	27위	41개국
1996	5.02	27위	54개국
1997	4.29	34위	52개국
1998	4.20	43위	85개국
1999	3.80	50위	99개국
2000	4.00	48위	101개국
2001	4.20	42위	91개국
2002	4.50	40위	102개국
2003	4.30	50위	133개국
2004	4.50	47위	146개국
2005	5.00	40위	159개국
2006	5.10	42위	163개국
2007	5.10	43위	180개국
2008	5.60	40위	180개국
2009	5.50	39위	180개국
2010	5.40	39위	178개국
2011	5.40	43위	183개국

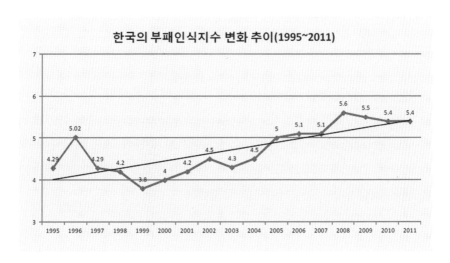

한국의 부패인식지수 변화 추이(1995~2011)

[1] 자료 : 한국투명성기구. 〈http://ti.or.kr/xe/archive/254228_2011_12_18〉.

	가장 높은 점수 국가	가장 낮은 점수 국가
남북미	캐나다 점수 : 8.7 / 순위 : 10	아이티 점수 : 1.8 / 순위 : 175
아태지역	뉴질랜드 점수 : 9.5 / 순위 : 1	북한 점수 : 1.0 / 순위 : 182
유럽 및 중앙아시아	덴마크 점수 : 9.4 / 순위 : 2	우즈베키스탄 점수 : 1.6 / 순위 : 177
중동 및 북아프리카	카타르 점수 : 9.4 / 순위 : 22	이라크 점수 : 1.8 / 순위 : 175
사하라사막이남 아프리카	보스와나 점수 : 6.1 / 순위 : 32	소말리아 점수 : 1.0 / 순위 : 182
G20	호주 점수 : 8.8 / 순위 : 8	러시아 점수 : 2.4 / 순위 : 143
OECD	뉴질랜드 점수 : 9.5 / 순위 : 1	멕시코 점수 : 3.0 / 순위 : 100
EU	덴마크 점수 : 9.4 / 순위 : 2	불가리아 점수 : 3.3 / 순위 : 86

CPI지수는 공공 부문 및 정치 부문에서 인식되는 부패의 정도를 측정하는 지표로서 TI(국제투명성기구 : Transparency International)에서 1995년부터 매년 발표하고 있다. 2011CPI지수에 처음으로 북한이 조사 대상국에 속하게 되어 총183개국의 조사 대상국 중 북한은 청렴도 10점 만점에서 1점을 얻어 소말리아와 공동 182위를 차지했다.

---

2) 한국투명성기구 자료실 참조. 〈http://ti.or.kr/xe/?_filter=search&mid=archive&search_target=title&search_keyword=%EB%B6%80%ED%8C%A8%EC%9D%B8%EC%8B%9D%EC%A7%80%EC%88%98&document_srl=254228_2011_12_18〉.

북한의 2011CPI 원천 자료 : PRS_ICRG

〈부록 4〉 2011년 CPI 산출에 사용된 원천 자료 및 조사 · 평가 항목[3]

평가 방법	평가 기관		조사 · 평가 항목
기업경영인 대상 설문조사 (survey)	IMD (2010) (2011)	국제경영 개발원	'뇌물과 부패의 만연 정도'
	WEF (2010) (2011)	세계경제 포럼	'기업의 뇌물 제공 정도'
	PERC (2010) (2011)	정치경제위험 자문공사	'공공 부문 부패의 심각성'
	TI (BPI)	국제투명성 기구	'수출주도국이 외국으로 뇌물을 줄 가능성'
전문가 평가 (assessment)	EIU (CRR)	이코노미스트 인텔리전스 유잇	공무원의 사적 목적을 위한 예산 남용, 계약보장과 편의 제공을 위한 뇌물제공 관행 등 '공무의 사적 남용 정도'
	GI (CRR)	글로벌 인사이트	소규모 관료 부패부터 대형 정치 부패에 이르기까지 '부패 공무원을 만나게 될 정도'
	BF (SGI) (TI)	베텔스만 재단	'정부의 부패 처벌과 통제 능력'
	PRS (ICRG)	정치위기 관리그룹	'기업의 대가성 뇌물 등 정치 체계 내의 부패 정도'
	WJP	세계정의 프로젝트	'뇌물, 부적절한 공적 · 사적 이익의 영향, 공공예산 및 자원의 남용'

---

[3] 한국투명성기구 발간 자료 참조.

1. PRS_ICRG[4)]

(The Political Risk Services Group_Int'l Country Risk Guide)

〈부록 5〉 북한의 국가종합위험도

	COMPOSITE RISK RATINGS OVER THE PERIOD FEBRUARY 2010 THROUGH JANUARY 2011											
Country	Fe/10	Ma/10	Ap/10	Ma/10	Ju/10	Jy/10	Au/10	Se/10	Oc/10	No/10	De/10	Ja/11
Korea, D.P.R.	54.0	54.0	53.8	53.8	53.3	53.3	53.3	53.3	53.5	53.5	55.0	55.0

〈부록 6〉 북한의 현재 위험도과 미래 예측

	CURRENT RISK RATINGS AND COMPOSITE RISK FORECASTS							
	CURRENT RATINGS			COMPOSITE RATINGS				
	Political	Financial	Economic	Year		Forecasts		
	Risk	Risk	Risk	Ago	Current	One Year		Five Year	
COUNTRY	01/11	01/11	01/11	02/10	01/11	WC	BC	WC	BC
Korea, D.P.R.	47.0	33.0	30.0	54.0	55.0	51.5	58.5	43.3	62.3

〈부록 7〉 북한의 경기위험전망치

	COMPOSITE RISK FORECASTS						
	Current	One-Year Forecast			Five-Year Forecast		
Country	Rating 01/11	Worst Case	Best Case	Risk Stability	Worst Case	Best Case	Risk Stability
Korea, D.P.R.	55.0	51.5	58.5	7.0	43.3	62.3	19.0

〈부록 8〉 정치적 위험도

	POLITICAL RISK RATINGS OVER THE PERIOD FEBRUARY 2010 THROUGH JANUARY 2011											
Country	Fe/10	Ma/10	Ap/10	Ma/10	Ju/10	Jy/10	Au/10	Se/10	Oc/10	No/10	De/10	Ja/11
Korea, D.P.R.	48.5	48.5	48.0	48.0	47.0	47.0	47.0	47.0	47.5	47.5	47.0	47.0

---

4) 국제투명성기구에 제출된 북한의 원천 자료 중 PRS그룹의 ICRG보고서 정리.

〈부록 9〉 정치적 위험도 예측

	Current	One-Year Forecast			Five-Year Forecast		
	POLITICAL RISK RATING FORECASTS						
Country	Rating 01/11	Worst Case	Best Case	Risk Stability	Worst Case	Best Case	Risk Stability
Korea, D.P.R.	47.0	43.0	51.5	8.5	39.0	56.5	17.5

〈부록 10〉 부문별 재무위험도

FINANCIAL RISK POINTS BY COMPONENT – JANUARY 2011

Country	Total Foreign Debt as percent of GDP (10)	Debt Service as percent of Exports of Goods and Services (10)	Current Account as percent of Exports of Goods and Services (15)	International Liquidity as months of import cover (5)	Exchange Rate Stability as % of change (10)	Financial Risk Rating 01/11	Change from 12/10	Rating in 12/10
Korea, D.P.R.	3.0	8.5	11.5	0.0	10.0	33.0	0.0	33.0

〈부록 11〉 재무위험도 예측

FINANCIAL RISK RATING FORECASTS

	Current	One-Year Forecast			Five-Year Forecast		
Country	Rating 01/11	Worst Case	Best Case	Risk Stability	Worst Case	Best Case	Risk Stability
Korea, D.P.R.	33.0	31.5	34.5	3.0	24.0	35.5	11.5

〈부록 12〉 경제위험도(2010.2~2011.1)

ECONOMIC RISK RATINGS OVER THE PERIOD FEBRUARY 2010 THROUGH JANUARY 2011

Country	02/10	03/10	04/10	05/10	06/10	07/10	08/10	09/10	10/10	11/10	12/10	01/11
Korea, D.P.R.	26.0	26.0	26.0	26.0	26.0	26.0	26.0	26.0	26.0	26.0	30.0	30.0

〈부록 13〉 경제위험도 예측

	Current	One-Year Forecast			Five-Year Forecast		
Country	Rating 01/11	Worst Case	Best Case	Risk Stability	Worst Case	Best Case	Risk Stability
Korea, D.P.R.	30.0	28.5	31.0	2.5	23.5	32.5	9.0

ECONOMIC RISK RATING FORECASTS

〈부록 14〉 부문별 경제위험도 정리

SUMMARY OF ECONOMIC RISK COMPONENTS – JANUARY 2011

ThistablesummarizestheeconomicdataonwhichtheEconomicRiskPointsinTable5Barebased. For a detailed breakdown of the data, the risk points assigned, and comparison with previous periods, see the tables indicated in the column headings.

Country	GDP per Head of Population in USD (Table 7)	Real Annual GDP Growth, as percentage change on previous year (Table 8)	Annual Inflation Rate, as percentage change on previous year (Table 9)	Budget Balance, as percent of GDP (Table 10)	Current Account as percent of GDP (Table 11)
Korea, D.P.R.	1014	1.5	12.5	-4.8	-0.9

〈부록 15〉 부문별 재무위험도 정리

SUMMARY OF FINANCIAL RISK COMPONENTS – JANUARY 2011

This table summarizes the financial data on which the Financial Risk Points in Table 4B are based. For a detailed breakdown of the data, the risk points assigned, and comparison with previous periods, see the tables indicated in the column headings.

Country	Foreign Debt as percent of GDP	Foreign Debt Service as percent of Exports of Goods and Services	Current Account as percent of Exports of Goods and Services	Inter-national Liquidity as Months of Import Cover	Exchange Rate Stability as percent change
Korea, D.P.R.	79.2	15.2	-9.1	0.0	3.7

〈부록 16〉『김정일 선집』에 나타난 부패 관련 언급 내용

『김정일 선집』 (권수 - 글 번호)	내용
1-22 정치도덕적자극과 물질적자극에 대한 옳바른 리해를 가질데 대하여 (조선로동당 중앙위원회 과학교육부 일군들과 한 담화 / 1967년 6월 13일)	로동에 대한 물질적자극만 내세우는 견해는 사회주의사회의 공산주의적성격을 홀시하고 과도적성격을 위주로 보는데서 나온것입니다. 물질적자극을 기본으로 보는 사람들은 사회주의제도가 선 다음에도 사람들의 머리속에 착취사회로부터 물려받은 낡은 사상 잔재가 많이 남아있기때문에 물질적으로 자극하는 것이 근로자들의 생산의욕을 높이고 경제를 빨리 발전시키는데서 가장 효과적인 방법이라고 하면서 물질적자극체계를 경제관리전반에 받아들일것을 요구하고있습니다.
2-5 사회안전일군들속에서 정치사상 교양사업을 강화할데 대하여 (조선로동당 중앙위원회 선전선동부, 사회 안전성 정치국 일군들과 한 담화 / 1970년 3월 29일)	사회안전부문에서는 특히 자기 사업의 특성으로부터 당의 유일사상체계를 세우기 위한 교양사업을 주선으로 틀어쥐고 당정책교양과 혁명전통교양, 계급교양을 비롯한 혁명교양을 강화하여야 하겠으나 그렇게 하지 못하였으며 하는 경우에도 형식주의적으로 실속없이 하였습니다. 그 결과 누구보다도 당의 유일사상체계가 확고하고 계급적으로 철저하여야 할 사회안전일군들속에서 정치적으로 예리하지 못한 현상들이 일부 나타났습니다.
2-8 당생활을 강화하여 간부들을 철저히 혁명화하자 (조선로동당 중앙위원회 조직지도부, 선전선동부 일군들과 한 담화 / 1970년 12월 3일)	간부대렬을 아무리 좋은 사람들로 꾸려놓았다 하더라도 끊임없이 교양하여 혁명화하지 않으면 그들이 사상적으로 병들고 락후해질수 있습니다. 쇠도 밖에 내버려두면 녹이 쓸어 못쓰게 되는것처럼 표징이 좋고 일을 잘하던 사람도 혁명적으로 교양하고 단련시키지 않으면 자본주의사상과 수정주의, 사대주의를 비롯한 여러가지 나쁜 사상의 영향을 받아 변질될수 있습니다…… 간부들을 혁명화하기 위한 투쟁을 힘있게 벌리지 않으면 일군들의 사업과 생활에서 이러 저러한 부정적현상들이 계속 나타날수 있고 그것이 자라나 간부들을 못쓰게 만들수 있으며 나아가서 사회주의건설에 지장을 줄수 있습니다.
3-10 당사상사업을 개선강화할데 대하여 (조선로동당 중앙위원회 선전선동부 지방지도과책임지도원협의회에 한 연설 / 1973년 11월 8일)	지금처럼 회의를 지도하러 나간 사람들이 아래실정을 전혀 모르고 요강용나 하나 가지고 회의에 참가하여서는 아무런 발언권도 서지 않으며 회의를 바로 지도할수 없습니다…… 일군들이 회의를 지도하러 나가서 결속용나 훌하고 오는것은 심한 형식주의의 표현입니다

4-2 온 사회를 김일성의화 하기 위한 당사상사업의 당 면한 몇가지 과업에 대하여 (전국당선전일군강습회에 서 한 결론/ 1974년 2월 19 일)	개별적 간부들에 대한 환상과 아부아첨을 절대로 허용하지 말아야 합니다. 개별적간부들에 대한 환상과 아부아첨이 조 장되면 사람이 교만해지고 안하무인격으로 행동하며 그러한 속에서는 지어 당도 혁명도 몰라보는 타락분자가 생기는 법 입니다…… 당의 유일사상체계를 세우는 사업에서 <u>절대로 형식주의를 해서는 안됩니다. …… 당사상사업은 형식주의 의 낡은 틀 때문에 아직도 제구실을 똑똑히 하지 못하고 있 습니다.</u>
4-3 당선전일군들은 군중 속에 깊이 들어가야 한다 (조선로동당 중앙위원회 선 전선동부 책임일군들과 한 담화/ 1974년 2월 20일)	위대한 수령님께서는 당일군들이 절대로 관료배가 되어서는 안된다고 교시하였습니다. 그런데 지금 둔당위원회 <u>선전선 도부 기구자체가 내부에 앉아 일하도록 되어있기 때문에 결 국 관료주의적 사업방법을 조장하는것이나 다름없습니 다</u>…… 비준된 간부들을 발표할 때 간부사업을 맡아보는 개 별적일군들이 자기 말만 하게 되면 그들에 대한 <u>환상이 조성 될 수 있습니다.</u>
4-12 당사업을 근본적으로 개선강화하여 온 사회의 김 일성주의화를 힘있게 다그 치자 (전국당조직일군강습회에 서 한 결론/ 1974년 8월 2 일)	…… <u>특혜나 받기 좋아하는 것은 공산주의자들과는 아무런 인연도 없는 낡은 착취사회의 관료배들의 사고방식이며 행 동입니다</u>…… 당조직들은 당정책의 관철을 방해하며 <u>당과 대중을 리탈시키는 관료화를 절대로 허용하지 말고 철저히 극복함으로써</u> 전당에 항일유격대식 사업기풍과 생활기풍이 확고히 지배하도록 하여야 하겠습니다…… 우리는 간부를 로해하지 않고 선발배치하며 <u>간부문제를 독단적으로 처리하 는 것과 같은 부정적현상을 없애고</u> 당중앙위원회에서 내려 보낸 간부임면 비준 및 합의 절차에 관한 규정을 정확히 지 켜야 하며 우연분자들이 간부대렬에 까어들지 못하도록 <u>여 러 갈래로 코를 걸어놓고</u> 간부사업을 해야 합니다…… 누구 든지 당적통제에서 벗어나고 당생활에서 리탈하며 머리에 녹이 쓸고 <u>부패변질하게</u> 되며 나중에는 당도 혁명도 모르는 변절자로 굴러떨어질 수 있습니다.
4-13 당원들과 근로자들 속 에서 사상교양사업을 강화 할데 대하여 (조선로동당 중앙위원회 선 전선동부 책임일군들과 한 담화/ 1974년 8월 31일)	당사업에서는 아직도 형식주의가 적지 않게 나타나고 있습 니다…… 당조직들과 사상사업부문일군들이 사상교양사업 을 형식적으로 한 결과 지금 일군들속에서는 혁명화되지 못 한 표현이 적지 않게 나타나고 있습니다. 특히 당중앙위원회 선전선동부에서 문학예술부문에 대한 지도를 잘하지 않은 결과 당이 문학예술부문 일군들속에서 규률이 없고 안일허 이한 현상이 적지 않게 나타나고 있습니다. 이것은 가슴아픈 일입니다.

4·15 전당이 동원되어 70일 전투를 힘있게 벌리자 (당중앙위원회 및 정무원 책임일군들과 도당위원회 책임비서들의 협의회에서 한 연설/ 1974년 10월 9일)	우리는 일번 전투를 통하여 행정경제일군들속에서 많이 나타나고있는 만성화된 요령주의, 형식주의, 보신주의, 보수주의와 같은 잡귀신들에 된타격을 주려고 합니다. …… 그릇된 사업태도가 사회주의경제건설에 얼마나 큰 해독을 끼치고 있는가 하는 것을 모든 일군들에게 똑똑히 가르쳐주고 누구나 다 일을 책임적으로 하도록 신발을 바로 신겨주어야 하겠습니다.
5·10 현시기 당사업에서 제기되는 몇가지 문제에 대하여 (도당책임비서, 당중앙위원회 조직지도부부부장협의회에서 한 연설 / 1975년 6월 13일)	우리는 어떤 역경속에서도 일편단심 당과 수령을 따라나설 수 있는 충실한 사람들을 간부로 선발배치하는것을 철칙으로 삼아야 합니다…… 일군들은 간부들과 당원들 속에서 사대주의적경향이 나타나지 않도록 철저히 경계하며 우리 대렬안에서 나타나는 자그마한 사대주의적경향과도 비타협적으로 투쟁하여야 하겠습니다…… 기회주의자들의 책동에 조금이라도 동조할 요소를 가지고있는 사람들을 망탕 간부로 제발하는 현상이 없도록 하여야 하겠습니다.
5·17 당조직들앞에 나서는 당면한 몇가지 과업에 대하여 (도당책임비서, 당중앙위원회 조직지도부부부장협의회에서 한 연설 / 1976년 2월 9일)	당기관들에서 문건을 간소화하여야 하겠습니다. 지금 당기관들에서 쓸데없는 문건놀음을 많이 하다보니 당일군들이 문건에 포로되여 실지 당사업을 전개하지 못하고있습니다. 지난해에 내가 함경북도 겨성군당 사업을 료해하여보니 군당 선전선동부에서 내는 통계만 하여도 대단히 많았습니다…… 당기관들에서 통계놀음을 많이 하는 것은 당사업을 행정화하는 표현입니다.
6·10 당안에 혁명적규률을 세우며 사회주의경제건설사업에 대한 당적지도를 더욱 강화할데 대하여 (조선로동당 중앙위원회 조직지도부, 선전선동부 책임일군협의회에서 한 연설 / 1978년 7월 13일)	아직도 당일군들속에서는 자유주의적이며 무규률적인 현상들이 적지 않게 나타나고있습니다…… 간부들과의 사업에서 제기되는 문제들을 제멋대로 처리하는 현상들도 적지 않습니다. …… 당책임일군들이 아래일군들에 대한 요구성을 높이지 않다보니 일부 일군들은 요구성을 조금만 높여도 관료주의를 부린다느니 뭐니 하면서 의견을 제기하고있습니다. 사업에서 강한 요구성을 제기하는것은 관료주의가 아닙니다. 당책임일군들은 아래일군들에 대한 강한 요구성을 제기하여 그들이 당안에 제정된 규률과 질서를 철저히 지키도록 하여야 하겠습니다.
6·13 당조직들이 틀어쥐고 나가야 할 몇가지 과업에 대하여 (조선로동당 중앙위원회 조직지도부, 선전선동부 책임일군협의회에서 한 연설 / 1978년 11월 10일)	당선전일군들은 사상교양사업을 행정화하는 경향을 하루빨리 없애고 당원들과 근로자들속에서 사상교양사업을 실속있게 벌려야 하겠습니다…… 당에 속을 주지 않고 당과 외교를 하며 딴꿈을 꾸는 사람은 없다고 말할수 없습니다. 그러므로 당일군들은 모든 문제를 계급적으로 예리하게 분석판단하고 부정과의 투쟁을 날카롭게 벌려야 합니다.

6-26 당사업을 개선하며 경제사업을 밀고나가는데서 제기되는 당면한 몇가지 문제에 대하여 (도당책임비서협의회에서 한 연설 / 1979년 10월 7일)	과학원 식물학연구소 연구사의 연구성과가 제때에 당중앙에 보고되지 못한것은 당안에 아직도 장악보고체계가 철저히 서있지 않았기 때문이며 우리 당일군들이 관료화되였기 때문입니다…… 당과 수령을 진심으로 받들어나가자면 긍정자료건 부정자료건 다 보고하여야 합니다. 앞으로 <u>당조직들에</u>서는 제기된 자료를 깔아버리는 현상이 나타나면 문제를 세우고 강한 투쟁을 벌려야 하겠습니다.
6-37 당일군들의 정치실무수준을 더욱 높일데 대하여 (조선로동당 중앙위원회 조직지도부, 선전선동부 책임일군협의회에서 한 연설 / 1980년 9월 27일)	당일군들은 위대한 <u>수령님의 로작</u> 학습을 체계적으로 깊이 있게 하여 주체사상의 원리들과 당정책의 기본문제들을 환히 꿰들어야 합니다. 이와 함께 당사업과 관련하여 주신 수령님의 교시와 당의 방침들을 다 알아야 합니다…… 무엇보다 먼저 정규학습에 성실히 참가하여야…… (토요학습, 화요학습, 수요강연회).『로동신문』을 보는것을 생활화하여야 하겠습니다. 특히『로동신문』 사설과 론설을 빠짐없이 읽어야 합니다…… 모든 당일군들은 학습을 정력적으로 하여 자신의 정치실무수준을 끊임없이 높임으로써 유능한 정치가, 박식가가 되어야 하겠습니다.
7-4 당간부양성사업을 개선하기 위한 몇가지 과업 (전국당간부양성기관 교원강습 참가자들에게 보낸 서한 / 1981년 6월 12일)	더우기 당간부양성기관의 학생들가운데 <u>혁명적시련을</u> 겪어보지 못한 새 세대들이 적지 않은 조건에서 그들을 <u>혁명적으로 단련시키는것은</u> 매우 중요한 문제로 나섭니다…… 당위원회가 전반사업을 똑똑히 료해장악하고 당의 방침을 관철하기 위한 대책을 바로세우려면 <u>집체적협의를 강화하여야</u> 합니다…… 당간부양성기관 당조직들은 문제토의에서 <u>개인의 주관과 독단을 없애고</u> 민주주의를 적극 발양하여 모든 위원들이 창발적의견들을 충분히 내놓도록 하여야 하겠습니다.
8-1 인민생활을 더욱 높일데 대하여 (조선로동당 중앙위원회 책임일군협의회에서 한 연설 / 1984년 2월 16일)	전쟁에 대처할 준비를 하는데서 가장 중요한것은 인민생활을 높여 전체 인민들과 인민군군인들이 수령님께서 마련하여 주신 우리 나라 사회주의제도와 피로써 쟁취한 혁명의 전취물을 목숨바쳐수호할수 있도록 그들을 정치사상적으로 준비시키는것입니다. 인민생활을 획기적으로 높여 인민들에게 유족하고 문명한 생활을 보장해주어야 그들이 우리 나라 <u>사회주의제도의 참다운 우월성을</u> 실지 생활체험을 통하여 깊이 인식하고 이 고마운 제도를 목숨바쳐 지키겠다는 정치사상적각오를 가질수 있습니다.

8-2 혁명대오를 튼튼히 꾸리며 사회주의건설을 더욱 힘있게 다그칠데 대하여 (조선로동당 중앙위원회 책임일군들앞에서 한 연설 / 1984년 3월 10일)	올해 인민경제계획을 수행하자면 인민경제 모든 부문에서 내부예비를 최대한으로 동원리용하여야 합니다. 절약투쟁을 강화하고 랑비현상을 없애기 위하여서는 규률과 질서를 세우고 통제를 강화하여야 합니다. 인민경제 모든 부문, 모든 단위에서 재산관리규정들을 엄격히 지키며 국가사회재산을 탐오랑비하는 현상에 대하여서는 그 경중에 따라 제재도 가하도록 하여야 하겠습니다…… 3대혁명소조들은 당정책관철에서 언제나 확고한 당적원칙성을 가지고 온갖 부정적현상들을 반대하여 견결히 투쟁하여야 합니다…… 일군속에서 나타나는 <u>관료주의, 주관주의, 형식주의, 요령주의를 비롯한 온갖 낡은 사업방법과 작풍을 바로잡기 위한 사상투쟁</u>을 힘있게 벌리도록 하여야 합니다.
9-14 당을 강화하고 그 령도적역할을 더욱 높이자 (조선로동당 중앙위원회 책임일군 및 도당책임비서들과 한 담화 / 1989년 6월 9일, 12일)	…… 최근 일부 사회주의나라들에서 수정주의, 개량주의 정책의 후과로 하여 엄중한 사태가 조성되고 그것을 기화로 사회주의나라들을 반대하는 제국주의자들의 책동이 악랄해지고 있는 조건에서 우리 내부에 수정주의, 부르죠아 사상을 비롯한 불건전한 사상요소가 침습할수 있는 위험성이 커지고 있습니다. 탑을 쌓기는 힘들어도 허물기는 쉽습니다. 당원들과 근로자들이 외부로부터 들어오는 <u>불건전한 사상요소에 오염되지 않게 하는 유일한 방도는 그들속에서 사상교양사업을 강화하는것입니다</u>…… 우리 나라 사회주의제도의 우월성을 <u>자본주의제도의 반동적본질, 부패성과 대비하여 알려주는것이 좋습니다</u>. …… <u>현시기 낡은 사업방법과 사업작풍을 없애기 위한 투쟁에서 주되는 대상은 세도와 관료주의입니다</u>…… 당조직들에서는 <u>세도와 관료주의, 형식주의, 요령주의, 패배주의</u>를 비롯하여 온갖 그릇된 사상 경향과 낡은 사업방법, 사업작풍을 반대하는 사상투쟁을 계속 힘있게 벌려 그것을 철저히 없애야 하겠습니다.
9-16 로동행정사업을 더욱 개선강화할데 대하여 (전국로동행정일군강습참가자들에게 보낸 서한 / 1989년 11월 27일)	생산수단이 사회적소유로 되여도 로동이 사회와 집단의 공동의 리익에 맞게 사회적으로 조직되지 못하고 <u>개인주의적원칙에 따라 조직되면 사회주의사회의 경제적기초가 흔들리게 되고 집단주의가 제대로 발양될수 없으며</u> 결국 사회주의제도를 공고발전시킬수 없게 됩니다.
10-6 사회주의의 사상적기초에 관한 몇가지 문제에 대하여 (조선로동당 중앙위원회 책임일군들앞에서의 연설 / 1990년 5월 30일)	사회주의사회에서는 집단의 리익뿐아니라 개인의 리익도 존중합니다. <u>사회주의사회에서는 개인의 리익과 집단의 리익이 일치합니다</u>. 집단의 리익속에 개인의 리익도 있습니다. 집단주의가 반대하는것은 개인의 리익자체가 아니라 개인의 리익을 위하여 집단의 리익을 해치는것입니다. 집단주의는 집단의 리익을 첫자리에 놓을것을 요구합니다.

10-8 재정은행사업을 개선 강화할데 대하여 (전국재정은행일군대회 참가자들에게 보낸 서한 / 1990년 9월 18일)	······ 국가자금을 망탕 지출하여 랑비하거나 횡취하는 것은 국가법을 어기고 인민의 리익을 침해하는 엄중한 범죄행위입니다······ 모든 단위에서 국가예산자금을 극력 절약하며 자금을 최대한 효과있게 쓰도록 하여야 합니다. 특히 사업과 생활에서 쓸데없는 격식과 허례허식을 없애고 언제나 검박하게 생활하는 기풍을 세워 물자와 자금을 랑비하지 않도록 하여야 하겠습니다······ 통일적인 외화관리체계를 철저히 세워야 외화를 당과 국가의 의도에 맞게 효과적으로 리용할수 있으며 외화관리에서 부정을 막을수 있습니다.
11-1 당사업을 더욱 강화하며 사회주의 건설을 힘있게 다그치자 (조선로동당 중앙위원회, 정무원 책임일군들 앞에서 한 연설 / 1991년 1월 5일)	······ 말만 하지 말고 세도와 관료주의를 완전히 뿌리뽑아야 합니다. ······ 세도와 관료주의는 뿌리가 매우 깊고 집요하기 때문에 그것을 완전히 없애려면 사상투쟁을 강화하여야 합니다······ 주관주의적으로 내리먹이는 현상과 행정경제일군들을 제쳐놓고 독단을 부리며 호령하고 욕설추궁하는 현상, 당권을 악용하여 개인리기주의적행동을 하는 현상을 비롯하여 당의 권위를 훼손시키고 당과 대중을 리탈시키는 현상이 나타날 때에는 문제를 단단히 세워야 하며 대론쟁이나 당회의에서 강하게 비판하여 고쳐주어야 합니다.
11-7 주체의 사회주의경제관리리론으로 튼튼히 무장하자 (창립 45돐을 맞는 인민경제대학 교직원, 학생들에게 보낸 서한 / 1991년 7월 1일)	행정조직적방법은 관료주의적방법과 본질적으로 구별됩니다. 관료주의적방법은 사람들을 권력과 명령으로 다스리는 방법이지만 행정조직적방법은 인민대중의 자주적이며 창조적인 경제활동을 행정적인 수단과 수법을 리용하여 조직하고 보장하는 방법입니다.
12-5 당사업을 강화하여 우리식 사회주의를 더욱 빛내이자(조선로동당 중앙위원회 책임일군들과 한 담화 / 1992년 1월 1일)	형식주의는 일군들속에서 나타나고있는 매우 유해로운 사업방법입니다······ 쏘련과 동구라파사회주의나라들이 무너진 것도 일군들이 세도와 관료주의를 부리면서 군중과의 사업을 잘하지 않았기때문입니다······ 일군들속에서 세도와 관료주의를 없애자면 사상교양과 사상투쟁을 힘있게 벌려야 합니다······ 당조직들과 당일군들은 세도와 관료주의를 없애기 위한 투쟁을 조금도 늦추지 말고 계속 힘있게 벌려나가야 하겠습니다.
13-10 청년동맹초급조직들의 역할을 더욱 높이자 (김일성사회주의청년동맹 모범초급일군대회참가자들에게 보낸 서한 / 주체 88(1999)년 9월 29일)	당안에서 사상과 령도의 유일성이 보장되지 못하고 무원칙한 민주주의가 허용될 때에는 당적세련이 부족한 일군들속에서 나타나는 관료주의와 전횡에 의하여 민주주의가 억제당할수 있으며 당안에 잠입할 불순분자들에 의하여 당의 통일단결이 파괴되고 분렬이 조장될수 있다.

13-16 당사업과 경제사업에 힘을 넣어 사회주의위력을 더욱 강화하자 (조선로동당 중앙위원회 책임일군들과 한 담화 / 1993년 2월 17)	비사회주의적현상은 사상교양과 사상투쟁만으로 다 없앨수 없습니다. 비사회주의적현상을 없애자면 사상교양과 사상투쟁을 힘있게 벌리는것과 함께 강한 법적통제가 안받침되여야 합니다.
13-18 사회주의에 대한 훼방은 허용될수 없다 (조선로동당 중앙위원회 기관지 『근로자』에 발표한 담화 / 1993년 3월 1일)	…… 인민대중이 국가와 사회의 주인으로서의 지위를 차지하고 주인으로서의 역할을 다하게 하면 세도와 관료주의를 없앨수 있다. 사회주의사회에서 세도와 관료주의를 없애자면 모든 일군들이 인민에게 충실히 복무하려는 정신을 가져야 한다…… 사회주의가 무너지고 자본주의가 복귀된 나라들에서는 세도와 관료주의가 없어진 것이 아니라 그것이 제도화, 합법화되고 사회의 지배적인 현상으로 되였다.
13-21 당사업을 잘하여 사회주의혁명진지를 더욱 튼튼히 다지자 (조선로동당 중앙위원회 책임일군들앞에서 한 연설 / 1994년 1월 1일)	간부들속에서 세도와 관료주의, 특권행세, 부정부패행위를 없애자면 간부들이 인민에 대한 헌신적복무정신으로 튼튼히 무장하도록 하여야 합니다.
13-22 혁명발전의 요구에 맞게 간부들을 철저히 혁명화할데 대하여 (조선로동당 중앙위원회 책임일군들과한 담화 / 1994년 5월 24)	…… 세도를 쓰고 관료행세, 귀족행세를 하며 사리와 공명을 추구하는 사람들도 있습니다. 간부들속에서 혁명화하기 위한 투쟁을 강화하지 않으면 여러 가지 부정적현상들이 자라나 혁명과 건설에 돌이킬수 없는 엄중한 후과를 미칠수 있습니다.
13-26 사회주의는 과학이다 (조선로동당 중앙위원회 기관지 『로동신문』에 발표한 론문 / 1994년 11월 1일)	사회주의집권당을 어머니당으로 건설하는데서 간부들을 철저히 혁명화하여 그들속에서 세도와 관료주의, 부정부패를 반대하는 투쟁을 적극 벌리는것이 중요하다. 사회주의사회에서 인덕정치의 실현을 저해하는 주되는 요소는 간부들속에서 나타나는 세도와 관료주의, 부정부패이다.
14-2 당의 무역제일주의방침을 관철하는데서 나서는 몇가지 문제 (조선로동당 중앙위원회 책임일군들과한 담화 / 1995년 2월 1일)	특히 간부들속에서 세도와 관료주의, 부정부패행위를 반대하는 투쟁을 강화하여야 한다. 세도와 관료주의, 부정부패행위는 착취사회의 산물로서 개인주의, 리기주의에 뿌리를 두고 있다. 사회주의사회에서는 세도와 관료주의, 부정부패행위가 허용될수 없다…… 여러 나라에서의 사회주의의 붕괴는 간부들속에서 세도와 관료주의, 부정부패행위가 조장된것과도 관련되여 있다…… 사상사업에서 행정화, 형식주의가 허용되면 사람들의 사상을 개조할수 없을뿐아니라 나중에는 사회주의의 사상진지를 허무는 엄중한 후과를 초래할수 있다.

14-15 경제사업을 개선하는데서 나서는 몇 가지 문제에 대하여 (조선로동당 중앙위원회 책임일군들과 한 담화 / 1996년 4월 22일)	최근 농사가 잘되지 않는것은 일군들이 농사에 대한 지도를 주관주의, 관료주의적으로 하는것과도 관련되어 있습니다.
14-37 올해를 강성대국건설의 위대한 전환의 해로 빛내이자 (조선로동당 중앙위원회 책임일군들과 한 담화 / 주체 88(1999)년 1월 1일)	일군들은 세도와 관료주의를 결정적으로 없애고 인민적인 사업작풍을 가져야 합니다.
14-38 청년동맹초급조직들의 역할을 더욱 높이자 (김일성사회주의청년동맹 모범초급일군대회참가자들에게 보낸 서한 / 주체 88(1999)년 9월 29일)	우리 청년들은 퇴폐적인 부르죠아생활양식과 날라리풍을 철저히 배격하고 옷차림과 몸단장을 해도 우리 식으로 하며 노래를 부르고 춤을 추어도 혁명적이고 민족적정서가 풍부한 노래를 부르고 춤을 추어야 합니다. 그리하여 온 사회에 혁명적랑만이 넘치고 사회주의적생활기풍이 지배하도록 하여야 합니다.
15-8 올해를 새 세기의 진격로를 열어 나가는데서 전환의 해로 되게 하자 (조선로동당 중앙위원회 책임일군들과 한 담화/ 주체 90(2001)년 1월 3일)	…… 사상교양과 사상투쟁, 법적 통제를 강화하여 그런 현상이 나타나지 않도록 하여야 합니다…… 간부들이 세도와 관료주의를 부리면 인민들의 리익을 침해하게 되면 일이 잘 될 수 없습니다.

〈부록 17〉 신제도주의 학자들의 제도의 정의

학자	제도 개념	사례
구제도주의	국가기관의 공식적, 법적 측면만을 기술	대통령중심제, 내각책임제
Pontusson (1995)	국가구조, 정치제도, 매개적 수준의 제도	- 국가구조 : 민주적 정체와 시장경제제도의 구조적 특성을 반영. 헌법 규정 - 국가와 사회의 조직적 특성 : 자본과 노동의 조직화 정도, 국가구조의 특징. 정치권력의 성격 - 하위 수준 : 정부기관과 조직의 공식 및 비공식적 표준 운영 절차와 규칙, 관례
Katzenstein (1977)	지배연합과 정책망	- 지배연합 : 산업, 금융, 노동, 관료 및 정당 등 국가와 사회 분야에서 영향력 있는 행위자의 집합 - 정책망 : 지배연합이 특정 정책 수행에 있어 사용하는 제도적 틀
Peter Hall (1986)	공식적 규칙, 순응절차, 정체와 경제의 다양한 단위에서 개인 사이의 관계를 구성하는 표준화된 작용	- 국가, 자본, 노동의 조직화 - 정치체계의 조직화 - 국제경제 내에서 국가의 구조적 위치 - 변수들의 상호 관계 중시
March and Olsen (1984)	행위규칙, 관계, 공식적·비공식적 절차	- 상황에 적절한 행위가 무엇인가를 정해 주는 것은 공동체 내에 존재하는 규범과 가치체계임 - 적절한 행위규범은 규칙과 관례를 통해 제도화 됨. - 개인 행위에 영향을 미치는 제도의 규범적 측면에 초점을 맞춤.
Jeffrey Hart (1992)	국가-사회의 배열	- 정부 부문의 조직화 : 관료의 집중과 영향, 정책 실시를 위한 가용 자원, 자원 이용에 대한 결정, 기업과 노동관계에서 국가의 성공적 정책 수립 방식과 능력 - 기업부문의 조직화 : 기업단체의 세력, 기업단체의 의사표현 통로, 수평적 산업군의 존재 여부. 제도를 유지하기 위한 금융 분야의 역할 - 노동의 조직화 : 노동집단의 세력, 노조원의 비율, 기업별 또는 산별 노조의 존재, 정부 또는 사용자의 정책을 차단할 수 있는 노조의 힘 및 존재여부 - 국가와 사회를 연결하는 제도 : 주요 기업의 감독과 기술 개발을 위한 정부의 지원

Atkinson and Coleman (1998)	정책망	- 국가응집력 : 최종적 정책결정 권한의 단일 기관 집중 여부 - 국가자율성 : 관련 부처가 특정 산업에서의 자신의 역할에 대한 분명한 이해와 가치체계 소유 여부 - 기업동원화 정도 : 노동의 수평적 분화가 명확하여 조직 간의 중첩과 구성원 간의 비경쟁성 여부, 해당 산업 전체를 대표하는 단일조직 유무, 국가와 직접적 연관을 맺고 강한 영향력을 행사하는 핵심 기업 존재
Ikenberry (1998)	정부제도, 국가 내부에서 권력의 집중과 분산, 국가와 사회의 관계를 정의하는 규범	- 정부 제도 : 갈등을 중재하는 행정적, 법적, 규제적 규정 - 집권과 분권 : 국가를 구성하는 다양한 조직들의 능력과 자원에 토점. 행정부와 의회의 관계, 관료제의 집권화와 응집성 정도, 관료제가 활용할 수 있는 자원과 정책 도구의 범위 - 규범 : 경제와 사회에 대한 국가 개입의 수준과 정도, 형태를 어느 수준까지 정당하다고 인정할 것인가 하는 신념체계

〈부록 18〉 탈북자 인터뷰 신상 정리

이름	나이	거주지	탈북 수단	입국 시기	비고
A Ⅰ 평52당	52	평양	비행기(4,500만 원)	2000	당
B Ⅰ 회31비	31	회령	인신매매와 국경 넘음(중)	2004	비
C Ⅰ 평53당	53	평양	뇌물로 국경 넘음	2002	당
D Ⅱ 평20비	20	평양	비행기(3,800만 원)	2012	비
E Ⅱ 혜43당	43	혜산	뇌물로 두만강	2005	당
F Ⅱ 회31비	31	회령	두만강	2009	당
G Ⅱ 평40당	40	평성	두만강	2003	당
H Ⅱ 김43당	43	김책	배타고 속초항에 국군의 날에 도착	2009	당
I Ⅱ 이46당	46	원성	압록강	2009/9	당
J Ⅱ 공51비	51	온성	두만강	2003	비
K Ⅰ 회36비	36	회령	군인 도움으로 두만강	2002	비
L Ⅰ 회53당	53	회령	중국내 한국대사관 통해 입국.	2003	당
M Ⅰ 청29비	29	청진	연길 통해 탈북	2010	비
N Ⅰ 평31비	31	평양	인신매매. 딸 출산	2009	비
O Ⅰ 청41비	41	청진	국경경비대와 함께 두만강	2009	비
P Ⅰ 회30비	30	회령	인신매매. 두만강	2008	비
Q Ⅰ 온33비	33	온성	두만강 세선농장	2008	비
R Ⅰ 청26비	26	청진	인신매매… 중국에서 딸 출산	2005	비
S Ⅰ 무53비	53	무산	두만강 중국 태국	2011	비
T Ⅱ 평41당	41	평양	두만강	2006	당
U Ⅱ 샛54당	54	혜산	두만강, 라오스, 태국, 한국	2007	당
V Ⅰ 혜34비	34	혜산	가족(5) 모두 압록강으로 군인 도움으로 왔음.	2002	비
W Ⅱ 혜68당	68	혜산	가족(5) 모두 압록강으로 군인 도움으로 왔음.	2002	당

〈부록 19〉 북한의 부패 관련 국내 기사 샘플

날짜	제목	주요 내용	출처
90-01-05	북한 체코유학생 소환/8백여 명… 전세기로	기말시험을 불과 몇달 앞두고 소환됐다고	경향신문
90-01-05	고장난 북한 나침반/채의석 도쿄특파원	동구권 개혁바람외에 북한지도자들을 불안케하는 것은 경제난이다	세계일보
92-01-11	청소년들 「키 크기 운동」 독려(북한은 지금)	북한은 지난해 조총련과 15건의 합영계약을 체결한	국민일보
92-08-10	부패 만연돼가는 「김일성 왕조」	김일성의 파렴치한 축첩행위는 북한 최고권력층의 부패가 극심	서울신문
94-09-27	관료부패 "위험수위"/국가통제력 누수현상(북한은 지금)	「독립채산체」「합영법」 등 정책변화가 관료부패에도 영향을	국민일보
94-11-02	김일성 사후/사회 일탈현상 가속	뇌물수수 등 일반화 금전만능풍조 팽배/도박－매춘도 성행	세계일보

95-02-12	국영상점 "불황" 암시장 "호황"	북한의 고급 당간부들은 중국상품을 횡령, 암시장에 유출시킴으로써	동아일보
95-10-01	90년대들어 관료 부패 번져/공공자원횡령 - 뇌물수수 - 성관계 요구도	가장 빈도가 높은 관료부패로 주로 뇌물이라는 매개를 통해 발생한다	동아일보
96-01-24	북한군 식량난 가중… 군기 "흔들"	최근 식량난 가중과 간부들의 횡령으로 6백g에도 미치지 못	세계일보
96-10-23	"배고파 못 살겠다" 민심이반 가속(북한은 지금… : 9)	사상통제 어려워 / 뇌물수수 · 생필품 암거래 성행	서울신문
97-06-04	북 농민시장 「장마당」 신종 범죄 온상	"대개 공장에서 빼돌린 장물이거나 중국에서 들여온 것들로 모두 불법 거래되는 상품들이다"	세계일보
97-09-04	혜산의 농민시장(김정일의 북한 : 11)	부요원 뇌물 강요	서울신문
98-03-12	북 비공식경제 확산… 개혁 걸림돌	물질주의 중시의 의식변화는 부정-부패를 초래했고 각종 사회 일탈행위를 불러왔다	세계일보
99-03-11	泰주재 北참사관 北요원에 피랍중 극적탈출, 제3국 망명 요청	8천3백70만달러를 횡령한 혐의를 받던 중 지난달 19일 가족과 함께	경향신문
00-03-27	시베리아 대탐방](14)북한서 파견된 외화벌이꾼 실상	번 돈마저 북한에 들어가지 않고 간부들이 횡령	서울신문
01-12-04	"총련 횡령금액 일부 平祝사용 혐의	북한측이 총련측에 평양축전 자금을 마련토록 지시했으며	동아일보
02-09-28	北 비밀지원설 파문/ 유일한 열쇠 계좌추적 왜 안하나	현대상선과 현대건설이 북한에 뒷돈을 댔다는	서울신문
02-10-05	국감서도 4,000억 규명못해/안풀린 의혹… 남은건 계좌추적	4,00억원이 어떤 용도로 북한에 지원됐느냐도	동아일보
03-10-02	"송두율은 정치국 후보위원"/국정원 "18차례 入北 · 15만弗 받아 간첩활동"	15만 달러 가량을 북한에서 수수했다고 밝혔다	한국일보
07-02-05	北 마카오 조광무역 책임자 김정일 측근 김철로 교체	박자병 전 조광무역 총지배인은 지난해 공금횡령 혐의로 평양으로 소환된 뒤 조사과정에서 사망한 것으로 전해졌다	국민일보
07-04-06	北평양시장 비리혐의 경질	방철갑(71) 평양시 인민위원장(평양시장)을 경질하고 후임에 박관오(78) 전 김일성대 총장을 임명한	국민일보
08-02-09	"北 당국 대남기구 부정부패 조사"	대남경협 관계자들이 남쪽으로부터 뇌물이나 현찰을 받은 적이 없는가를 면밀히 조사하고 있다	NK

09-03-11	北인권 살펴보니…먹고 사는 문제	시장 경제활동 가운데 가장 어려웠던 점을 주관식으로 묻자 33%가 정부의 단속, 통제, 규제를 꼽았다	
09-12-03	北 화폐개혁 왜 했을까	'충성 자금'만 성실히 상납하면 귀국할 때 얼마를 챙겨오든 묵인했다.	국민일보
10-06-24	北김정일 생모 고향 `민심흉흉'···범죄도시 전락	살인과 인신매매, 마약밀수 같은 강력범죄가 끊이지 않는다	NK
10-09-02	"당대표자회 앞두고 경계태세···비난 낙서 유행	교원들의 부정부패, 학생들에 대한 가혹행위들을 비난하는 글들	NK
11-07-22	북한 장마당 활기	안주시 주민들이 사설시장인 장마당에서 생필품을 구하기 위해	세계일보
11-08-05	北 39호실, 대남 사이버 범죄까지 개입	북한 해커들이 오토프로그램 개발 대가로 남측에서 받은 돈의 상당액을 북한 당국에 상납	동아일보
11-08-17	北 젊은층 소녀시대 춤바람	장마당을 통해 한국 드라마나 가요 등을 거의 한국과 실시간으로 손에 넣을 수 있는 것으로 알려졌다	서울신문
12-03-12	"북한에서 시커먼 초코파이를 처음 먹었을 때"	옛날에는 남한 상표만 있어도 어마어마한 불법	뉴포커스
12-03-20	"여맹號 땅크를 또 만드나?'··· 北주민 '부글부글'	"과제량을 채우지 못하는 사람은 돈을 바쳐야 한다"	dailyNK
12-04-17	"북한의 인기뇌물은?'	가장 인기 있는 뇌물은 담배와 달러	뉴포커스
12-04-17	"로켓발사 실패 공화국 고위간부 작품이다"	"간부들이 소문 퍼뜨려"	NK

1. 기초문헌 · 자료

『7 · 1조치 강연자료』, 2002. 7.

『종합시장설치 지시문 : 내각지시 제24호』, 2003. 5. 5.

『시장관리규정 : 내각결정 제27호』, 2003. 5. 5.

『토지사용료 납부규정 : 내각결정 제53호』, 2002. 7. 31.

『경제관리개선조치 관련 김정일 담화』, 2001. 10. 31.

『경제사전』1, 2권, 평양 : 사회과학출판사, 1985.

『사회주의경제관리문제에 대하여』각 권, 평양 : 조선로동당출판사.

『김일성저작선집』각 권, 평양 : 조선로동당출판사.

『김일성 저작집』각 권, 평양 : 조선로동당출판사.

『김정일 선집』각 권, 평양 : 조선로동당출판사.

『정치사전』각 권, 평양 : 조선로동당출판사.

『정치 법률 연구』제2권, 평양 : 조선로동당출판사.

『북한경제 통계집』, 통일부, 1996.

한국은행 북한GDP 관련 통계〈http://ecos.bok.or.kr』_2011_7_10〉.

『신년공동사설』, 1995~2012.

『로동신문』,『조선신보』,『조선일보』,『중앙일보』,『동아일보』,『데일리NK』각 호
『산케이 신문』,『Washington Post』,『미국의 소리』

2. 국문 연구문헌

강석남,『비교행정연구』, 서울 : 장원출판사, 1999.

강성윤,「정치 문화와 사회 정치화」, 전인영(편),『북한의 정치』, 서울 : 을유문화사, 1990.

강일천,「최근 우리나라에서 실시된 경제적 조치에 대한 잠정적 해석(1)」,『KDI 북한경제리뷰』10월호, 2002.

김성철,「북한의 관료부패유형 및 사회적 영향」,『북한』Vol.5. 1995.

김연철,「북한 신경제 전략의 성공조건」,『국가전략』, 제8권 4호, 성남 : 세종연구소, 2002.

김영수,「최근 북한주민의 생활상 변화와 체제의 작동원이 분석」,『통일부 용역보고서』, 2006.

김영종,『부패학 – 원인과 대책』, 숭실대학교 출판부, 1992.

김영진,「러시아의 부패현황과 사회문화적 원인」,『월간 아태지역동향』10월호, 2003.

김해동,「교수논문; 관료부패에 관한 연구」,『행정논총』Vol.10 No.1, 1972.

김해동·윤태범,『관료부패와 통제』, 집문당, 1994.

김호정,「행정풍토와 관료의 부패행태」,『한국정치학회보』Vol.33 No.2, 1999.

류경원,「조선경제관료 극비 인터뷰 : 우리나라의 경제형편(중)」,『림진강』제2호, 2008.

민진,「북한 중앙행정조직의 변천의 분석」,『한국사회와 행정 연구』제11권 제1호, 2000.

박관용 외,『북한의 급변사태와 우리의 대응』, 한울, 2007.

서재진,「북한의 지하경제」,『북한의 경제정책과 지하경제』, 1996.

_____,『7·1조치 이후 북한의 체제변화 : 아래로부터의 시장사회주의화 개혁』, 통일연구원, 2004.

_____,『북한의 사회심리 연구』, 서울 : 통일연구원, 1999.

성채기, 「김정일 시대의 신경제노선 평가와 전망」, 『KDI북한경제리뷰』 제4권 제10호, 2002.

양정훈, 「사회주의 변화(개혁)에 따른 관료주의와 부패 실태 고찰」, 『한국인사행정학회보』 제9권 제3호, 2010.

유호열, 『북한의 사회주의 건설과 좌절』, 생각의 나무, 2004.

＿＿＿, 『북한체제변화 전망과 한국의 대북 정책』, 한국전략문제연구소. 1994.

＿＿＿, 「김정일 정권의 앞날 — 임박한 북한의 변혁 가능성과 행태별 대비책 마련이 시급」, 『북한』 No.440, 2008.

윤철기, 「렌트와 국가의 유형」, 성균관대학교대학원 석사논문, 2002.

이상근, 「북한 관료제의 병리현상 특성 — 관료제의 병리현상과 개별적이 부패는 행정능력 마비와 북한정권 존망마저 위태」, 『북한』 No.440, 2008.

이재규 · 권순범 · 임규건, 『경영정보시스템원론(제2판)』, 2005.

이종석, 「북한의 신전략과 한반도 정세변화」, 『정세와 정책』 통권 75호, 성남 : 세종연구소, 2002.

임도빈, 『비교행정강의』, 서울 : 박영사, 2005.

임수호, 『계획과 시장의 공존』, 삼성경제연구소, 2008.

장세진, 『글로벌 경영』, 서울 : 박영사, 1997.

전현준, 「북한의 사회통제 기구 고찰 : 인민보안성을 중심으로」, 서울 : 통일연구원, 2003.

정성장, 「한국의 국가전략 2020 : 대북, 통일」, 『세종정책총서 2005-9』, 성남 : 세종연2005, 구소.

정세진, 『계획에서 시장으로 : 북한체제변동의 정치경제』, 한울, 2000.

정용적 외 8명, 『합리적 선택과 신제도주의』, 도서출판 대영문화사, 1999.

조명철, 『7 · 1경제관리개선조치 현황평가와 과제 : 북한의 경제개혁 전망』, 대외경제정책연구원, 2003.

조정아 외, 『북한주민의 일상생활』, 서울 : 통일연구원, 2008.

최수영, 『북한의 제2경제』, 민족통일연구원, 1997.

최진욱 · 김국신 · 박형중 · 전현준 · 조정아 · 차문석 · 현성일, 『북한체제의 안정성 평가 : 시나리오 워크숍』, 『KINU 연구총서』 08-01, 통일연구원, 2008.

Zbigniew Brezinski(명순희 역), The Grant Failure(『대실패』), 서울 : 을유문화사, 1989.

3. 국문 연구논문

김경일, 「북한의 경제관리개선조치의 의의와 향후 전망」, 『7·1경제관리개선조치의 평가와 향후 전망』 제4회 국제학술세미나, 고려대학교 북한연구소, 2003.

김근식, 「북한 발전전략의 형성과 변화에 관한 연구 : 1950년대와 1990년대를 중심으로」, 서울대학교대학원 박사학위논문, 1999.

김갑식, 「사회주의 체제전환국의 정치체제 변화」, 『북한연구학회보』 11권 2호, 2007.

김영종, 「부패학 연구의 새로운 패러다임」, 『한국부패학회보』 제11권 제1호, 2006.

_____, 「부패문화의 치유」, 『한국부패학회보』, 제8권 제1호, 2003.

김영훈·최윤상, 「7·1경제관리개선조치와 북한의 농업」, 『7·1경제관리개선조치의 평가와 향후 전망』 제4회 국제학술세미나, 고려대학교 북한연구소, 2003.

김윤권, 「공식적 제도제약의 비의도적 결과」, 『한국행정학보』, 제40권 제4호, 2006.

김현재, 「베트남의 부패, 그 특징과 원인에 대한 고찰」, 『한국부패학회보』 제13권 제2호, 2008.

김영윤, 1997, 「북한 시장 부패의 경제사회적 영향」, 『통일연구논총』 6권 1호.

박상익, 「선군시대의 관료문화」, 『북한연구학회보』 제13권 제1호.

박형중, 「북한에서 권력과 재부의 분배구조와 동태성」, 『통일문제연구』 Vol.21, No.1.

윤은기, 「영국의 반부패 사회와 문화」, 『한국부패학회보』 Vol.10. No.1, 2005.

이균우, 「부패와 거버넌스」, 『한국부패연구학회보』 제13권 제2호, 2008.

이찬도, 「북한-중국 간의 변경무역 현황과 전망」, 『인문사회과학논집』, 4권 1호, 2000.

이찬우, 「북한의 7·1경제관리개선조치와 1980년대 중국개혁비교」, 『7·1경제관리개선조치의 평가와 향후 전망』 제4회 국제학술세미나, 서울 : 고려대북한연구소, 2003.

임도빈, 「러시아의 행정개혁 : 제도화, 탈제도화의 재제도화의 관점에서」, 『러시아연구』 Vol.21 No.1, 2011.

장명봉, 「6·15 이후 북한공법의 변화와 전망」, 2003년 아시아사화과학연구원학술회의 발표논문, 2003.

_____, 「북한의 2009헌법개정과 선군정치의 제도적 공고화」, 『한국헌법학회』 Vol.16 No.1, 2010.

4. 영문 연구문헌

Acemoglu, Daron and Thierry Verdier, "The Choice between Market Failures and Corruption", *American Economic Review* 90, 1, 2000.

Aidt, Toke S., "Economic Analysis of Corruption : A Survey", *Economic Journal* 113, 8, 2003.

Allen, D. W., An Economic Assessment of Same-Sex Marriage Laws. *Harvard Journal of Law & Public Policy*, 29, 2005.

Anders, Aslund, Post-Communist Economic Revolutions : How Big a Bang? (CSIS), 1992.

Arvind, K. Jain, "Corruption ; A Review", *Journal of Economic Surveys* Vol.15. Issue 1, 2001.

Atkinson, Michael. M. and Coleman, William. D., "Strong States and Weak States : Sectional Policy Networks in Advanced Capitalist Economies", *British Journal of Political Science* Vol.19, 1998.

Barley, Stephen. R. Tolbert, Pamela. S., "Institutionalization and Structuration : Studying the Links between Action an Institution", *Organization Studies* No.18, 1997.

Barry, Naughton, "What is Distinctive about China's Economic Transition? : State Enterprise Reform and Overall System Transition", *Journal of Comparative Economics* 18, 3, 1994.

Bonstein, Comparative Economic System : Models and Cases, Michigan : Library of Congress Cataloging-in-publication Data, 1989.

Breen, M. Gillanders. R., Corruption, institutions and regulation, Econ Gov, 2012.

Campbell, John. L. and Ove, K. Pedersen. "Theories of Institutional Change in the Post-communist Context." in John L. Campbell and Ove K. Pedersen (eds.), Legacies of Change, 1996.

Cortell, A. P. & Perterson, S., Limiting the Unintended Consequences of Institutional Change. *Comparative Political Studies*, 2001.

David, Lipton. and Jeffrey, Sachs, "Privatization in Eastern Europe : The Case of Poland", *Brookings Papers on Economic Activity* 1, 2, 1990.

David, J. Gould, "The Effects of Corruption on Administrative Performance : Illustration from Developing Countries", *World Bank Staff Working Papers* No.580, Washington, D. C. : The World Bank, 1983.

David, J. Hoogvelt, The Sociology of Developing Countries, London : Macmilan Press, 1976.

D, Lederman. N. V, Loayza. and R, R. Soares, Accontability and Corruption : Political Institutions Matter. *ECONOMICS & POLITICS* Vol.17. No.1, 2005.

Dwivedi, O. P., Ethics and Values of Public Responsibility and Accountability, *International review of Administrative Science*. Vol.52, 1985.

Galtung, Frederick, "Transparency international' network to her global corruption" In Where Corruption Lives, ed Gerald E. Caiden, O. P. Dwivedi, and Joseph Jabbra. Bloomfield, CT : Kumarian Press, 2001.

Gambetta, Diego, "The Sicilian Mafa, Cambridge MA : Harvard University Press", 1993. Varese, Federico, "Is Sicily the Future of Russia? Private Protection and the Rise of the Russian Mafa", *Archives of European Sociology* 35, 1994.

Gardiner, John. A, "Defining Corruption", *Corruption and Reform* 7, 2, 1993.

Geoffrey, M. Hodgson. and Shuxia, Jiang, "The Economics of Corruption and the Corruption of Economics : An Institutionalist Perspective", *Journal of Economic Issues* Vol.XII No.4 December 2007.

Gibson, Burrell. and Gareth, Morgan, Sociological Paradigm and Organizational Analysis, London : Heinemann, 1988.

Grossman, Gregory, "The Second Economy of USSR", *Problem of Communism*, 26 (September/October), 1997.

Hart, Jeffrey. A. The Effects of State-Social Arrangements on International Comparativeness : Steel, Motor Vehicles and Semiconductors in Ikenberry, G. John Ikenberry, David A Lake, and Micheal Mastanduno (eds).

_____, The State and American Foreign Economic Policy, Ithaca : Cornell University Press, 1988.

_____, United States, Japan and Western Europe, *British Journal of Political Science* Vol.22, 1992.

Hall, Peter. A., Governing the Economy : The Politics of State Intervention in Britain and France, New York : Oxford University Press, 1986.

Heidenheimer, Arnod. J., "Perspectives on the Perception of Corruption", In Political Corruption : Conception and Contexts 3rd, Ed. Transaction Publishers, 2002.

Hopkins, Jonathan, "States, Markets and Corruption : A Review of some Recent Literature", *Review of International Political Economy* 9, 3, 2002.

Jain, Arvind. K., "Corruption : A Review." *Journal of Economic Surveys* 15, 1, 2001.

Jan, Prybyla, "The Road from Socialism : Why, Where, What, and How", *Problems of Communism* 40, 1991.

Johnston, M., Political Corruption and Public in America, Balmont : Brooks/Coe, 1982.

Johnston, Michael, "The Political Consequences of Corruption : A Reassessment", *Comparative Politics* Vol.18, No.4, July 1986.

Johnston, Roberta. Ann; The Struggle Against Corruption : A Comparatative Study. PALGRAVE MACMILLAN, 2004.

J. S. Nye, Corruption and Political Development : A Cost Benefit Analysis in Bureaucratic Corruption in Sub-Saharan Africa, edited by Monday V. Expo, Washington : University Press of America, Inc., 1979.

John, Waterbury, "Endemic and Planned Corruption in a Monarchical Regime", *World Politics* Vol.25, No.4, 1973.

Joshua, Charap and Christian, Harm, "Institutionalized Corruption and the Kleptocratic State", Africa Development, Working Paper, 1999.

Katzenstein, Peer J. "Conclusion : Domestic Structures and Strategies of Foreign Economic Policy", *Between Power Plenty*, Madison : The University of Wisconsin Press, 1977.

Kaufmann, Daniel, "Corruption : The Facts", *Foreign Policy* 107, 1, 1997.

Keith, Darden, "Graft and Governance : Corruption as an Informal Mechanism of State Control", *Development of Political Science*, 2003.

Khan, "State Failure in Developing Countries and Institutional Reform Strategies", *Annual World Bank Conference on Development Economics - Europe 2003*, 2004.

Kim, Young Jong, New Public Administrational Corruption Studies Seoul : Hyung Seul Publishing Co., 2006.

_____, "New Directions of Corruption Study in the Future", Essays and Papers of the Graduate School, *Soong-Sil University* Vol.4, 1986.

Kornai, Janos, The Socialist System : The Political Economy of Communism, Princeton University Press, 1992.

Leff, Nathaniel, "Economic Development Through Bureaucratic Corruption", *American Behavioral Scientist* 8(3), 1964.

Lempert, David, "Changing russian political culture in the 1990s : Parasites, Paradigms, and Perestroika", *Society for Comparative Study of Society and History* Vol.35. No.3, 1993.

Levin, M. Satarov. G., Corruption and institutions in Russia, *European Journal of Political Economy* Vol.16, 2000.

M, Breen. R. Gillanders, Corruption, institutions and regulation, Econ Gov, 2012.

M, Colin, "A Critique of Criminology", *American Journal of Sociology* Vol.89, No.3, 1983.

M, Levin. G. Satarov, Corruption and institutions in Russia, *European Journal of Political Economy* Vol.16, 2000.

March, James. G. and Johan, P. Olsen, The New Institutionalism : Organizational Factors in Political Life, *American Political Science Review* Vol.78, 1984.

Marcos Fernandes Gonclves da Silva, Fernando Garcia, Andrea Camara Bandeira, "How Does Corruption Hunt Growth? Evidences About the effects of Corruption on Factors Productivity and Per Capital Income".

Mauro, Paolo, Corruption : causes, consequences and agenda for further research, IMF/World Bank, *Finance and Development*, 35(1), 1998.

Michael, Johnston, "The Political Consequences of Corruption : A Reassessment", *Comparative Politics* Vol.18, No.4, 1986.

Murphy, K. M. A. Schleifer. and R, W. Vishny, Why is Rent? seeking So Costly to Growth?, *American Economic Review* 83(2), 1993.

Myint, U., Corruption : Causes, Consequences and Cures, Asia-Pacific Development Journal Vol.7, No.2, 2000.

Nas, T. A. Price. and C, Weber, A policy-oriented theory of corruption, *American Political Science Review* 80, 1986.

North, D. C., Institutions, Institutional Change and Economic Performance, MA : Cambridge University Press, 1990.

_____, "Institutions", *Journal of Economic Perspective* Vol.5, winter 1991.

Nye, Joseph. S. "Corruption and Political Development : A Cost-benefit Analysis." *American Political Science Review* 61, 2 June 1967.

O'Hean, Dennis, "The Consumer Second Economy : Size and Effect", *Soviet Studies* 32, 2, April 1980.

Ostrom, E., Govering the Commons : The Evolution of Institutions for Collective Action, Cambridge University Press, 1990.

Ostrom, Garder and Walker. 1994; Kiser and Ostrom. 1982; Ostrom. 1986.

Paolo, Mauro, "Corruption and Growth", *Quarterly Journal of Economics* Vol.CX, August, 1995.

Paul, D. Hutchcroft, The Politics of Privilegd : assessing the impact of rents, corruption, and clientelism on Third World development, Political Studies 45(3), 1997.

Phillip, Keefer and Stephen, Knack, "Institutions and Economic Performance : Cross-Country Tests Using Alternative Institutional Measures", *Economics and Politics* 7, 1995.

Pontusso, Jonas, "From Comparative Public Policy to Political Economy : Putting Political Institutions in Their Place and Taking Interests Seriously", *Comparative Political Studies* Vol.28, 1995.

Rona-Tas, Akos, "The Second Economy as a subversive Force : The Erosion of Party in Hungary", Andrew Walder ed., The Waning of the Communist State, University of California Press, 1995.

Rose-Ackerman, Susan, *Corruption and Government : Causes, Consequences and Reform,* Cambridge and New York : Cambridge University Press, 1999.

_____, *Corruption and Government : Causes, Consequences, and Reform*, Cambridge University Press, Cambridge, UK, 1999.

Sampson, Steven, "The Second Economy of the Soviet and Eastern Europe", *Annals of the American Academy of Political and Social Science* 493, September 1987.

Sandholtz, Wayne and William, Koetzle, "Accounting for Corruption : Economic Structure, Democracy, and Trade", *International Studies Quarterly* 44, 2000.

Scott, James C., *Comparative Political Corruption*, Englewood Cliffs, N. J. : Prentice hall, 1972.

Shleifer, Andrei and Robert, W. Vishny, "Corruption." *Quarterly Journal of Economics* Vol.108, No.3, 1972.

Stark and Laszlo, Bruszt., Postsocialist Pathway : Transforming Politics and Property in East Central Europe, Cambridge University Press, 1998.

Tang, S., Institutions and Collective Action in Irrigation System. Indiana University. Ph. D. dissertation, 1989.

Treisman, Daniel, "The Causes of Corruption : A Cross-National Study", *Journal of Public Economics* 76, 3, June 2000.

Vladmir, Popov. "Shock Therapy versus Gradualism : The End of the Debate", *Comparative Economic Studies* 42, 1, Spring, 2000.

Warren, Mark. E., "What Does Corruption Mean in a Democracy?" *American Journal of Political Science* 48, 2, 2004.

Wlodzimierz, Brus, "Marketisation and Democratisation : The Sino-Soviet Divergence", *Cambridge Journal of Economics* 17, 4, 1993.

Zucker, Lynne. G., "The Role of Institutioalization in Cultural Persistence", *American Sociology Review* No.42, 1977.

Collins Cobuild English Dictionary.

4. 인터넷 자료

http://www.dailynk.com/korean/dailynk.php

http://www.kinds.or.kr/

http://www.google.com/

http://en.wikipedia.org/wiki/Main_Page

http://www.youtube.com/?gl=KR&hl=ko

http://www.washingtonpost.com/

http://www.unodc.org/unodc/en/treaties/CAC/index.html

http://ti.or.kr/xe/

http://growthconf.ec.inip1.it

http://www.kcna.co.jp.

http://contents.archives.go.kr/

http://en.wikipedia.org/wiki/Pivot_table

이근영

북경에 위치한 한중과학기술협력센터(KOSTEC : Korea-China Science & Technology Cooperation Center)에서 중국의 과학기술을 비롯하여 북한에 관한 연구를 한 뒤 고려대학교에서 북한학 박사학위를 취득(2013년 2월)했다. 2013년 8월 이래 서울대학교 치의학대학원 치학연구소에서 선임연구원으로 재직 중이며, 2013년 봄학기부터 중앙대학교 동북아학과에서 북한연구방법론을 강의하고 있다. 북한의 보건의료 통합화에 대한 연구뿐만 아니라, 전공 분야인 '제도와 부패'와 식량 안보, 인간 안보를 포함하는 비전통안보를 연구하고 있다.

주요 저서로는 『이제는 통일이다』(공저, 2014)를 비롯하여 『저개발국가의 보건의료 : 북한의 의약품 유통을 중심으로』(공저, 2014), 『The study of FDRC's Influence on North Korea's System』(공저, 2013) 등이 있다.